함께 걸으면
새 길이 됩니다

함께 걸으면
새 길이 됩니다

지은이 | 최영기
초판 발행 | 2017. 5. 22
3쇄 발행 | 2022. 12. 22
등록번호 | 제1988-000080호
등록된 곳 | 서울특별시 용산구 서빙고로 65길 38
발행처 | 사단법인 두란노서원
영업부 | 2078-3352   FAX | 080-749-3705
출판부 | 2078-3331

책값은 뒤표지에 있습니다.
ISBN 978-89-531-2827-9 03230

독자의 의견을 기다립니다.
tpress@duranno.com   www.duranno.com

• 이 책은 새번역 성경을 사용했습니다.

이 책의 저작권은 저자와 독점 계약한 두란노서원에 있습니다. 저작권법에 의하여 한국 내에서 보호 받는 저작물이므로 무단 전재와 무단 복제를 금합니다.

두란노서원은 바울 사도가 3차 전도여행 때 에베소에서 성령 받은 제자들을 따로 세워 하나님의 말씀으로 양육하던 장소입니다. 사도행전 19장 8-20절의 정신에 따라 첫째 목회자를 돕는 사역과 평신도를 훈련시키는 사역, 둘째 세계선교(TIM)와 문서선교(단행본·잡지) 사역, 셋째 예수문화 및 경배와 찬양 사역, 그리고 가정·상담 사역 등을 감당하고 있습니다. 1980년 12월 22일에 창립된 두란노서원은 주님 오실 때까지 이 사역들을 계속할 것입니다.

함께 걸으면
새 길이 됩니다

최영기 지음

두란노

목차

서문 __008
사역의 우선순위 __011
초자연적인 역사 __012
목사를 사랑하는 법 __013
건망증 __014
심방 __015
여성 공포증 __017
쉬운 설교 __018
신앙적 이기심 __019
선교비 지원 __020
성찬식 __022
교회 나누어 쓰기 __023
간증하는 법 __024
목회자 코너를 쓰는 이유 __026
설교 준비 __027
가엾은 부자 __029
공개적으로 드러내기 __030
성경공부를 하는 이유 __031
회중주의 __033
아껴 쓰는 우리 교회 __034
각 방 쓰지 말기 __035
성경 읽기 순서 __037
예배 때 은혜받는 방법 __038
설교는 예배가 아니다 __039
헌금의 항목 설명 __040
다른 교인 받지 않기 __042
예비 목자의 조건 __043
말씀 적용 __045
서로 사랑하자 __046
어린이 교육 __047
하나님께 상 받자 __049
차가운 인상의 좋은 점 __050
반사체와 흡수체 __052
주례 원칙 __054
잡신의 장난을 이기는 방법 __055
목사가 옹호하는 사람 __057
설교를 직접 들어야 하는 이유 __058
표정 관리 __060
기도할 때 잡념이 떠오르면 __061
제사에 관하여 __063
잘 끝내는 인생 __064
1년에 한 번 이상 헌신하라 __066
자녀에 대해 지나치게 염려하지 말라 __068
목사에게 실망하지 말기 __070

첫사랑을 회복하지 말라 __071
크게 소리 내어 기도하라 __073
자기 사역을 발견하는 법 __074
성공한 사람만 상담하라 __076
술, 담배를 안 해야 하는 이유 __078
싸우는 가정교회가 됩시다 __079
돕지 못하는 안타까움 __081
남편 사역을 방해하는 아내 __083
소문을 조심합시다 __084
나이들어
예수 믿는 것은 약점 __086
교회가 쇠락하는 징후 __088
왜 일찍 죽어야 하는가 __089
설교에서 깐다고
생각하지 말라 __091
교사 편을 들자 __092
자녀들도 목장 모임에
참여시키자 __094
하나님의 뜻을 찾을 때
조심할 일 __095
할머니 생각 __097
상처받았다고 말합시다 __098
열매를 보고 믿자 __100

생활화된 헌신 __102
다른 지역으로 이주하면 __103
전문 상담가가 필요한가 __105
아끼지 않는 연습 __106
목자의 섬김에 대해 __108
급한 일과 중요한 일 __109
제가 이것을 못 합니다 __111
올바른 예배 용어 __112
곱게 죽어야 __114
가정교회 사명 선언 __115
쇼, 쇼, 쇼 __117
재미없는 목사 __118
날씨를 바꾸시는 하나님 __120
찬양에 대해 __122
수준 높은 성도 __123
나라 법을 지키자 __125
교회가 저절로
굴러가는 위험 __126
교회에 안 다니면
구원도 없다 __128
내가 우는 이유 __130
용서하는 법 __131
어린아이로 머물지 말라 __133

없는 것 말고
있는 것으로 섬기자 __134
우리 교회에서
전도가 잘되는 이유 __136
도둑질하지 말라 __138
이론적인 글은 싫다 __139
목장 모임이 재미있으려면 __141
결혼하고 싶습니까 __142
뻔한 것을 먼저 하라 __144
변상합시다 __145
자연스러운 영성,
생활화된 헌신 __147
모태 신앙을 싫어하는 이유 __149
귀가 여린 그리스도인 __150
설교 말씀으로
삶이 바뀌려면 __152
숨은 죄를 발견하는 법 __154
마음이 푸근한 사람이
되고 싶습니다 __155
얼굴을 잘 기억하는 이유 __157
싫어하는 두 가지 __158
건강 자체가
중요한 것이 아니다 __160

몸에 맞지 않는 옷을
입은 것 같습니다 __161
쓰지 않으면 좋은 표현 __163
아내가 사랑스럽습니다 __165
적극적으로 예배드리십시오 __167
돕지 못하는 안타까움 __168
나는 초원지기 목사 __170
중요한 일을 구별하는 지혜 __172
말 안 듣는 노인 __174
시선이 흔들리지 말아야 __175
신앙생활의 아이러니 __177
치유 기도는 힘들다 __179
방언에 대해 __180
솔직도 아니고, 정직도 아니고 __182
골고루 헌신된 교회 __184
설교학에서 C학점을
받은 이유 __185
마음이 우울한 이유 __187
행복지수는
기대치에 달려 있다 __189
우리 집사님 __190
침묵을 연습하라 __192
지휘자가 없는 이유 __194

믿는 사람도 사고를 당한다 __195
주일에는 봐 주세요 __197
어찌 내가 이런 삶을 __199
불신자는 섬기고,
기신자는 키우자 __200
영과 진리로 드리는 예배 __202
지옥은 보내는 곳이 아니라
가는 곳 __204
동성애에 관하여 __205
소비자 같은 그리스도인 __207
영원에 대한 동경 __209
왜 악습이
즉시 사라지지 않는가 __210
삼위일체가 왜 중요한가 __212
전도의 장벽을 허물라 __214
하늘을 바라보아야 __216
종이 된다는 것 __217
무서운 꿈 __219
하나님의 뜻을
분별하는 법 __221
편함이라는 죄 __222
선심 쓰는 것이 아닙니다 __224
진정으로 성숙한 사람 __226

끝까지 존경받는
평신도 지도자 __227
남편에게 사랑받는 비결 __229
뱀과 같이 슬기롭고
비둘기와 같이 순진해져라 __231
신앙생활은 습관과의 싸움 __232
하나님께 섭섭한 적이 있는가 __234
삶을 보면 사람이 보인다 __236
가정교회의 네 기둥과 세 축 __237
조급함이 문제다 __239
과학에 어긋나는 진화론 __241
모든 종교가 똑같은가 __242
하나님을 신뢰하는 법이
다릅니다 __244
죽을 때 후회하는 다섯 가지 __246
포기가 아니라 지혜 __247
부활이 증거한다 __249
열등감을 극복하는 법 __251
성경은 믿을 만한 책인가 __252
포기해서는 안 되는
죄와의 싸움 __254
순교할 수 있을까 __256
행복은 쟁취하는 것 __257

서문

1993년 1월 1일에 휴스턴 서울교회에 부임하여 20년 사역을 하고 2012년에 은퇴를 했습니다. 저는 14년 된 교회의 3대 목사로 부임했는데, 교회는 많은 문제를 안고 있었습니다. 교회는 침체해 있었고, 교인들 간에 갈등이 많아서 모두 지쳐 있었습니다.

이런 성도들에게 '신약 교회 회복'이라는 목표를 제시했을 때 가슴이 뜨거워지기 시작했습니다. 교회가 활력을 얻었습니다. 그 결과 20년 후 은퇴할 때에는 100명이 약간 넘었던 장년 주일 출석 인원도 1,000명이 되었고, 매주일 평균 3명이 예수님을 영접하고 침례를 받는 역사도 있었습니다. 무엇보다도 교인들이 교회로 인하여 행복하다고 고백하게 되었습니다.

교회와 교인들이 이렇게 변하게 되는 데 결정적인 역할을 한 것이 '목회자 코너'라는 제목으로 매주 주보에 실었던 칼럼입니다. 칼럼을 통해 끊임없이 소통하고 설득했기 때문에 이런 결과가 나올 수 있었습니다.

지난 20년간 쓴 칼럼 900여 편 중에서, 목회자들의 목회에 도움이 되고 성도들의 교회 생활에 보탬이 될 150여개의 칼럼을 두란노 편집 위원들이 정선하여 책으로 발간하게 되었습니다.

  편집된 원고를 읽어보니 휴스턴 서울교회 자랑을 너무 하는 것 같은 느낌을 줍니다. 휴스턴 서울교회 주보에 실렸던 칼럼이라 교인들을 격려하고 감사의 마음을 전하다 보니 그렇게 되었습니다. 독자들 마음에 불편을 심어 드리지 않았으면 좋겠습니다.

  중요한 주제에 관해서는 반복적으로 글을 썼기 때문에 칼럼집에도 두세 번 등장하는 수가 있습니다. 그러나 내용은 다릅니다. 목장 숫자, 예배 인원, 헌금 액수도 다른 경우가 있는데, 칼럼이 쓰인 연도가 다르기 때문입니다. 20년이라는 목회 기간 동안 저도 많이 성숙했고, 교회도 많이 발전했습니다.

  이 칼럼집이 목회자들에게는 성도들과 어떻게 소통하며 설득하는지를 보여주고, 성도들에게는 행복한 교회를 만들기 위하여 자신이 해야 할 몫이 무엇인지를 깨닫게 해주면 좋겠습니다.

최영기 목사

사역의 우선순위

○○○

교회 사역이 하나같이 중요하지만 사역에는 우선순위가 있습니다. 그 우선순위는 구령 사역에 얼마나 가까우냐에 따라 결정됩니다. 구령 사역이 교회의 존재 목적이기 때문입니다. 이 원칙은 전쟁에서 싸우는 군대를 생각하면 분명해집니다. 전쟁에서 승리하기 위해서는 소총부대, 대포부대, 탱크부대부터 보급부대, 운전병, 행정요원에 이르기까지 모든 부서가 필요합니다. 그러나 직접 전쟁에 나가서 싸우는 부서가 가장 중요합니다. 다른 부서는 최전선에서 싸우는 병사들이 싸움에서 승리하도록 돕기 위해 존재합니다.

교회도 마찬가지입니다. 마귀의 세력과 싸워서 그 밑에서 종노릇하는 사람들을 구원해 내는 구령 사역이 가장 중요합니다. 다른 부서는 구령 사역을 돕는 역할을 합니다. 지역 교회 대항 운동 시합이 있을 때 대부분의 교회는 교회적으로 후원을 하지만 우리 교회는 원하는 사람들만 출전하고 교회적으로도 큰 보조가 없습니다. 운동 시합이 좋은 행사이긴 하지만 구령 사역과는 거리가 있기 때문입니다.

대신 우리 교회에서는 목장(각 가정교회를 지칭하는 용어)과 목자(목장을 맡아 목양하는 평신도 지도자)가 최우선권을 갖습니다. 목장이 전도 사역의 전초기지이고, 목자는 그 기지를 통괄하는 책임자이기 때문입니다. 교회 예산에서 선교 영역이 최우선순위인 것도 선교가 구령 사역에 직접 관련이 있기 때문입니다. 어린이 교육과 신도 훈련도 구령 사역에 가깝기 때문에 예산에서 비교적 큰 비중을 차지합니다. 반면 성가대가 다른 교회처럼 대접을 받지 못하는 것은 성가대가 중요하지 않아서가 아니라 구령 사역에 직접적인 관여가 적기 때문입니다. 성도들도 교회의 궁극적인 존재 목적이 구령 사역에 있다는 것을 항상 기억하고, 이것에 맞게 은사를 활용하여 사역의 우선순위를 정하기를 바랍니다.

초자연적인 역사

○○○

저와 휴스턴 서울교회를 위해 올해 기도해 주실 제목은 다음과 같습니다. "최 목사에게 영력과 영감을 허락하시고 가정교회마다 초자연적인 역사를 체험하게 하소서." 그런데 초자연적인 역사를 체험하는 것이 무슨 뜻인지 구체적으로 말해 달라는 사람이 있어 그 부분을 설명하고자 합니다.

첫째, 구원의 역사입니다. 하나님께 무관심하거나 적대적이었던 사람이 하나님께 관심을 갖게 되고 예수님을 주님으로 영접하는 것은 하나님의 역사가 아니면 할 수 없는 일입니다. 목장이 초자연적인 역사를 체험한다는 것은 이런 역사가 일어나는 것을 의미합니다.

둘째, 변화의 역사입니다. 인간의 의지적인 노력으로 겉모양은 변화시킬 수 있지만 마음 자체를 변화시키는 것은 불가능합니다. 우리의 욕구와 삶을 근본적으로 변화시키는 것은 하나님만 하실 수 있습니다.

셋째, 기도 응답의 역사입니다. 하나님은 그분의 이름으로 믿고 기도하면 응답하시겠다고 약속하셨습니다. 그러므로 목장에서는 기도를 통하여 크고 작은 기적을 체험해야 합니다.

넷째, 치유의 역사입니다. 의술로 고치지 못하는 육신의 질병과 전문 상담가나 정신과 의사가 고치지 못하는 정신적 질병이 가정교회와 기도를 통하여 치유될 수 있어야 합니다.

다섯째, 성령의 역사입니다. 가정교회는 신약적인 공동체입니다. 따라서 가정교회에서는 신약에 나오는 교회처럼 신유의 역사, 귀신을 쫓는 역사, 방언, 예언, 지혜와 지식의 말씀 등 여러 가지 은사가 나타나야 합니다.

목사를 사랑하는 법

○○○

많은 사람이 목사를 사랑하지만 사랑하는 방법은 잘 모릅니다. 목사를 사랑하는 방법 중 하나는 목사가 어느 한 편을 들어야 할 입장에 서지 않게 하는 것입니다. 어떤 상황에서든 목사가 한쪽 편을 드는 인상을 주면, 반대쪽의 사람은 마음에 상처를 받게 되고 이런 상처가 쌓이다 보면 섭섭해지고 그것이 쌓이면 미움으로 변합니다. 목사와의 관계라는 것은 이상해서 부부나 친구 사이는 틀어져도 세월이 흐르면서 좋아질 수 있지만 목사와는 더 좋아지는 법이 없습니다. 그러므로 목사가 미워지지 않으려면 상처가 쌓이는 속도를 줄이는 수밖에 없습니다.

따라서 목사를 사랑하는 사람은 목사가 자기편 들어주기를 바라지 않고 이웃과의 갈등이 생겨도 잘 참아서 목사가 편 들어 주어야 할 상황을 만들지 않아야 합니다. 그래서 마음에 섭섭한 마음이 쌓이는 것을 방지해야 하는 것입니다.

　말이 나온 김에 '목사를 쫓아내는 법'도 가르쳐 드리겠습니다. 목사를 쫓아내기 원하면 자꾸 위기 상황을 만들어서 목사를 개입하게 하십시오. 그래서 최대한 사람들 마음에 섭섭함을 심어 주는 것입니다. 또 기회가 있을 때마다 목사에 대해 부정적인 말을 던지십시오(교인들은 담임 목사를 사랑하기를 원하기 때문에 정면 공격은 비효율적입니다). 그러면 교인들의 마음에 어렴풋이 불만이 쌓이게 되고 그런 불만이 쌓이면 싫증이 생기고 그 싫증은 담임 목사를 바꾸고 싶다는 욕구로 발전할 것입니다. 그러다가 목사의 어떤 실수나 잘못을 발견했을 때 그것을 구실로 목사를 쫓아내면 됩니다.

건망증

ㅇㅇㅇ

요즘 건망증이 심해져서 큰일입니다. 전화를 하려고 수화기를 들었다가 누구에게 전화를 하려 했는지 생각이 안 나서 도로 놓기도 하고, 부탁할 일이 있어 교회 사무실에 갔다가 무엇을 부탁하러 갔는지 생각이 안 나서 차만 마시고 오기도 합니다. 서류를 어디에 두었는지 기억이 안 나서 몇 시간씩 고심하고, 대화를 나누던 중 동석한 성도의 이름이 생각이 안 나서 "이름이 무엇이지요?" 하고 묻는 일도 있습니다. 자동차, 열쇠, 지갑을 어딘가에 두고 찾는 데 소모하는 시간이 일주일에 한두 시간은 되지 않을까 싶습니다. 그래서 요새는 볼펜 같은 것은 잃어버려도 아예 찾지 않습니다. 언젠가 생각하지도 못한 장소에서 발견하기 때문입니다.

그런데 잘 잊어버려서 좋은 점도 있습니다. 옷을 갈아입다가 우연히 주머니에 돈을 발견했을 때가 있는데, 그러면 공돈이 생긴 것처럼 기분이 좋습니다. '생명의 삶'을 서른 번 이상 인도하면서 매번 처음 하는 것처럼 신이 나는 것도 먼저 가르쳤던 것을 다 잊어버리는 덕분이라고 생각합니다. 또 골치 아픈 일도 금방 잊어버려서 머리가 가뿐한 이점도 있습니다.

그러나 이익보다는 손해가 더 큰 것 같습니다. 특히 목회에 지장이 있습니다. 특별 절기를 잊어버려서 몇 번이나 감사헌금 봉투를 제대로 나누어 주지 못했습니다. 설교할 때 '한 번 했던 예화를 몇 번씩 하고 있지 않나' 하는 의구심도 생깁니다. 잘 잊어버리는 것은 천성인 데다 나이 탓도 있어 별다른 도리가 없는 것 같으니, 부탁할 일이 있으면 구두가 아니라 서면으로 해 주시고 혹시 제가 건망증 때문에 실수를 범하더라도 웃으면서 용서해 주기를 바랍니다.

심방

○○○

"저는 시험받는 분들을 심방하지 않습니다." 언젠가 칼럼에 이렇게 쓴 적이 있습니다. 그런데 이 말이 어떤 분들에게는 오해가 된 것 같습니다. 제가 시험받는 분들에게 관심이 없다는 의미로 받아들이신 모양입니다.

하지만 그런 뜻이 아닙니다. 사실 어떤 분이 시험에 들었다는 것을 알면 관심이 더 갑니다. 새벽마다 모든 성도를 위해 기도하는데 시험받는 분들을 위해서는 더 열심히, 더 자주 기도합니다.

그렇다면 "시험받는 분들을 심방하지 않습니다"라는 말은 무슨 뜻일까요? 문자 그대로 심방을 하지 않는다는 뜻입니다. 제가 시험받고 있는 분에게 심방을 한 번 간다고 문제가 해결되는 경우는 거의 없습니다. 결국 자신이 회개하고 깨달아야 합니다. 그래서 기도만 하고 심방은 안 한다고 한 것입니다. 제가 심방을 가는 날은 월요일입니다. 주중 나머지 저녁 시간은 성경공부, 예배, 특별 행사 등으로 꽉 차 있습니다. 그러므로 일주일에 한 번 있는 이날에는 심방이 가장 필요한 분에게 갈 수밖에 없습니다. 그래서 주로 예수님을 영접할 준비가 되어 있거나 영적인 위기 속에 있는 분을 찾아갑니다. 제가 그들을 외면하고 다른 곳으로 심방을 갔다가 그들을 도울 수 있는 중요한 시기를 놓칠 수도 있기 때문입니다.

그러므로 여러분 가운데 시험에 빠진 분이 있다면, 제가 무관심한 것이 아니라 더 관심을 가지고 기도하고 있음을 기억하십시오. 그리고 제가 알아서 심방하기를 기대하지 말고 저를 찾아와 만나든지 구체적으로 저에게 심방을 요청하십시오. 즉시 심방하겠습니다. 제가 심방해서 시험에서 벗어날 수만 있다면 그것보다 더 기쁘고 중요한 일이 어디 있겠습니까.

여성 공포증

○○○

어떤 자매와 대화하다가 우연히 제게 여성 공포증이 있다는 말을 했습니다. 그랬더니 그것은 교회의 모든 여자 성도가 알아야 할 내용이라고 하기에 이렇게 씁니다.

그렇습니다. 저는 여성 공포증이 있습니다. 여성 자체에 대한 공포증이 있는 것이 아니라 여성이 화를 내면 공포심이 생기는 것입니다. 아내가 화를 내면 저는 겁이 나서 도망칩니다. 아내가 가장 원하는 것이 화를 달래 주는 것이라는 사실을 알면서도 도망칩니다. 저는 문자 그대로 '공처가'입니다. 심지어 저는 딸이 화를 내도 겁이 나서 도망칩니다.

여성 공포증은 어릴 적에 생긴 것 같습니다. 제가 여섯 살 때 한국 전쟁이 터졌고 어려운 동란기를 할머니와 고모들, 많은 여성들 틈에서 보냈습니다. 전쟁 때라 전부 신경이 곤두서 있어서 따듯한 말을 해줄 만한 마음의 여유가 없는 시기였습니다. 그래서 저는 자라면서 칭찬을 못 듣고 항상 야단만 맞았습니다. 그 영향으로 장성한 지금도 여성이 화를 내면 야단맞았던 어린 시절로 돌아가 나도 모르게 겁이 나서 도망치는 것 같습니다. 예수를 믿은 후에는 많이 나아져서 요즘에는 아내가 화를 내면 달래고 딸이 화를 내면 타이르기도 합니다. 그러나 이렇게 하기 위해서는 아직도 엄청난 용기와 노력이 필요합니다.

그러므로 자매들은 혹시 제가 잘못한 일이 있어서 화가 나더라도 즉시 사과하거나 달래 주지 않는다고 섭섭해하지 말기를 바랍니다. 화난 여성을 찾아가 사과하는 것이 저에게 얼마나 많은 용기가 필요한 것인지를 이해해 주기를 바랍니다. 더불어 제 앞에서 한 번 화를 낸 자매에 대한 공포가 가라앉는 데 많은 시간이 걸리는 것도 이해해 주기를 바랍니다.

여성 공포증이 있는 저를 위하여 자매들은 가능하면 방긋방긋 웃으면서 저를 대해 주십시오.

쉬운 설교

○○○

주일 설교는 안 믿거나 새로 믿는 사람을 겨냥하고 준비합니다. 주일 예배 때 부를 찬송가도 그런 사람들을 위해 같은 찬송을 반복합니다. 개회 찬송은 1년 동안 10곡을 돌아가며 부르고 두 번째 찬송은 13곡, 헌신 찬송은 10곡을 돌아가며 반복합니다. 안 믿는 사람을 구원하여 제자로 키우는 것이 우리 교회의 목표이기에 그런 사람들이 예수님을 영접하고 영적으로 성장하도록 돕는 데 초점을 맞춰야 한다고 생각하기 때문입니다.

그러므로 주위 사람들에게 제 설교가 쉽다는 말을 들을 때마다 큰 기쁨을 느낍니다. 유명한 부흥사였던 웨슬리의 설교도 쉬웠다고 합니다. 그는 설교를 준비한 후에 집안일을 도와주시는 교육을 많이 받지 못한 할머니 앞에서 먼저 설교를 해보았다고 합니다. 그리고 그 할머니가 알아듣지 못하는 부분이 있으면 그것을 이해할 때까지 설교를 고쳤다고 합니다.

그런데 설교를 쉽게 하려다 보니 교회에 오래 다닌 성도들에게 불평을 들을 때도 있습니다. 설교가 뻔하고 깊이가 없다는 것입니다. 그때 그들의 기호를 충족시켜 주기 위해 설교를 현학적으로 하고 싶은 유혹을 받습니다.

그러나 그 유혹에 빠지지 않으려고 애씁니다. 그런 성도들은 이미 수많은 설교를 들어서 웬만한 것으로는 만족하지 않을 것이고, 그들이 듣기 좋도록 '고상한' 설교를 하려다가 새로 믿는 사람들을 놓칠 수 있기 때문입니다.

사실 설교가 쉽다고 해서 깊이가 없으라는 법은 없습니다. 예수님의 설교도 쉬웠습니다. 그러나 그 쉬운 설교, 쉬운 예화 가운데 깊은 진리가 담겨 있는 것을 발견합니다. 설교에 은혜를 받고 안 받고는 마음에 달려 있습니다. 말씀을 사모하는 마음만 있다면 어떤 설교에도 은혜를 받기 때문입니다.

신앙적 이기심

○○○

상류층이 모이는 교회일수록 신앙적 이기심이 크다는 소리를 들었습니다. 요즘 한국에서는 교회 다니는 것이 유행이 되어서 부유층에 속한 사람들도 교회에 많이 나온다고 합니다. 그러나 그들은 희생을 전혀 하지 않는다고 합니다. 교회에서 유익만 얻고 희생은 하지 않으려는 것입니다. 교회 봉사를 돈으로 해결하고 자기 몸이나 시간을 아끼겠다는 것입니다.

그런 이야기를 들으면 우리 교회 성도들이 얼마나 귀한지 모릅니다. 궂은일을 솔선수범하여 해주시는 집사님들, 부엌에서 시도 때도 없이 수고하시는 자매들, 힘이 필요한 일이 있을 때마다 앞장서는 사랑 선교회원들, 예배를 드리지 못하면서 영아들을 돌보는 목자 부부들. 몸을 아끼지 않는 섬김의 자세가 다시 한 번 기쁨과 자랑으로 마음에 와 닿았습니다.

우리는 이런 섬김의 자세를 잃지 않아야 합니다. 어떤 사람은 희생이 들어가는 봉사 활동은 피하려고 합니다. 시간이 날 때, 교회에 온 김에 할 수 있거나 예배에 빠지지 않아도 되는 희생 없는 사역만 하려고 합니다. 그러나 기억하십시오. 하나님은 희생이 있는 봉사를 기억하시고 특히 남의 눈에 띄지 않는 작은 봉사를 크게 보상해 주십니다. 그러므로 희생이 들어가는 작은 일을 기쁨으로 자원하여 섬기며 하나님을 기쁘게 해드리십시오.

선교비 지원

ooo

현재 우리 교회의 선교비 총지출은 전체 예산의 약 10%이고 그중 협동선교(Cooperative Program)비로 제일 많이 지출됩니다. 이 비용은 앞으로도 계속 증가할 것입니다. 협동선교는 남침례교단 선교 정책의 핵심이고 가장 효과적인 선교 방법이기 때문입니다.

협동선교는 이렇게 시작됐습니다. 19세기에 미국을 휩쓸었던 성령 운동에 힘입어 침례 교회가 급성장하고 많은 선교 지망생이 생겼습니다. 선교사로 파송되기 전에 그들은 개교회를 방문하여 재정적 지원을 요청했습니다. 선교사로 현지에 나간 후에도 귀국해서 각 교회를 방문하여 모금 활동을 벌였습니다.

그러다 보니 막상 선교지에서는 사역할 시간이 없었습니다. 또 선교 능력이 없으면서도 말 잘하는 사람은 모금을 많이 하지만 말없이 현지에 머물며 선교 활동을 잘하는 사람은 항상 자금난으로 고생을 해야 하는 모순도 생겼습니다. 지역 교회는 지역 교회대로 누구를 돕고 누구를 안 도울 것인지 결정하는 데 어려움을 겪었습니다.

그래서 남침례교단에서 협동선교 기금을 만들었습니다. 개교회에서 현지 선교사를 직접 지원하지 않고 교단에 선교금을 보내는 것입니다. 그러면 교단에서 책임지고 선교사 후보를 선정하고 훈련시켜서 적절한 곳에 파송한 후 선교비를 보내 주는 것입니다. 그래서 선교사는 선교 후원을 염려할 필요 없이 선교에만 집중할 수 있었습니다. 또 개교회는 개교회대로 누가 지원이 필요한지, 보내는 선교비가 잘 쓰이고 있는지 염려할 필요가 없었습니다.

많은 한인 교회가 협동선교를 통한 선교를 꺼리는 것은 직접 선교를 할 때 얻는 보람이 없기 때문입니다. 그러나 거시적으로 볼 때에는 협동선교가 가장 효과적인 선교 방법이라고 생각합니다. 따라서 우리 교회는 계속 이 사업비를 늘려 갈 것입니다.

성찬식

○○○

매달 넷째 주일마다 성찬식을 갖고자 합니다. 그동안 예배 시간이 길어지는 것을 염려하여 성찬식을 자주 갖지 않았으나 이제는 적어도 한 달에 한 번 성찬식을 가지려고 합니다.

성찬에 대하여 세 가지 의견이 있습니다. 구교에서는 신부가 떡과 잔을 놓고 기도하면 떡과 포도주가 실제로 그리스도의 살과 피가 된다고 생각했습니다. 16세기에 종교개혁을 주도했던 마틴 루터도 비슷한 의견이었습니다.

동시대를 살았던 츠빙글리는 다른 의견을 내세웠습니다. 떡과 포도주는 단지 그리스도가 우리를 위해 돌아가셨음과 우리 삶의 근원이 되신다는 것을 상징하는 것에 지나지 않는다고 한 것입니다.

그러나 같이 종교개혁의 선구자 노릇을 했던 칼빈은 약간 다른 입장을 취했습니다. 떡과 포도주가 그리스도의 살과 피로 변하는 것이 아니라 그리스도의 죽으심과 살아나심을 상징하는 것이기는 하지만 떡과 포도주에 그리스도의 임재가 있다는 것이었습니다.

제 생각에는 칼빈의 생각이 가장 성서적이라고 생각합니다. 우리가 예수님을 주로 영접했을 때 외견상으로는 달라진 것이 없어 보이나 우리 몸에 성령이 임하심으로 우리는 하나님의 영이 거하시는 성전이 됩니다. 마찬가지로 성찬식에 떡과 포도주를 놓고 기도할 때 떡과 포도주에 그리스도의 임재하심이 있다고 믿습니다. 그래서 성찬식 때 먹고 마시는 떡과 포도주는 우리에게 영력을 부여하고 치유의 역사도 일으킬 수 있는 매개체가 된다고 생각합니다. 그런 이유로 성찬식을 자주 하려는 것입니다.

수난절 금요일 저녁에는 그리스도의 죽음을 생각하며 엄숙하고 경건한 분위기 가운데 성찬식을 가질 것입니다. 그러나 주일에는 부활하신 주님, 다시 오실 주님을 생각하며 밝은 분위기 가운데 성찬식을 갖고자 합니다. 성찬식을 축제로 만들기를 원합니다. 부활 찬송을 하며 성찬식을 가질 것입니다.

성찬에 신비한 힘이 있다는 것은 고린도전서 11장 29-30절을 보면 알 수 있습니다. 거기에는 성찬식에 올바른 마음으로 임하지 않아서 죽기까지 한 사람들의 이야기가 나옵니다. 성찬식에 경건하게 그러나 기쁘게 임합시다.

교회 나누어 쓰기

◦◦◦

좋은 교회와 좋은 친교실을 볼 때마다 산호제에서 교육 목사로 섬기던 시절 미국 교회를 빌려 쓰던 때가 생각납니다. 처음에 적은 교인 수로 시작했으나 그 수가 늘어나면서 좀 더 많은 장소를 자주 쓰게 되었습니다. 별관을 빌려 예배를 드렸는데 교인이 늘어나다 보니 도저히 그곳에서는 예배를 드릴 수 없었습니다. 그래서 본당을 좀 빌려 쓰자고 했다가 보기 좋게 거절당했습니다. 한국 사람이 예배드리고 나면 냄새가 난다는 말이 있었던 것이었습니다. 아마도 김치 냄새를 말한 것 같습니다.

다행히 본당을 빌려주겠다는 교회가 생겨서 이사를 했습니다. 처음에는 교인 수가 비슷했는데 몇 년 안에 우리 교인 수가 미국 교회 교인의 두 배가 되었습니다. 그러면서 또 불평이 들어왔습니다. 미국 교인들이 불평을 한 것도 무리는 아닙니다. 한인 교인 수가 인원은 두 배였지만 건물 사용 빈도는 네 배나 되었기 때문입니다. 또 건물을 잘 사용하지 못한 것도 사실입니다. 우리 아이들이 얼마나 심합니까? 그래서 기물 파손이 발견되면 우리 아이들 탓인지, 미국 아이들 탓인지 묻지 않고 즉시 고쳐 주었습니다. 월세도 올리는 대로 꼬박꼬박 냈습니다. 친교실에서 김치는 절대 먹지 않았습니다. 그런데도 결국 나가 달라는 통첩을 받았습니다. 그리고 그것이 계기가 되어 건물을 사서 이사하게 되었습니다. 전화위복이었던 것입니다.

그것은 미국 교회를 빌려 쓰는 한인 교회라면 누구나 겪는 설움입니다. 그런데 가만히 생각해 보면 미국 교회 성도들이 참 무난한 것 같습니다. 입장이 바뀌어서 우리가 주인이고 그들이 손님이라면 우리가 그만큼 참아 줄 수 있을지 모르겠습니다. 우리 교회 건물을 보며 이제는 우리가 빌려줄 수 있는 입장이 되었으니 다른 소수민족 교회와 건물을 나누어 써야겠다는 생각이 듭니다. 그들이 기물을 파손하고 음식 냄새를 피우더라도 관대하게 웃어 줄 수 있으면 좋겠습니다.

간증하는 법

◦◦◦

예배 중에 간증하는 사람들을 위해 몇 가지 조언을 하고자 합니다.

간증은 한 마디로 하나님을 자랑하는 것입니다. 하나님이 베풀어 주신 은혜를 자랑하는 것입니다. 하나님께 받은 은혜가 있으면 자랑하는 것이 원칙입니다.

간증의 내용은 세 부분으로 나눌 수 있습니다. 은혜받기 전의 삶, 은혜받은 내용, 은혜받은 후의 삶 이렇게 세 부분입니다. 첫 번째 부분, 즉 은혜받기 전의 삶을 이야기할 때는 배경을 너무 많이 설명하지 말고 간증 주제와 직접 상관이 있는 것만 말하십시오. 그리고 추상적으로 설명하기보다 그 당시 상태를 묘사하는 실례를 들어 주십시오.

두 번째 부분, 즉 은혜받은 내용이나 과정을 이야기할 때는 청중이 생활에 적용할 수 있도록 구체적으로 말하는 것이 좋습니다. 누군가 "내가 어떻게 하면 당신과 같은 은혜를 받을 수 있겠습니까?"라고 물을 때 대답할 수 있는 내용이어야 합니다.

마지막으로 세 번째 부분, 즉 은혜받은 후의 상태를 이야기할 때는 은혜받기 전의 상태와 비교하여 가장 큰 변화를 보인 부분을 설명하는 것이 좋습니다. 이 부분도 예를 들어 말하는 것이 생동감이 있습니다.

예를 들어 전에는 하나님을 무서운 분으로 생각했는데 성경공부를 통해 하나님을 사랑하게 되었다고 합시다. 그럼 먼저 옛날에 하나님을 무서워하며 살았을 때의 삶이 어떠했는지를 예를 들어 설명하십시오. 하나님을 무서워하게 된 이유가 있으면 간단히 설명하면 됩니다. 다음에 성경공부가 어떻게 하나님에 대한 두려움을 없애 주고 하나님을 사랑하게 해 주었는지를 설명하십시오. 그리고 하나님을 사랑하며 살고 있는 현재의 모습을 이야기하면 됩니다.

대예배의 간증시간은 6-8분입니다. 처음에는 시간에 구애받지 말고 간증하고 싶은 이야기를 다 종이에 적으십시오. 그리고 연습을 하며 덜 중요한 것부터 점차 줄여 6-8분짜리 간증을 만드십시오. 간증문은 적어서 단 위에 서되 읽지는 말고 평소에 말하듯이 하십시오. 단 위에 섰을 때는 잠깐 이야기했다고 생각하는데 실제로는 10-15분이 훌쩍 지나간다는 것을 명심하고 꼭 시간을 재며 미리 연습을 해서 제 시간에 끝내기를 바랍니다.

목회자 코너를 쓰는 이유

○○○

작년에 "목사 사랑하는 법, 목사 쫓아내는 법"이라는 주제로 칼럼을 썼을 때, '교회에 무슨 문제가 있는 것이 아닌가' 하고 염려하는 사람들이 있었다고 합니다. 그래서 목회자 코너를 어떤 과정을 통해 쓰는지에 대해 말하고자 합니다.

저는 목회자 코너를 영감이 떠오를 때에 즉시 씁니다. 그래서 이미 써 놓은 것이 약 50편쯤 있습니다. 주말이 되면 그중에 하나를 뽑아서 싣습니다. 추고를 보통 네다섯 번쯤 하니 완성되는 데 시간이 꽤 걸립니다.

목회자 코너 내용은 세 가지로 나눌 수 있습니다. 첫 번째는 저와 가정에 대한 이야기, 두 번째는 우리 교회에 대한 이야기, 세 번째는 신앙생활 전반에 대한 이야기입니다. 이렇게 칼럼을 쓰는 것은 성도들에게 목회자의 적나라한 모습과 생각을 드러내어 목회자와 성도들 사이에 있을 수 있는 오해의 여지를 줄이려는 것입니다.

그래서 저는 최대한 솔직하게 쓰려고 합니다. 그렇지 않으면 쓰는 의미가 없기 때문입니다. 그러다 보니 어떤 사람에게는 염려를 주고 어떤 사람에게는 마음을 상하게 하기도 하는 것 같습니다.

그러나 실제로 문제가 있으면 그런 내용은 싣지 못합니다. 예를 들어 실제로 목사를 쫓아내려는 움직임이 있으면 "목사 쫓아내는 법"이라는 글을 싣지 못합니다. 교회에 문제가 없고 평안할 때나 가능한 것입니다. 도전적인 글을 쓰는 이유는 장래에 생길지도 모르는 문제를 예견하여 예방주사 놓듯이 성도들을 준비시키려는 것입니다. 그러므로 도전적인 글이 실리면 그 당시는 그 문제가 교회에 없다고 믿어도 됩니다.

설교 준비

○○○

평신도들이 설교를 해야 하는 경우가 많아서 그런지, 제가 설교를 어떻게 준비하는지 궁금해하는 사람들이 있습니다.

저는 설교를 준비할 때 설교 본문을 읽는 것으로 시작합니다. 강해 설교를 하는 경우에는 설교 본문이 이미 정해져 있으니까 선택하는 데 어려움은 없습니다. 우선 본문을 몇 번 읽으면서 관찰한 것과 의문점 등을 노트에 적습니다. 다음에 주석 책에서 의문 구절에 대한 설명을 읽습니다. 그리고 설명을 노트에 적습니다. 다음에는 의문이 있었던 구절뿐 아니라 본문 주석 전체를 읽습니다. 주석 책은 최소한 세 개, 보통은 네다섯 개를 읽습니다.

본문을 충분히 이해했다고 생각했을 때 각 절의 요점을 노트에 적어서 일목요연하게 볼 수 있게 합니다. 다음에는 요점 적은 것을 앞에 놓고 하나님이 이 본문을 통해 무슨 말씀을 하기 원하시는지에 대해 기도합니다. 기도는 보통 20분 동안 합니다. 그때뿐 아니라 설교 준비에서 다음 과정으로 넘어갈 때마다 20분 기도 시간을 자주 갖습니다.

다음에 성령님의 음성에 귀를 기울이며 약 한 페이지 정도로 설교의 구조를 짜 봅니다. 다음에 이것을 기초로 설교문을 쓰기 시작합니다. 저는 설교는 설득이라고 생각하기 때문에 어떻게 하면 회중을 설득시킬 수 있을지를 생각하며 설교문을 적습니다. 보통 노트 한 페이지가 설교 5분에 해당하므로 열 페이지 정도를 써서 50분짜리 설교를 만듭니다.

이렇게 만든 설교를 실제로 하듯이 속으로 연습해 봅니다. 그러면서 덜 중요한 내용을 삭제하고 35-40분 분량의 설교로 줄여 갑니다. 그 후 설교를 두세 번 더 반복해서 연습합니다. 그때 단어를 수정하고 표현을 바꾸기도 합니다. 마지막으로 동시통역을 해주는 형제를 위해 설교의 개요를 적습니다. 그때 설교에서 인용되는 성경구절을 쪽지에 적어 성경 본문 책갈피에 넣어 둡니다. 그리고 주일 새벽에 교회에서 설교를 위한 마지막 20분 기도를 합니다. 그렇게 설교 준비가 끝납니다. 설교 준비는 시작부터 완성까지 보통 12-15시간이 걸립니다.

가엾은 부자

○○○

어떤 사람은 언짢게 들을지 모르지만 저는 '부자'를 보면 측은합니다. 신체적으로 불편한 장애인을 보면서 느끼는 것과 비슷한 감정입니다. 왜냐하면 '부'라는 것이 영적 핸디캡이 되기 때문입니다. 부자들은 경제적인 여유가 있으니까 간절한 기도제목이 없습니다. 계속 돈을 벌어야 하니까 시간도 없습니다. 하고 싶은 것도, 할 수 있는 것도 많으니까 교회 생활에 흥미가 없습니다.

무엇보다도 하나님에 대한 목마름이 없습니다. 그러므로 신앙을 갖기가 무척 어렵습니다. 또 신앙이 있어도 정상적인 신앙생활을 하기가 어렵습니다. "부자가 하나님 나라에 들어가는 것보다 낙타가 바늘귀로 지나가는 것이 더 쉽다"(마 19:24)라고 하신 예수님의 말씀이 정말 맞습니다.

다행히 신체가 불편한 장애인 중에는 남보다 몇 배 더 노력하여 정상적인 삶을 유지하는 이들이 있습니다. 마찬가지로 부자이지만 정상적으로 신앙생활을 하는 이들도 있습니다. 그러나 그것은 예수님이 말씀하신 기적입니다. 예수님이 부자가 천국에 가는 것은 낙타가 바늘귀를 통과하는 것보다 더 어렵다고 말씀하셨을 때 제자들이 물었습니다. "그러면 누가 구원을 얻을 수 있습니까?"(마 19:25)

그때 예수님이 대답하셨습니다. "사람은 이 일을 할 수 없으나, 하나님은 무슨 일이나 다 하실 수 있다"(마 19:26). 그래서 하나님의 은혜로, 기적적으로, 부자이면서도 구원을 받는 사람들이 있는 것입니다. 그러나 부자로 정상적인 신앙생활을 하려면 보통 사람보다 몇 배 더 노력을 해야 합니다. '부'라는 약점을 안고 있기 때문입니다. 그러므로 세상적으로 성공하고 풍요로운 삶을 누리고 있는 사람은 남들보다 더 노력하고 자신을 더 채찍질해야 합니다. 그렇게 해야 '부'가 축복이 되고 저주가 되지 않을 것입니다.

공개적으로 드러내기
◦◦◦

저는 무엇이든 공개적으로 하는 것을 좋아합니다. 그래서 이 칼럼도 쓰게 되었습니다. 제가 어떤 생활을 하고 있는지, 어떤 생각을 하고 있는지 성도들에게 드러내기를 원했기 때문입니다. 저는 설교 때도 제 이야기를 많이 하는 편입니다. 저의 신앙생활의 모습을 보여 주어야 한다고 느끼기 때문입니다. 또 남들에게 간증도 많이 시킵니다. 하나님께 받은 은혜를 서로 나누어야 한다고 생각하기 때문입니다.

이렇게 모든 것을 공개할 때 생기는 장점이 있습니다. 그것은 바로 마귀의 궤계를 깨뜨릴 수 있다는 것입니다. 마귀는 성도들을 넘어뜨리고 교회를 깨뜨리려고 애씁니다. 그는 처음부터 살인자요 파괴자이기 때문입니다. 또 그의 주 무기는 거짓말입니다. 그는 처음부터 거짓말쟁이었습니다.

거짓말은 언제나 속삭임 가운데 전달됩니다. 그리고 어두움 가운데 불어납니다. 그래서 마귀의 거짓말을 노출시킬 수 있는 가장 좋은 방법은 공개하는 것입니다. 거짓말은 공개되면 아무것도 아닌 것이 됩니다. 빛을 비출 때 어두움이 사라지는 것과 같은 원리입니다.

여러분도 이 원칙을 깨닫고 마귀가 역사한다 싶으면 공개하기를 바랍니다. 어떤 사람과 오해가 있어서 문제가 되면 얼굴을 맞대고 그 오해를 노출시켜서 해결하십시오. 어떤 사람이 헛소문을 퍼트리고 있다고 생각하면 공개적으로 그 문제를 토의하고 해결하십시오. 자신의 삶 가운데 마귀가 틈탈 만한 어두운 구석이 있으면 스스로 공개해 버리십시오. 깜깜한 부엌에서 판을 치다가 갑자기 불이 켜지면 쫙 흩어져 숨어 버리는 더러운 바퀴벌레들처럼 마귀는 공개되는 것을 극도로 싫어합니다.

성경공부를 하는 이유

○○○

우리 교회가 성경공부(가정교회에서 제공하는 성경공부는 '삶 공부'이다. 그 중에서 교인이면 반드시 들어야 하는 13주 과정의 기초 성경공부는 '생명의 삶'이다)를 많이 시킨다고 소문이 나고 있다고 합니다. 그래서 어떤 사람들은 우리 교회에 나오고 싶어도, 성경공부를 시키는 것이 겁나서 못 나온다고도 합니다. 그런 사람들을 고려해서 성경공부를 강조하지 말아야겠다는 생각도 해보았습니다. 그런데 그럴 수 없다는 것이 제 결론입니다.

교회는 그리스도의 몸이기 때문에 그리스도와 그분의 소원을 알아야 합니다. 그리스도와 그분의 소원을 알기 위해서는 성경공부를 하지 않을 수 없습니다. 사실 예수님도 설교자이기보다는 교사였습니다. 그래서 항상 가르치셨습니다.

제자들에게 대사명을 주실 때도 "가르쳐 지키게 하여라"(마 28:20)라고 명하셨습니다. 이 명령에 순종하여 사도들은 가르쳤고 초대교회 교인들은 열심히 배웠습니다(행 2:42). 유명한 사도 중의 하나였던 바울도 어디서든지 상관없이 가르쳤습니다. 그러므로 교회가 주님이 원하시는 교회가 되기 위해서는 반드시 가르치고 배워야만 한다는 결론을 내릴 수밖에 없습니다.

어떤 사람이 성경공부에 부담을 느끼거나 거부 반응을 보이는 것을 이해할 수 있습니다. 성경공부를 하면서 말만 많아지거나 교만해지는 것을 보았기 때문입니다. 그러나 가르치고 배우는 자체에 부담을 느끼거나 거부 반응을 보여서는 안 된다고 생각합니다. 잘못된 성경공부를 거부해야지, 성경공부 자체를 거부해서는 안 되기 때문입니다. 성경을 공부하지 않으면 어떻게 하나님과 그리스도에 대해 알 수 있습니까? 성경공부 없이는 영적 답보 상태에 빠져서 재미없는 신앙생활을 할 수밖에 없습니다.

또 어떤 사람들은 '공부'라는 단어 자체에 부담을 느끼기도 합니다. 그러나 우리 교회의 성경공부는 지식 축적을 목적으로 하는 것이 아니라 삶의 변화를 목표로 합니다. 그러므로 높은 지적 수준이나 교육이 필요하지 않습니다. 성실만 있으면 됩니다.

그러므로 우리 교회 성도들은 한 사람도 빠짐없이 성경공부에 참여하기를 바랍니다. '생명의 삶'부터 시작하여 '확신의 삶', '새로운 삶', '경건의 삶'을 꼭 수료하기를 바랍니다. 또 목자나 대행 목자가 될 분은 '하나님을 경험하는 삶'까지 수료하기를 부탁드립니다.

회중주의

○○○

침례교회의 체제는 회중주의입니다. 회중주의가 침례교회의 전통으로 정착한 데는 성서적인 이유와 더불어 역사적인 이유가 있습니다. 침례교회는 16세기 종교개혁 당시 성서대로 살아 보자는 사람들에 의해 형성되었습니다.

그들이 가장 반발했던 것은 당시 구교의 교권주의입니다. 구교나 신교 모두 성경을 하나님이 주신 하나님의 말씀이라고 믿습니다. 그러나 구교에서는 성경을 해석할 수 있는 권한을 개인이 아니라 교회가 갖고 있다고 믿었습니다. 궁극적으로 성경 해석의 권한이 교회의 머리인 교황에게 있다고 믿은 것입니다. 이런 주장에 반발한 것이 침례교도들입니다.

그들은 만인이 다 하나님의 제사장이며 모든 성도가 내주하시는 성령님의 도움을 받아 성경을 이해하고 해석할 수 있다고 믿었습니다. 그래서 그들은 한 개인이나 소수만 하나님의 뜻을 알 수 있다는 주장을 정면으로 거부했습니다. 그래서 회중주의가 탄생한 것입니다. 회중주의의 기본 원칙은 하나님의 뜻을 찾을 때 개인에게 의지하지 말고 회중이 같이 찾아보자는 것입니다. 구원받은 성도는 누구나 하나님의 뜻을 알 수 있기 때문입니다.

그러므로 회중주의는 민주주의와는 다릅니다. 민주주의 원칙에서는 다수의 의견이 절대적입니다. 그러나 회중주의는 다수의 의견을 절대화하지 않습니다. 교회의 체제는 신권주의라고 믿기 때문입니다. 교회의 머리 되신 예수님도 재림하실 때 대통령이 아니라 왕으로 오실 것이기 때문입니다.

  그러므로 침례교회 회원인 우리도 교회의 일을 결정할 때는 왕이신 주님의 뜻을 찾아야 합니다. 그러므로 참된 회중주의가 이루어지기 위해서는 회중 모두 기도하고 하나님의 음성을 들을 수 있어야 합니다.

아껴 쓰는 우리 교회
◦◦◦

성도들이 헌금하는 것을 보며 하나님께 감사를 드립니다. 특별히 십일조가 꾸준히 느는 것이 감사합니다. 하나님이 우리 성도들을 물질적으로 축복하고 또 성도님들의 믿음이 점점 성장해 간다는 증표라고 생각하기 때문입니다. 그래서 우리 교회는 예산을 집행하는 데 큰 어려움이 없습니다.

  예산 집행에 어려움이 없는 또 하나의 이유는 각 부서에서 예산을 절약하려고 애쓰기 때문입니다. 예를 들어 보통 교회에서는 교회 유지가 성가대원들에게 식사 대접을 하거나 교회 예산에서 식사비를 주는데 우리 교회 성가대원들은 각자 부담합니다. 다른 교회에서는 운동 시합이 있으면 선수들을 대접하기 위해 상당한 금액을 예산에서 지불하는데 우리 교회에서는 운동하는 사람들이 각자 돈을 내어 시합을 마칩니다. 교회 물건을 사는 것도 꼭 세금 면제를 받도록 서류를 준비하고 삽니다. 또 가능하면 같은 품질의 물건을 싼 값에 구입하려고 합니다. 평일에 사무실에 나와야 하는 교회 직원들은 난방조절기 눈금을 겨울에는 가능하면 낮게, 여름에는 가능하면 높게 맞춰 놓아 전기를 절약하려고 노력합니다.

이렇게 절약하는 대신 꼭 써야 할 곳, 예를 들어 다른 교회나 선교지를 도울 때는 아끼지 않습니다. 교역자나 선교사님은 가능하면 후하게 대접하려고 합니다. 예수님이 그분의 제자라고 하여 냉수 한 그릇이라도 주는 사람은, 절대로 자기가 받을 상을 잃지 않을 거라고 말씀하셨기 때문입니다(마 10:42). 그 말씀은 개인뿐 아니라 교회에도 적용된다고 생각합니다.

성도 여러분도 절약에 협조해 주십시오. 우리 자신을 위해 쓰는 데 인색하고, 다른 교회나 목회자 또는 선교사를 돕는 데 후해지기를 바랍니다.

각 방 쓰지 말기

○○○

각 방을 쓰는 부부가 많다는 이야기를 듣고 깜짝 놀랐습니다. 부부 사이가 나빠서가 아니라 서로 편하기 때문이라고 합니다. 젊은 부부들 가운데도 자녀를 같은 침대에서 재운다든지, 엄마가 아이들을 데리고 자고 아빠는 다른 침대에서 자는 경우가 흔하다고 합니다. 이것은 너무 비성서적입니다. 고린도 교인들에게 쓴 편지에서 사도 바울은 이렇게 말했습니다.

"남편은 아내에게 남편으로서의 의무를 다하고, 아내도 그와 같이 남편에게 아내로서의 의무를 다하도록 하십시오. 아내가 자기 몸을 마음대로 주장하지 못하고, 남편이 주장합니다. 마찬가지로, 남편도 자기 몸을 마음대로 주장하지 못하고, 아내가 주장합니다. 서로 물리치지 마십시오. 여러분이 기도에 전념하기 위하여 얼마 동안 떨어져 있기로 합의한 경우에는 예외입니다. 그러나 그 뒤에 다시 합하십시오. 여러분이 절제하는 힘이 없는 틈을 타서 사탄이 여러분을 유혹할까 염려되기 때문입니다"(고전 7:3-5).

부부는 다른 방에서 떨어져 자지 말고 부부 중 한 사람에게 성적 욕구가 생겼을 때 그 욕구를 거절하지 말라고 합니다. 일정 기간동안 기도하기 위해 잠시 각 방을 쓸 수는 있지만 그 기간이 끝나면 다시 잠자리를 합치라는 것입니다. 누군가 한국에서는 엄마가 아이들을 데리고 잔다고 의문을 제기합니다. 그러나 한국에서 남자가 아무렇지 않게 하룻밤 외도를 하는 경우가 많은데, 그것이 아내가 남편과 잠자리를 같이하지 않고 자녀들과 함께 자기 때문이 아닌지를 생각해 보아야 합니다.

이유가 무엇이든 하나님이 사도 바울을 통해 분방하지 말라고 하셨으니 분방해서는 안 됩니다. 부부는 꼭 같은 침대를 써야 합니다. 자녀들은 가능하면 다른 방에서 재우고 부부끼리 자유로울 수 있는 공간을 마련해야 합니다. 자녀가 다 장성한 부부도 마찬가지입니다. 가능하면 분방하지 마십시오. 하나님의 명령이기 때문입니다. 같은 침대를 쓰는 것이 부부의 친밀함을 보장해 주고 다투었을 때 화해도 쉽게 할 수 있게 해줄 것입니다.

성경 읽기 순서

○○○

성경책을 사서 안 믿는 사람들에게 선물하는 모습을 종종 봅니다. 고마운 일입니다. 말씀 가운데 능력이 있기 때문에 전도의 좋은 방법이 된다고 생각합니다. 그런데 성경을 선물할 때 반드시 성경을 어떤 순서로 읽어야 할지를 설명해 주어야 합니다.

성경을 전혀 모르는데 거의 1,000페이지에 달하는 성경을 선물로 받으면 여러분은 어떻겠습니까? 십중팔구는 읽을 엄두가 안 나서 책장에 꽂아 놓거나, 읽더라도 첫 번째 책인 창세기를 지나 출애굽기를 읽고 레위기에 달하면 질려서 포기할 것입니다. 그래서 성경을 선물할 때는 어디서부터 읽어야 할지를 말해 주어야 합니다.

저는 신약부터 읽으라고 권합니다. 신약 중에서도 요한복음부터 읽으라고 권합니다. 마태복음부터 읽으면 첫 페이지에 나오는 예수님의 족보에 질려 포기하기가 쉽기 때문입니다.

요한은 요한복음에서 예수님이 하나님이심을 강조하고 있기 때문에 요한복음을 읽으면 예수님을 이해하는 데 큰 도움이 됩니다. 요한복음을 끝내면 다음에 나오는 사도행전을 읽어야 합니다. 사도행전에는 120명밖에 안 되는 기독교인을 통해 복음이 어떻게 로마까지 전해졌는지가 기록되어 있습니다. 기독교 초기 역사이기 때문에 흥미진진합니다.

사도행전을 끝낸 다음에는 바로 뒤에 나오는 로마서 읽기를 권합니다. 로마서에는 기독교 신앙의 핵심이 체계적으로 잘 설명되어 있기 때문입니다. 그 후 다시 복음서로 돌아와서 누가복음을 읽고 다음에 로마서 뒤에 나오는 서신서를 읽고, 신약을 한두 번 읽은 후에 구약을 읽으라고 권합니다.

성경을 선물할 때 가능하면 현대어로 번역된 성경을 주십시오. 개역 성경을 선물하면 옛날 말로 쓰여있어서 읽기도 전에 질리기 때문입니다. 그러므로 우리 교회에서 사용하는 새번역을 강력히 권합니다.

예배 때 은혜받는 방법
○○○

같은 예배를 드려도 어떤 사람은 은혜를 받고 어떤 사람은 은혜를 받지 못합니다. 찬양을 부를 때도 어떤 사람은 감격에 차서 부르고 어떤 사람은 가사만 쫓아 읽습니다. 어떻게 하면 예배 시간에 은혜를 받을 수 있을까요? 간단한 방법 중 하나는 앞쪽에 앉는 것입니다. 뒤에 앉으면 자신도 모르게 예배에 방관적으로 임하게 됩니다. 그렇게 방관적인 자세가 되면 예배를 드리기보다 예배를 평가하게 됩니다. 누군가 대표 기도를 하면 "너무 길다"라고, 광고 시간에는 "주보에 실린 광고를 읽으라고 하면 되는데 저렇게 설명을 해야 하나?"라고, 성가대 찬양이 끝나면 "오늘 죽 쑤었구나"라고, 설교를 들으면서는 "나는 그렇게 생각하지 않는다"라고, 헌신 시간에는 "저렇게 많이 앞에 나가니 오늘 일찍 집에 가기는 틀렸구나"라고 불평합니다. 이렇게 어수선한 마음으로 예배를 드리니 예배를 통해 은혜를 받을 수 없는 것입니다.

앞에 앉으면 방관적인 태도에서 참여적인 태도로 바뀝니다. 모든 예배 순서를 자신의 일로 느끼기 시작합니다. 그래서 자신도 모르게 예배에 푹 빠지는 것입니다. 이것은 제가 경험을 통해 깨달은 것입니다. 집회에서 앞에 앉을수록 더 많은 것을 배웁니다. 반면 뒤에 앉으면 구경만 하다가 오게 됩니다. 그래서 저는 집회에 참석할 때 가능하면 앞쪽에 앉으려고 합니다.

그러므로 새로 믿으려는 사람들 가운데 교회만 왔다 갔다 하기를 원하지 않는 사람들은 예배 시간에 꼭 앞쪽에 앉기를 바랍니다.

또 예배에 늦지 말아야 합니다. 모임에 늦게 도착하면 마음이 또 방관적으로 변하기 때문입니다. 특히 헌신 시간에 헌신하고 싶은 충동이 생길 때는 꼭 앞쪽에 앉기를 바랍니다. 뒷자리에서 헌신을 결심하고 긴 통로를 걸어 나오는 것은 영원을 걷는 것 같아서 용기를 내기가 어렵기 때문입니다. 그러나 앞에 앉을 때는 헌신하기가 훨씬 수월합니다.

설교는 예배가 아니다

○○○

예수를 믿는 것도 아니고 안 믿는 것도 아닌 어정쩡한 상태에 있던 대학 시절, 주일에 교회에 가긴 했지만 설교 직전에 예배당에 들어가서 축도 끝나기 전에 살짝 도망쳐 나오던 기억이 납니다. 교회에 설교를 들으러 가는 것이라고 생각했기 때문입니다. 설교 시간의 앞뒤에 붙어 있는 여러 순서는 예배 형식을 갖추기 위한 장식 정도로 잘못 생각했습니다. 아직도 주일 예배에 설교만 들으려 나오는 성도들을 보면 옛날 제 모습 같아 쓴웃음이 납니다.

설교가 예배의 중심이 된 것은 종교개혁의 결과입니다. 예식 중심, 성례 중심의 로마 가톨릭 예배를 개선해서 예배 가운데 말씀 선포를 넣고 그것을 가장 중요한 것으로 만들었습니다. 그런데 말씀을 너무 중요시하다 보니 '예배가 곧 설교'라는 생각까지 이르게 된 것입니다. 그러나 설교는 예배의 한 부분입니다. 설교와 더불어 기도, 찬송, 찬양, 헌금 등 모든 순서가 다 예배입니다.

그러므로 우리는 설교 전에 있는 순서를 단순한 준비라고 생각해서는 안 됩니다. 각 순서가 모두 예배입니다. 그러므로 성도들은 모든 순서에 집중하여 진정과 진리로 예배하도록 노력해야 합니다. 찬송할 때는 가사 한 구절 한 구절을 자신의 신앙고백으로 만들고 어떤 사람이 대표 기도를 할 때는 아멘으로 화답하여 자신의 기도로 삼으십시오. 헌금을 바칠 때는 제물을 잡아 하나님께 바치듯 감사와 기쁨으로 바치십시오.

저는 주일 새벽에 교회에서 기도할 때 20분 동안 예배 순서를 하나씩 꼽으며 기도합니다. 모든 순서가 성령님이 임하시고 하나님이 기쁘게 받으시는 아름다운 제사가 되기를 기도하는 것입니다.

헌금의 항목 설명

○○○

우리 교회에는 새로 믿는 사람들이 많습니다. 그들 가운데는 보통 교인들에게 익숙한 용어도 이해하지 못하는 경우가 종종 있는 것 같습니다. '생명의 삶'을 할 때 성령의 은사에 대해 공부하는데 어떤 사람이 '은사'가 '선생님'을 의미하는 줄 알고 성경을 읽는 데 애를 먹었다고 말씀하여 웃은 적이 있습니다.

새롭게 믿는 사람들이 혼동을 느끼는 것 중 하나가 주보에 나오는 헌금 항목인 것 같습니다. 그래서 오늘은 헌금 항목에 대해 설명하겠습니다. '십일조'는 수입의 10분의 1을 하나님께 바치는 것입니다. 우리 교회 가운데 그 이상을 바치는 성도들도 있습니다. 그러나 12%를 바친다고 '십점이조', 20%를 바친다고 '십이조'라고 부르지 않습니다. 다 십일조라고 부릅니다. 십일조를 할 만한 믿음이 없어서 수입의 5%, 7%, 9%를 바칠 때 그 헌금은 '주정헌금'이라고 부릅니다. 몇 %라도 바칠 만한 믿음이 없어서 일정 금액을 정하여 바칠 때도 그것은 '주정헌금'이라고 부릅니다.

십일조나 주정헌금을 바친 후에 특별히 하나님께 감사할 조건이 있어서 바치는 것이 '감사헌금'입니다. 그러므로 십일조나 주정헌금이 되어야 할 것을 감사헌금으로 바치는 것은 잘못입니다. 감사헌금은 따로 바치는 것입니다. 십일조와 주정헌금을 한 사람들은 안 실리지만 감사헌금을 한 사람의 명단과 감사 제목은 주보에 실립니다. 그 이유는 교인들이 감사 조건을 알고 같이 기뻐하자는 것입니다.

저는 누가 얼마를 헌금하는지 모릅니다. 헌금 계수위원들만 압니다. 제가 누가 얼마를 헌금하는지 알고 싶어하지 않는 두 가지 이유가 있습니다. 첫째는, 실망을 피하기 위한 것입니다. 어떤 사람이 신앙 경력이나 생활 수준으로 보나 이 정도는 헌금할 것이라고 생각했는데 기대에 미치지 못하면 실망하지 않겠습니까? 둘째는, 할 말을 못 할까 봐 그렇습니다. 어떤 사람이 헌금을 많이 한다는 것을 알면 그 사람의 비위를 상하지 않게 하려고 해야 할 말을 못 할 수도 있기 때문입니다. 그래서 저는 누가 얼마를 헌금하는지 모르는 채로 지내는 것이 좋습니다.

다른 교인 받지 않기

○○○

우리 교회에 관심이 있는 다른 교회 교인에 대해 의견을 전하고자 합니다. 휴스턴에 있는 다른 교회 교인들에게 우리 교회에 나오라고 절대 청하지 마십시오. 윤리적인 면에서 어긋납니다. 어떤 목회자나 교인은 다른 교회 교인을 찾아가서 자신의 교회에 나오라고 권하고 편지를 보내기도 한다고 합니다. 우리 교회 교인들 중에도 그런 권유를 받은 사람이 있습니다.

그러나 우리는 절대로 그렇게 하지 맙시다. 저는 다른 교회 교인을 개인적으로 만나지 않고 심방도 하지 않습니다. 우리 교회를 방문해도 근처 교회 사람이면 전화 연락이나 심방을 하지 않습니다. 그러므로 어떤 사람들이 우리 교회를 방문했는데 담임 목사가 연락도 안 하고 찾지 않는다고 불평하면 제가 고의로 그렇게 하는 것이라고 말해 주십시오.

다시 한 번 강조합니다. 여러분, 교인 수가 증가한다고 무조건 기뻐하지 마십시오. 안 믿는 사람이 결신하여 교인 수가 증가한 것은 기뻐할 만한 일입니다. 그러나 다른 교회 교인이 유입되어 증가한 것이라면 기뻐할 것이 하나도 없습니다. 오히려 교인 수가 늘어났다는 사실 때문에 전도열이 약해질 것을 염려해야 합니다.

다른 교회 교인들이 자신의 교회 생활에 만족하지 못하고 힘들어하면 그 교회에 정을 붙이고 충성할 수 있도록 달래고 권면하십시오. 문제를 많이 안고 있는 교회 교인 앞에서 우리 교회 자랑을 한다든지, "그렇게 힘들면 우리 교회에서 함께 일하자"라는 식의 말은 금해 주십시오.

반복되는 거절에도 불구하고 머리를 싸매고 등록하는 사람들은 어떻게 해야 할까요? 그 순간부터는 전에 다니던 교회에 대해 언급하지 말고 우리 교회 교인이요 동역자로 대해 주십시오. 사랑으로 따뜻하게 오랫동안 우리 교회를 다닌 사람들과 똑같이 대해 주기를 바랍니다.

예비 목자의 조건

○○○

예비 목자 선출에 대해 한 말씀을 드립니다. 목장 사역에서 목자 다음으로 중요한 직책이 예비 목자입니다. 목장 식구가 증가하여 12명이 될 때, 목장을 나누어 한 목장을 맡아서 목자 노릇을 할 사람이 예비 목자이기 때문입니다. 그러므로 예비 목자를 선출할 때는 신중해야 합니다. 그들이 언젠가는 대행 목자(목자로 임명 받기 위해 요구되는 '삶 공부' 과정을 수료하지 못했지만, 목장을 맡아 목양하는 사람으로 '삶 공부'

를 마치면 정식 목자로 임명 받는다)나 목자가 될 것이고, 또 이후로 휴스턴 서울교회 집사 후보도 될 사람이라는 것을 기억하기를 바랍니다.

예비 목자는 목자 밑에서 목자 훈련을 받는 사람이니까 신앙 경력이 길거나 성경을 많이 알 필요는 없습니다. 그러나 세 가지는 갖추어야 합니다.

첫째, 긍정적인 사고방식입니다. 부정적인 사고방식을 가진 사람이 지도자가 되면 주위 사람들을 다 부정적인 사람으로 만들어 버립니다. 평소에 불평이나 비판이 잦은 분은 부정적인 사고방식을 가지고 있다고 보면 됩니다. 반대로 평소에 칭찬과 감사가 잦은 분은 긍정적인 사고방식을 가졌다고 볼 수 있습니다.

둘째, 순종의 자세입니다. 순종을 해본 사람만 남을 지도할 수 있습니다. 순종을 해보지 않은 사람은 독재자는 될지언정 지도자는 못 됩니다. 사람에게 순종하지 못하는 사람은 하나님께도 순종하지 못합니다. 그러므로 예비 목자를 세울 때에는 순종의 자세를 갖추었는지를 살펴보고 특히 목자에게 순종하는지를 보십시오.

셋째, 섬기는 마음입니다. 교회에서 지도자를 세우는 것은 섬기게 하려는 것입니다. 교회 지도자가 된다는 것은 사람들 위에서 군림하는 것이 아니라 더 많은 사람을 섬길 기회를 얻는 것입니다. 평소에 이웃을 섬기지 않던 사람이 지도자가 되면 그 직책을 통해 자신의 잠재된 지배 욕구를 채우려 하기 때문에 목장 식구 전체가 상처를 받을 위험이 있습니다. 그러므로 평소에 궂은 일이나 낮은 일을 마다하지 않는 사람을 선출해야 합니다.

이 세 가지 조건을 100% 만족시키지는 못해도 이러한 방향으로 변해 가고 있는 사람을 예비 목자로 세우기를 바랍니다.

말씀 적용

○○○

앞으로 모든 목장이 지난주 설교 적용을 나눔의 주제로 삼았으면 좋겠습니다. 어떤 목장 모임에서는 일반 생활에 관한 주제로 자신의 의견을 발표하게 합니다. 토의 주제는 목자가 정해 주든지 목장 식구들이 제시합니다. 이때 좋은 점이 있습니다. 성경에서 뽑은 주제가 아니므로 안 믿는 사람이나 새로 믿는 사람이 활발하게 토의에 참여할 수 있다는 것입니다. 미국 사회에 살면서 한국말을 할 기회가 없다가 목장 모임에 나와서 속시원하게 자기 의견을 말하고 나면 스트레스 해소도 될 것입니다. 그러나 단점은 어떤 사람이 문제를 안고 있을 때 문제 해결에 도움을 주지 못한다는 것입니다. 개인 의견만 교환되기 때문입니다.

반대로 어떤 목장에서는 성경공부에서 얻은 교훈을 어떻게 생활에 적용할지를 토의합니다. 이때 좋은 점은, 성경공부가 진지해지고 성경을 통해 삶의 문제에 답을 얻게 된다는 것입니다. 반면 단점은 그날 배운 성경공부 내용에서 생활 적용을 찾기 때문에 토의가 공론으로 끝나기 쉽다는 것입니다. 다음 주일에 일부러 점검하기 전에는 생활 적용을 했는지, 안 했는지를 알 수 없기 때문입니다.

그러나 주일 설교를 어떻게 생활에 적용시켰는지를 나눔 시간에 나누면 앞서 말한 단점을 보완할 수 있습니다. 초신자나 안 믿는 사람들도 말씀을 생활에 적용한 신앙 선배들의 이야기를 들으면서 자기 문제의 해결 방법을 깨달을 수 있습니다. 또 이미 생활에 적용해 본 것으로 말씀을 나누니까 생활 적용이 공론으로 끝나는 것도 방지할 수 있습니다.

어떤 목사님이 설교에서 이런 말을 했습니다. "교회는 실험실이 되어야 합니다. 그런데 교회가 성경공부만 많이 하는 연구실이 되어 버렸습니다." 우리 가정교회가 연구실이 되지 않고 실험실이 되기를 바랍니다. 하나님의 말씀이 삶의 문제를 어떻게 해결하는지를 증명하는 실험 장소가 되기를 바랍니다.

서로 사랑하자

○○○

다른 교회 교인들은 휴스턴 서울교회에서 목사와 성도들이 다투지 않고 사이좋게 지내는 것이 참 이상한 모양입니다. 교회라면 당연히 성도들이 목사의 흉을 보고 불평하는 것으로 알고 있는데, 성도들이 목사를 사랑하고 자랑하니까 그것이 이상한 것입니다.

얼마 전 다른 교회 교인이 저희 교회 집사님에게 비아냥대듯이 이렇게 말했다고 합니다. "휴스턴 서울교회 집사들은 목사한테 꽉 잡혔다면서요?" 그래서 집사님이 "목사님이 우리를 꽉 잡은 것이 아니라 우리가 목사님을 꽉 잡은 것이지요"라고 답했다고 합니다. 어떤 사람들은 휴스턴 서울교회 교인들이 너무 목사를 좋아해서 목사를 우상화한다고까지 말하는 모양입니다. 교인들이 목사를 사랑하고 자랑스러워하는 모습을 오죽 못 보았으면 우상 숭배라고까지 말할까 싶어서 마음이 무척 아픕니다. 다른 교회에 다니다가 우리 교회에 출석하는 사람들 중에도 이런 모습을 종종 봅니다. 목사를 사랑하고 좋아하고 신뢰하는 것이 체질에 안 맞는 모양입니다. 예배 출석을 하면서도 등록은커녕 저를 만나기를 기피하는 분들도 있습니다. 등록을 한 후에도 마음을 안 주고 '네가 언제까지 잘할지 두고보겠다'라는 식의 태도를 취하는 분들도 소수지만 있습니다. 참 슬픈 일입니다.

목사를 신뢰하지 못하는 분위기가 조성된 데는 목회자에게 1차적인 책임이 있습니다. 목사가 솔직하고 투명하고 작은 희생을 마다하지 않으면 성도들의 신뢰를 얻는 것은 별로 어렵지 않을 것입니다. 저는 교인들의 신뢰를 저버리지 않도록 계속 노력할 것입니다. 여러분도 계속 사랑과 격려의 눈으로 목사를 지켜봐 주십시오.

구령 사역을 잘하기 위해서는 교인들이 목사를 사랑하고 자랑스러워해야 합니다. 교인들조차 사랑하지 않고 존경하지 않는 목사, 그런 목사가 목회하는 교회를 불신자가 왜 찾아오겠습니까?

어린이 교육

○○○

주일학교는 단순히 어린이들에게 말씀을 가르치는 곳이 아닙니다. 그리스도인의 삶을 가르치는 곳입니다. 그것을 위해서는 부모님들의 이해와 협조가 절대적으로 필요합니다. 그런데 어떤 부모님은 자녀가 주일학교 교사에게 꾸중을 들으면 아주 기분 나빠합니다.

교사들 중 일부는 이런 반응이 두려워서 어린이가 수업을 방해하고 못된 짓을 해도 방관하기도 합니다. 그러나 어린이들을 잘 지도하려면 그렇게 해서는 안 됩니다. 어린이가 반에서 용납되지 않는 말이나 행동을 할 때는 부모에게 자녀가 어떻게 하고 있는지를 말씀드리고 협조와 양해를 구해야 합니다.

먼저 교사가 말로 타이르다가 듣지 않으면 전도사에게 보냅니다. 그래도 듣지 않으면 부모에게 연락합니다. 그래서 어린이와 부모, 교사, 전도사가 같이 만나 잘못을 고칠 수 있는 방법을 찾습니다. 그러므로 부모들은 연락을 받으면 기분 나빠 하지 말고 반드시 응해서 자녀가 좋은 습관을 가질 수 있도록 협조해 주기를 바랍니다.

더불어 부모들에게 부탁하고 싶은 것이 있습니다. 개인 장난감을 교실에 갖고 오지 않도록 주의해 주십시오. 수업에 크게 방해가 됩니다. 또 교실에 있는 기물은 교실 밖으로 갖고 나가지 않게 해주십시오. 그렇게 하면 교실의 제자리에 갖다 놓도록 타이르고, 교회 기물을 파손하거나 오용하는 것을 보면 누구든지 바로잡아 주십시오.

얼마 전 몇몇 어린이가 벌레를 잡아 장례식을 치른다고 놀이터에서 불을 피워 양탄자를 태우기도 하고, 크레용을 하나도 빠짐없이 다 부러뜨려 놓았습니다. 이런 파괴적인 행동을 보면 자기 자녀가 아니더라도 자제시켜 주기를 바랍니다.

학교에 가서는 말을 잘 듣는데 교회에서 망나니가 되는 이유는 교회와 주일학교 교사에 대한 존경심이 적기 때문이라고 생각합니다. 부모들은 주일학교가 끝나면 자녀에게 무엇을 배웠는지 묻고 명절이나 교사 생일 때 작은 선물이나 편지를 쓰게 해서 어린이를 통해 전달해 주기를 바랍니다. 교회나 교사에 대한 부모의 관심이, 어린이들이 교사를 존경하게 만들기 때문입니다.

하나님께 상 받자

○○○

지도자 훈련 코스를 듣거나 경영에 대한 책을 읽으면 '인정'(recognition)에 대한 이야기가 나옵니다. 사람들이 하는 일을 인정받을 때 동기부여가 되고 더 열심히 일한다는 것입니다. 그래서 회사나 단체에서는 어떤 성과에 대해 상패를 주고 감사장을 수여하고 트로피를 증정하기도 합니다.

저는 인정해 주는 것이 동기부여를 하고 생산성을 높인다는 사실에 대해 동의는 하지만 이러한 방법을 교회 안에 도입하는 데는 거부감을 느낍니다. 왜냐하면 그 방법이 예수님의 말씀과 다르다고 느끼기 때문입니다. 인정받고자 하는 것에 대해 예수님은 수차례 경고하셨습니다. 마태복음에도 이런 경고가 여러 군데 나옵니다.

"너희는 남에게 보이려고 의로운 일을 사람들 앞에서 하지 않도록 조심하여라. 그렇지 않으면, 너희는 하늘에 계신 너희 아버지에게서 상을 받지 못한다"(마 6:1).

"너희는 기도할 때에, 위선자들처럼 하지 말아라. 그들은 사람들에게 보이려고, 회당과 큰 길 모퉁이에 서서 기도하기를 좋아한다. 내가 진정으로 너희에게 말한다. 그들은 자기네 상을 이미 다 받았다"(마 6:5).

"너희는 금식할 때에, 위선자들과 같이 슬픈 기색을 띠지 말아라. 그들은 금식하는 것을 남에게 보이려고, 얼굴을 흉하게 한다. 내가 진정으로 너희에게 말한다. 그들은 자기네 상을 이미 받았다"(마 6:16).

이런 경고는 전부 "그들은 이미 자기네 상을 다 받았다"라는 말로 끝납니다. 즉, 사람에게 인정받는 것을 목적으로 주님의 일을 하면 사람에게 인정받는 것과 동시에 목적을 달성하니까 하나님께 받는 상은 없다는 것입니다.

교회에서 수고하는 이들이 인정받기를 추구하지 않는다는 것을 압니다. 인정을 기대하지 않지만 우리가 감사 표시를 하는 것이 인간의 도리라는 것도 압니다. 그러나 그렇게 하면 그들이 하나님께 받을 상을 잃게 만들지 않을까 우려가 됩니다. 주님은 인정받고자 하는 욕구에 대해 경고하시고 이렇게 말씀하셨습니다.

"그리하여 금식하는 것을 사람들에게 드러내지 말고, 보이지 않게 숨어서 계시는 네 아버지께서 보시게 하여라. 그리하면 남모르게 숨어서 보시는 네 아버지께서 너에게 갚아 주실 것이다"(마 6:18).

저도 가끔 수고하는 사람들을 예배 중에 일어나게 하여 그들에게 감사 표시를 하는 경우가 있습니다. 특별한 일이 있을 때입니다. 그러나 그렇게 하고 나면 언제든지 그들이 상 받을 기회를 내가 박탈하는 것이 아닌가 하여 양심에 가책을 느낍니다. 우리는 인정받기 위해 일해야 합니다. 그러나 사람들의 인정이 아니라 하나님의 인정을 받도록 일해야 합니다. 그렇게 사는 것이 천국에 상을 쌓으며 사는 현명한 사람의 모습입니다.

차가운 인상의 좋은 점

ㅇㅇㅇ

어떤 형제가 말했습니다. "목사님이 남들에게 차가운 인상을 주지 않도록 우리 부부는 매일 기도하고 있습니다." 또 어떤 자매는 이렇게 말했습니다. "목사님, 교인들은 목사님이 예수님같이 따뜻하기를 기대하고 있습니다." 저 나름대로 애를 쓰지만 많은 사람이 보기에 따뜻한 인상이 아니라 차가운 인상을 주니까 그분들이 걱정을 하는 것 같습니다.

제가 차가운 인상을 주는 이유는 누군가를 만났을 때 반색을 하거나 반가운 말을 하지 못하기 때문이 아닌가 싶습니다. 그래서 어떤 사람은 목사가 자기를 싫어한다고 생각도 하는 모양입니다. 그러나 만났을 때 호들갑을 떨지 못하여 소원한 느낌을 주는 것이 목사로서 장점이 될 수도 있다는 변명 아닌 변명을 한마디하겠습니다.

예를 들어 목사가 너무 반가운 척을 안 하면 실망을 덜 시킵니다. 제가 아는 한 목사님은 어쩌다가 저를 만나면 두 손으로 제 손을 꼭 잡고 "목회가 힘들지요?"라고 말해 주시는데 눈물이 찔끔 나옵니다. 그런데 우연히 그 목사님이 저뿐만 아니라 누구든지 만나면 손을 꼭 잡으며 "힘들지요?"라고 말씀하신다는 것을 알았습니다. 그리고 제 이름을 기억하지 못한다는 것도 알았습니다. 그때 저는 뭔지 모를 배신감을 느꼈습니다. 저처럼 평소에 반가운 척을 못 하는 목사에게는 적어도 그런 배신감을 느끼지 않을 것입니다.

또 저같이 모든 교인에게 약간 소원한 느낌을 주는 목사는 소외감을 심어 주지 않는다는 장점도 있습니다. 어떤 목사는 성도들과 어울리는 것을 좋아해서 기회만 있으면 심방하고 만나서 즐거운 시간을 갖습니다. 그런데 교인 수가 증가하면 성도들과 골고루 만나서 시간을 보낼 수 없습니다. 우리 교회만 해도 제가 주중에 하루도 빠지지 않고 여러분의 가정을 심방해도 1년에 한 번 갈까 말까

합니다. 그러다 보면 좋아하는 몇몇 사람과 자주 만나게 될 수밖에 없습니다. 그때 만나는 대상에서 제외된 사람은 소외감을 느낄 수밖에 없습니다. 저같이 모든 사람에게 소원한 느낌을 주는 목사는 적어도 그런 문제는 없습니다.

제가 좀 더 밝고 따뜻한 인상을 주려고 노력은 하겠지만 너무 제 인상에 신경 쓰지는 말아 주십시오. 반가운 기색과 따뜻한 말은 부족할지 모르지만 여러분에게 진짜 도움이 필요할 때 여러분이 기댈 수 있는 목사가 되고자 노력하고 있기 때문입니다.

반사체와 흡수체
ㅇㅇㅇ

음향에는 반사체가 있고 흡수체가 있습니다. 음이 반사되는 것을 원하지 않는 음악당 같은 경우에는 건물의 벽을 흡수체로 덮습니다. 예를 들어 금속은 반사체이고 직물은 흡수체입니다. 소문에도 반사체가 있고 흡수체가 있습니다. 소문의 반사체나 흡수체는 물체가 아니라 사람입니다.

반사체가 많이 모인 교회는 어려움을 많이 겪습니다. 소문을 반사하고 증폭하여 걷잡을 수 없는 지경으로 만들기도 합니다. 반대로 흡수체가 많은 교회는 평안합니다. 부정적인 말, 비판적인 의견, 근거 없는 낭설을 흡수해 버리고 더는 전달하지 않기 때문입니다.

우리 교회 집사님(휴스턴 서울교회에서는 직분이 목사와 집사뿐이기 때문에 집사라고 하면, '안수 집사'로서 타 교단의 '장로'에 해당한다)들은 흡수체입니다.

대인관계에서 어려움을 겪고 있는 사람이 찾아와서 제삼자에 대한 비방을 늘어놓아도 들어주기만 할 뿐, 남에게 전달하지 않습니다. 그래서 찾아온 사람은 쌓인 감정을 모두 쏟고 속이 후련해져서 돌아가고, 그 말은 더 이상 퍼지지 않으니 교회가 평안해지는 것입니다. 어떤 집사님이 집사회에 한 번 휴무하고 나서 칭찬 반, 불평 반으로 웃으면서 이렇게 말했습니다. "우리 교회 집사님들은 지독합니다. 휴무로 있으니까 집사회에서 토의한 일을 이야기해 주는 사람이 아무도 없습니다." 그들이 다 흡수체라서 그렇습니다.

오래전 들은 말을 모두 제게 알려 주던 사람이 있었습니다. 저에 대한 불평, 교회에 대한 불만을 듣는 그대로 전달해 주었습니다. 그런 것을 담임 목사가 다 알고 있어야 한다고 느껴서 그런 것 같습니다. 그런데 전달해 주는 내용이 대부분 제가 알아도 뾰족한 수가 없는 것이 많았습니다. 그래서 저는 "제가 어떤 조치를 취할 수 있는 것만 말씀해 주시고, 제가 알아도 별 도리가 없는 것은 말씀하지 말아 주십시오. 저도 그런 이야기를 들으면 인간이기 때문에 낙심이 되고 정신력이 소모됩니다"라고 말했습니다. 그 후 그 사람은 흡수체가 되었습니다.

성도들 모두 주위 사람들의 하소연을 들어 주는 흡수체가 되기를 바랍니다. 누군가 불평을 쏟아 놓으면 주위에 더 이상 번지지 않도록 흡수해 버리는 흡수체가 됩시다.

주례 원칙

결혼 주례 요청이 심심치 않게 들어옵니다. 나중에 거절당해서 마음이 상하는 사람들이 생길까 싶어 저의 주례 원칙을 말씀드리겠습니다.

결혼 예식은 남녀가 한 몸이 되어 일생을 같이 살며 하나님이 원하시는 부부가 되기로 서약하는 것입니다. 그러므로 예비 신랑, 신부가 모두 예수님을 영접했으면 기쁜 마음으로 주례를 합니다.

그러나 불신자와 결혼하는 신자가 주례를 부탁하면 어떻게 할 것인가? 일단 결혼을 말리고 싶습니다. 상대방이 신앙생활에 관심이 있다면, 그가 예수님을 주로 영접할 때까지 결혼식을 보류할 것을 권합니다. 전도를 위해 불신자와 결혼하는 사람들이 있는데, 결혼을 통해 배우자가 그리스도인이 되는 경우는 극히 적습니다. 보통 본인의 믿음조차 유지하지 못하는 경우가 훨씬 많습니다.

그럼에도 꼭 결혼하겠다고 고집하면 어떻게 할 것인가? 조건부로 주례를 수락합니다. 제가 복음 제시를 할 때 그것을 들을 용의가 있는지 의사 타진을 합니다. 그래서 예수님을 주로 영접하면 문제가 없습니다. 그러나 복음을 들은 후에도 영접을 거부하거나 보류하면 조건을 제시합니다.

배우자의 교회 생활을 적극 후원하고, 자신도 신앙을 가져 보고자 최대한 노력을 하겠다고 약속하는 것입니다. 예를 들어 '생명의 삶'을 수강하고 6개월이나 1년 동안 정해진 기간만이라도 가정교회나 주일 예배에 참석하겠다고 약속하는 것입니다. 이것도 거절하면 저도 주례를 거부할 수밖에 없습니다. 예수 믿는 것을 조건으로 삼고 싶지는 않지만 얼마 동안 노력할 것은 조건으로 삼아야 한다고 생각하기 때문입니다.

이혼한 경력이 있는 사람이 재혼 주례를 부탁하면 어떻게 할 것인가? 우선 이혼의 사유를 알아봅니다. 이전 배우자를 용서하고 감정적인 찌꺼기를 다 처리했는지도 살핍니다. 이혼이 하나님의 뜻에 어긋난다는 것을 알고 있고 다시는 이혼하지 않을 결심이 있는지도 확인합니다. 또 동거 관계에 있으면 결혼식 전까지 떨어져 살고 육체관계를 갖지 않을 것을 요구합니다. 그래서 하나님의 뜻에 순종하고자 하는 의사가 분명하면 주례를 허락합니다. 그렇지 않으면 저도 거부합니다.

저는 지금까지 이 원칙을 강력히 고집하지 않았습니다. 그러나 앞으로는 철저히 시행할 것입니다. 형식만 있고 하나님의 임재하심이 없는 결혼 주례는 하지 않겠다고 결심했기 때문입니다.

잡신의 장난을 이기는 방법

ㅇㅇㅇ

우리 교회에는 다른 종교인으로 살다가 예수를 믿게 된 사람들이 많습니다. 그들은 잡신이기는 하지만 신을 섬겨 보았기 때문에 신앙생활의 진보가 빠릅니다. 또 다른 신을 섬길 때 정성이 얼마나 들어가야 하는지를 알기 때문에, 믿음만으로 구원해 주신 하나님의 은혜에 대한 감격도 큽니다. 그런데 그중에 섬기던 신에 대한 두려움을 느끼는 사람도 있는 것 같습니다. '종교를 바꾸었기 때문에 재난이 생기면 어쩌나' 하고 두려워하는 것입니다.

사실 이런 두려움이 근거가 없는 것만은 아닙니다. 잡신을 섬기다가 예수를 믿으면 잡신들이 배신감을 느껴서 요동칠 수 있습니다. 그 결과 교통사고와 같은 일이 일어나기도 합니다.

그러나 이런 잡신의 장난이나 위협을 두려워할 필요는 없습니다. 잡신들도 하나님 앞에서는 꼼짝 못하기 때문입니다. 인간에게 자유의지를 허락하신 하나님이 잡신에게도 어느 정도의 자유를 허락하셨습니다. 하나님의 자녀들이 예수님의 이름으로 잡신을 물리치고 예수 이름의 권세를 체험하기를 원하시기 때문입니다.

그러므로 종교를 바꾼 후 생기는 자질구레한 사고들을 잡신이나 악령들 때문에 생긴다고 생각하면 예수의 이름으로 그것을 쫓아야 합니다. 어떻게 쫓는지를 잘 모르겠으면 "악령들은 예수의 이름으로 물러가라"고 당당하게 소리 내어 말하십시오. 예수의 이름으로 반복하여 꾸짖으면 잡신의 장난이 그칠 것입니다.

위협에 놀라서 다시 잡신에게 돌아가면 평생 그 지배 아래에서 살아야 한다는 것을 기억하십시오. 잡신의 위협은 물리쳐야 합니다. 잡신과 싸울 때 특히 이 말씀을 기억하십시오.

"그러므로 하나님께 복종하고, 악마를 물리치십시오. 그리하면 악마는 달아날 것입니다"(약 4:7).

"자녀 된 이 여러분, 여러분은 하나님에게서 난 사람들이며, 여러분은 그 거짓 예언자들을 이겼습니다. 여러분 안에 계신 분이 세상에 있는 자보다 크시기 때문입니다"(요일 4:4).

목사가 옹호하는 사람
○○○

교회 생활을 하다 보면 교인들 간에 오해와 갈등이 생깁니다. 그러다 보면 목사가 그 가운데 끼어드는 경우도 생깁니다. 그때 목사가 상대방을 편든다고 한쪽이 섭섭해할 수 있습니다. 사실 목사도 인간이기 때문에 편하고 불편한 사람이 있습니다. 그러나 개인적인 선호로 한쪽 편을 드는 것은 있을 수 없는 일입니다. 그럼에도 편을 든다고 느낄 수 있는 것은 목사가 한쪽을 더 좋아할 수 있기 때문입니다.

저는 스스로 변하려고 애쓰는 사람을 좋아합니다. 어떤 사람은 성격적인 결함이 많아서 예수를 믿고 노력해도 빠르게 변하지 못합니다. 믿지 않는 사람보다 더 못한 행동이나 말을 할 때도 있습니다. 그러나 저는 조금 모자란 그들을 좋아합니다. 왜냐하면 하나님이 그런 사람들을 사랑하시기 때문입니다.

하나님이 보시기에 인간은 다 비슷한 죄인입니다. 사소한 인격의 차이는 큰 차이로 보이지 않습니다. 그래서 하나님은 현재 인격이 어느 정도인지를 보지 않고 지금 얼마나 노력하고 있는지를 보십니다. 그래서 저도 하나님처럼 현재 인격보다 얼마나 변하려고 애쓰는지를 보려고 하는 것입니다.

만일 제가 편을 든다면 상대방과 화해하고 수용하려는 사람 쪽입니다. 교인들은 서로 수용해야지 거부해서는 안 됩니다. 교회는 병원이기 때문입니다. 그래서 저는 대화와 화해를 거부하는 사람을 용납할 수 없습니다. 아무리 중요한 사역을 하고 있어도 "나는 아무개와 같이 일할 수 없습니다"라고 말하면 저는 그 사의를 주저 없이 받아들일 것입니다. "나는 아무개 때문에 교회를 떠납니다"라고 말하면 절대 잡지 않을 것입니다.

설교를 직접 들어야 하는 이유
○○○

담임 목사가 설교하기가 점점 힘들어집니다. 교인들이 다른 목사님의 설교 테이프를 쉽게 구할 수 있기 때문입니다. 어떤 성도는 유명한 목사들의 설교 테이프를 있는 대로 다 듣고 그것도 모자라서 운전할 때 기독교 방송을 통해 미국 목사들의 설교까지 듣습니다. 이렇게 설교를 많이 듣는 사람들이 은혜를 받을 수 있도록 설교한다는 것은 여간 어려운 일이 아닙니다.

예배도 그렇습니다. 기독교 방송에 채널을 맞추면 거의 온종일 유명한 교회의 예배 실황을 시청할 수 있습니다. 배경도, 음악도, 설교도, 보통 교회보다 훨씬 더 훌륭합니다. 그러다 보니 주일에 번거롭게 교회에 나갈 필요 없이 TV를 통해 예배드리는 것이 더 좋다고 생각하는 사람들도 있습니다.

그런데 왜 주일에 교회에 나가서 설교를 들어야만 하는가? 그에 대한 답은 '성령님'입니다. 설교 말씀이 설교자의 입을 떠나서 회중석에 앉아 있는 성도의 귀에 들어가는 과정 가운데 성령님이 역사하시기 때문입니다. 저는 설교를 준비하면서 이상한 경험을 합니다. 준비하면서 정말 훌륭한 설교라는 느낌이 들 때가 있는데, 그

때는 그 설교를 듣고 성도들이 구름처럼 몰려나와서 헌신하지 않을 수 없겠다는 기대가 생깁니다. 그런데 막상 설교를 마친 후에는 헌신자도 별로 없고 반응도 냉랭합니다. 테이프를 나중에 들어보아도 여전히 괜찮은 설교인데 말입니다.

그러나 반대로 설교 준비를 잘 못한 기분으로 단에 설 때도 있습니다. 뜸이 덜 든 밥을 손님에게 대접하는 것과 같은 불안을 갖고 서는 것입니다. 그런데 예배가 끝난 후에 많은 성도가 설교에 은혜를 받았다고 하고 헌신자도 많이 나옵니다. 나중에 테이프로 들어보아도 여전히 미완성 같은 설교인데 말입니다.

그 차이가 무엇일까요? 성령님이라고 생각합니다. 성령님이 선포된 말을 어떻게 들어 쓰시는지에 따라 다른 결과가 나오는 것입니다. 성령님의 역사는 인간적인 눈으로 볼 때 '분위기'라고 할 수도 있습니다. 이 분위기 때문에 우리는 설교를 직접 들어야 하는 것입니다. 테이프를 통해 듣는 설교는 지식 전달일 뿐입니다. 그래서 설교 테이프를 들으며 새로운 것을 결심하거나 생활이 바뀌는 경우는 많지 않습니다. 성령님의 역사, 즉 '분위기'가 없기 때문입니다.

거꾸로 테이프로 들을 때는 별것 없는 설교가 현장에서는 많은 역사를 일으키기도 합니다. 성령님의 역사가 있기 때문입니다. 그러므로 예배를 소홀히 하지 마십시오. 그리고 예배 중에 성령님의 인도하심에 민감하게 반응하고 그의 인도하심을 의지하며 따르기를 바랍니다.

표정 관리

○○○

한참 지난 이야기지만 외부 강사가 우리 교회에서 설교를 하면서 아주 불안해했던 적이 있습니다. 성도들이 째려보는 것 같다는 것이 이유였습니다. 사실 성도들이 은혜를 받고 있었는데도 강사는 자신을 못마땅해하는 것 같은 느낌이 들었나 봅니다.

무슨 뜻입니까? 우리가 표정 관리를 못 한다는 것입니다. 사실 저도 설교하면서 그런 느낌을 받을 때가 있습니다. 나중에 이야기를 들어보면 그렇지 않은데, 표정을 보면 설교를 마음에 안 들어한다는 느낌을 받는 것입니다.

그러므로 성도들은 표정 관리에 신경을 써서 설교자를 격려해 주셨으면 합니다. 우선 긴장을 풀고 느슨한 표정을 지어 주십시오. 그리고 동의하실 때는 가볍게 고개를 끄덕이고, 또 감동이 오면 큰 소리로 "아멘"이라고 응답해 주십시오. 설교 후에는 과감하게 헌신해 주십시오. 설교자를 낙심시키지 않으려면 고개를 숙인 채로 설교를 듣지 말아야 합니다. 졸거나 하품을 하지 마십시오.

표정 관리에 특히 신경을 써야 할 사람은 성가대원입니다. 교회에 처음 나오는 사람들은 성가대원의 표정을 통해 교회의 분위기를 감지합니다. 성가대원의 표정이 밝으면 교회 분위기가 밝게 느껴집니다. 반면 성가대원의 표정이 경직되어 있으면 교회 분위기가 무겁게 느껴집니다. 성가대원이 설교를 경청하면 처음 온 사람들도 설교에 빠져들게 됩니다. 그러나 성가대원이 졸면 설교가 아무리 좋아도 지루하게 느껴집니다. 그러므로 성가대원은 밝은 표정을 짓고 평범한 설교라도 "아멘" 하면서 새로 온 사람들이 은혜를 받도록 도와주기를 바랍니다.

기도할 때 잡념이 떠오르면
○○○

교인들 가운데 기도를 많이하는 사람들이 점점 늘어나는 것 같습니다. 저는 언제 어디서 하는지보다 기도하는 것 자체가 중요하다고 생각합니다. 예를 들어 새벽기도회나 수요기도회에 많은 사람이 참석하는 것을 원하지만 강요하지는 않습니다. 그러나 하루에 20분 이상 기도하는 것은 거의 강권하다시피 합니다.

하루에 20분씩 기도하는 것을 힘들어하는 사람들이 있습니다. 할 말을 찾지 못하기 때문입니다. 그러나 기도의 중요한 목적 중 하나는 아버지 되시는 하나님과 시간을 보내는 것입니다. 부모가 자녀들이 찾아와서 시간을 보내면 기뻐하듯이 하나님도 우리와 더불어 시간을 보내는 것을 기뻐하십니다. 따라서 같은 말을 반복하더라도 시간을 같이 보내는 것이 중요합니다.

20분을 가장 유용하게 쓸 수 있는 방법은 중보기도를 하는 것입니다. 중보기도를 할 때는 제목을 적어 놓고 하는 것이 좋습니다. 중보기도 제목이 많아지면 내용을 잊어버리기 때문입니다. 또 나중에 기도 제목을 살펴보면서 하나님이 어떻게 응답해 주셨는지를 확인하는 데도 도움이 됩니다.

그런데 중보기도를 하든, 개인 기도를 하든 기도 시간을 길게 갖고자 할 때 가장 큰 문제는 잡념입니다. 저도 기도를 마칠 때 기도를 한 것인지 잡념과 싸운 것인지 씁쓸한 기분으로 일어날 때가 종종 있습니다. 잡념의 방해를 극복하기 위해 저는 이런 방법을 씁니다.

첫째, 소리 내어 기도하는 것입니다. 정확하게 발음하며 기도하면 잡념이 사라지고 기도에 집중할 수가 있습니다. 또 큰 소리로 기도하면 자신도 모르는 사이에 기도에 열기가 붙고 응답에 대한 믿음도 생깁니다.

둘째, 메모지를 사용하는 것입니다. 기도하려고 엎드리면 즉시 하지 않으면 안 될 것 같은 일들이 떠오릅니다. 그래서 기도 자리를 박차고 일어나기도 합니다. 그때 메모지를 옆에 두면 적어 놓았다가 나중에 하면 되니 강박감에서 벗어나 기도에 집중할 수 있습니다. 저는 메모지 대신에 휴대용 녹음기를 비치해 놓고 즉시 녹음을 한 다음 기도에 다시 집중합니다.

셋째, 잡념을 기도로 바꿉니다. 기도할 때 기도와 상관없는 생각이 떠올라서 집중할 수 없는 경우가 있습니다. 그때는 그런 생각을 좇으려고 애쓰지 말고 그 생각을 기도 제목으로 바꾸어 하나님께 이야기한 후 자연스럽게 원래 기도 제목으로 돌아가면 됩니다. 그러면 잡념에서 벗어날 수 있습니다.

다시 한 번 강조하지만 오랫동안 기도하는 것이 중요합니다. 기도 시간을 점점 늘려서 하나님이 주시는 지혜를 받고 주위 사람들을 돕는 기도의 용사가 되기를 바랍니다.

제사에 관하여

○○○

제사는 다른 종교를 믿다가 예수를 믿은 사람들의 공통적인 갈등일 것입니다. 제사를 지내느냐, 안 지내느냐는 조상신이 제사상을 받느냐, 안 받느냐에 달려 있습니다. 조상신이 와서 제사상을 받는다면 당연히 제사를 지내야 합니다. 그러나 조상신이 제사상을 받는 것이 아니라면 다시 생각해 볼 문제입니다.

조상신이 정말 제사 음식을 먹을까요? 성경에는 아니라고 나와 있습니다. 우리가 죽으면 우리의 영혼은 이 세상을 떠나 다시는 돌아오지 못합니다. 그래서 하나님도 살아 계신 부모님에 대해서는 "네 부모를 공경하라"는 계명을 주셨지만 돌아가신 부모님에 대해서는 아무런 계명도 주지 않으셨습니다. 그렇다면 제사상을 누가 받는 것일까요? 조상신이 아니라 잡신입니다. 잡신이 우리 조상의 흉내를 내며 우리의 공경을 받는 것입니다.

잡신은 영리합니다. 인간을 지배하려면 인간에게 가장 중요한 사람 흉내를 내는 것이 가장 효과적이라는 것을 압니다. 그래서 동양 사람들이 부모를 존중한다는 사실을 이용해서 부모나 조상의 흉내를 내어 인간을 그들의 종으로 만드는 것입니다. 그리스도인은 그 사실을 알고 있기 때문에 제사상 앞에서 절하는 것을 거부합니다. 제사상에 잡신이 모여드는 것을 뻔히 알면서 그 앞에 절할 수 없기 때문입니다.

그렇다면 제사를 지내다가 예수를 믿게 된 사람은 어떻게 해야 할까요? 특히 제사 음식을 준비하는 여성들은 어떻게 해야 할까요? 제 소견으로는 부모님이나 남편이 제사지내는 것을 고집하면 음식 준비는 정성껏 돕는 것이 좋다고 생각합니다. 부모님과 남편의 의견에 대한 존중의 표시이기 때문입니다.

그러나 제사 예식에는 참여하지 않는 것이 좋습니다. 만일 참여를 강요받으면 절하지 말고 제사상 앞에서 고개를 숙이고 기도하는 것이 좋습니다. 제사를 고집하는 부모님도 언젠가는 예수를 믿고 구원받아야 할 사람입니다. 잡신에게 절하는 데 동조하기보다 이것을 거부해서 제사의 의미를 생각하게 만들고 참된 하나님을 만날 계기를 마련하는 것이 진정한 효도라고 생각합니다.

돌아가신 부모를 기리는 데 제사보다 더 좋은 방법이 있습니다. 추모 예배를 드리는 것입니다. 제사 때 하듯이 맛있는 음식을 준비하고 가족도 다 모입니다. 그리고 부모님을 생각하며 예배를 드립니다. 생전에 보여 주신 부모님의 아름다운 모습과 교훈을 서로 돌아가면서 이야기합니다. 그래서 어린 손자 손녀들의 마음에도 조부모의 아름다운 모습을 심어 주는 것입니다. 이러한 추모 예배가 부모님을 기리는 데 제사보다 훨씬 더 의미가 있을 것입니다.

잘 끝내는 인생

ooo

무엇이든 잘 끝내는 것이 중요합니다. 목회도 그렇습니다. 목회를 잘 시작하는 것은 그런 대로 쉬운 것 같습니다. 주위를 둘러 보아도 목회를 시작하는 사람들이 꽤 많습니다. 그런데 목회를 잘 끝내는 사람은 보기 어렵습니다. 후계자 문제로 어려움을 겪고 교회가 분열되는 아픔을 겪으면서 목회 말년이 힘들어지는 목회자들을 종종 봅니다.

그래서 저는 은퇴에 대해 많이 생각합니다. 어떻게 하면 저나 교회를 위해 깨끗한 은퇴를 할 수 있을지를 생각하는 것입니다.

인생을 끝내는 것도 그렇습니다. 위대하고 호화스러운 인생을 산 사람은 많습니다. 그러나 끝을 아름답게 마감한 사람은 많지 않습니다. 그래서 저는 인생을 어떻게 아름답게 마감할 것인지를 가끔 생각합니다. 아직 구체적인 계획을 세우지는 않았지만 큰 원칙은 잡힌 것 같습니다. 빈손으로 왔으니까 빈손으로 돌아가자는 것입니다. 이 세상에서 살면서 하나님이 많은 것을 주셨으니, 죽을 때는 그동안 쓰던 것을 세상에 다 돌려주고 떠나는 것이 멋지지 않을까 생각합니다.

그래서 결정한 것이 한 가지 있습니다. 제가 죽으면 눈, 심장, 신장 같은 장기들은 필요한 사람들에게 나누어 주고 시신은 무덤에 묻지 말고 화장시킬 것입니다. 아내에게 이렇게 부탁했고 아내도 동의했으니 여러분도 그렇게 알고 있기를 바랍니다. 신체는 이 세상에 사는 동안 영혼에 옷을 입히라고 하나님이 잠시 주신 것입니다. 몸을 가리는 옷 같은 것입니다. 그러므로 영혼이 떠난 몸을 너무 소중히 여겨서 돈을 들여 땅에 묻는 것은 우습다고 생각합니다. 그래서 필요한 사람들에게 쓸 만한 것은 나누어 주고 남은 것은 태워 버리는 것이 좋다고 생각합니다.

우리 부부가 죽고 나면 재산이 얼마나 남을지 모르지만 그 재산도 자손에게 물려주기보다 사회에 환원하는 것이 좋다고 생각합니다. 자녀들은 대학까지 교육했으니까 그 후로는 그들의 힘으로 잘 살 것입니다. 기념이 될 만큼 약간만 자손에게 주고 나머지는 자선단체나 선교단체에 기증하고 세상을 떠나는 것이 의미 있다고 생각합니다. 자녀들도 동의했습니다. 그러나 재산에 관한 최종 결정은 아내에게 달려 있습니다.

저는 항상 아내보다 먼저 천국으로 데려가 달라고 기도하니까 아마 제가 먼저 세상을 떠날 것입니다. 그때는 제가 가진 모든 것을 아내에게 줄 것입니다. 나중에 아내가 이 세상을 떠날 때 제 소원을 진지하게 고려하여 가진 것을 처리할 거라고 믿기 때문입니다.

1년에 한 번 이상 헌신하라

○○○

우리 교회의 특징 중 하나는 주일예배 설교가 끝난 후 헌신대 앞으로 나와 무릎 꿇고 헌신하는 시간이 있다는 것입니다. 다른 교회에서는 보기 힘든 순서입니다. 그러나 침례교회에서는 보통 설교 후에 헌신 시간을 가집니다. 침례교회는 19세기 말에 미국을 휩쓸었던 대각성 운동의 결과로 급성장했는데 대각성 운동의 주축을 이룬 것이 부흥사의 설교였습니다. 그때 부흥사들은 결단을 촉구하기 위해 설교 후에 앞으로 나올 것을 권유했는데 그것이 지속되고 있는 것입니다.

공개적으로 헌신하는 것은 성서적입니다. 사도 바울도 로마서 10장 9-10절에서 "당신이 만일 예수는 주님이라고 입으로 고백하고, 하나님께서 그를 죽은 사람들 가운데서 살리신 것을 마음으로 믿으면 구원을 얻을 것입니다. 사람은 마음으로 믿어서 의에 이르고, 입으로 고백해서 구원에 이르게 됩니다"라고 구원의 조건을 말하면서 입으로 시인하는 것을 두 번이나 언급했습니다.

공개적으로 헌신할 때 얻는 유익이 있습니다.

첫째, 믿음 생활의 도약을 맛보는 것입니다. 수줍음을 타는 사람이 앞으로 나오는 것은 무척 힘든 일입니다. 그러나 수줍음을 극복하고 앞으로 한 번 나오면 믿음의 도약을 체험하고 신앙생활이 담대해질 것입니다.

둘째, 결심한 것을 실천할 가능성이 커집니다. 남이 모르게 결심한 것은 흐지부지되기가 쉽습니다. 하지만 앞으로 나와서 공개적으로 헌신하면 남 앞에서 약속한 것과 마찬가지이므로 결심한 것을 실천하지 않을 수 없습니다.

셋째, 순종을 배웁니다. 우리 교회는 등록을 하거나 침례를 받기 원하는 사람에게 앞으로 나와서 헌신할 것을 요구합니다. 좋든 싫든 그것이 우리 교회의 시책입니다. 앞으로 나오는 것은 교회 시책에 대한 순종의 표시입니다. 앞으로 나오는 것이 싫다고 등록이나 침례를 거부하는 사람도 크게 마음먹고 헌신하면 그 후로 순종이 쉬워지는 것을 발견할 것입니다.

넷째, 담임 목사의 기도를 받을 수 있습니다. 헌신의 결심을 이루려면 하나님의 도움이 필요합니다. 담임 목사가 하는 기도가 그 결심이 열매를 맺을 수 있도록 도와줄 것입니다. 적어 낸 헌신의 내용은 제가 일주일 동안 새벽마다 기도하기에 열매를 맺을 가능성이 더 커집니다.

성도라면 1년에 한 번 이상 나와서 헌신하기를 바랍니다. 몇 년 동안 헌신을 한 번도 안 하는 사람들이 있습니다. 놀라운 일입니다. 헌신할 생각 없이 설교를 들으면 건성으로 듣게 됩니다. 그러나 언제든 헌신하겠다는 마음을 먹고 설교를 들으면 '오늘이 하나님이 내게 헌신하라고 하시는 날이 아닐까?' 하며 집중하게 되니 설교를 통해 하나님의 음성을 들을 수 있습니다.

자녀에 대해 지나치게 염려하지 말라
ooo

십 대 자녀를 가진 부모님들 가운데 자녀에 대해 지나치게 염려하는 분들이 있는 것 같습니다. 그래서 과보호를 하기도 하고 지나친 간섭도 합니다.

저는 이 문제를 영화를 보다가 해결했습니다. 〈하워드의 종말〉(Howard's End)이라는 동명 소설을 영화화한 작품이었는데, 노처녀인 여자가 사랑하는 사람을 만나 결혼을 하게 됐습니다. 결혼 준비가 무르익었는데 여주인공의 동생에게 갑자기 연락이 옵니다. 어떤 가난한 청년과 사랑에 빠져 임신을 했다는 것입니다. 결국 여주인공은 동생을 돌보기 위해 결혼식을 취소하고 사랑하는 남자를 뒤로 한 채 동생에게 달려갑니다. 그 장면을 보면서 저는 동생에 대해 분노를 느꼈습니다. 언니가 겨우 행복의 문턱에 다가섰는데 무책임한 행동으로 언니의 행복을 파괴하는 동생에 대한 분노였습니다.

그런데 갑자기 섬광처럼 깨달음이 왔습니다. 내가 분노하는 것은 그 동생과 내 딸을 동일시했기 때문이라는 것이었습니다. 나의 분노는 '내 딸이 동생처럼 결혼도 하지 않고 임신을 했다'고 상상하면서 느끼는 분노였습니다. 그러면서 생각했습니다. '자녀에 대한 나의 기대는 무엇인가?'

저는 아이들이 평안한 삶을 살기를 원합니다. 평탄하게 자라서 좋은 학교에 가기를 바랍니다. 좋은 직장을 얻고 좋은 사람을 만나서 행복하게 살다가 죽기를 바랍니다. 그러나 이러한 삶은 사실 평범한 것입니다. 이런 삶 가운데는 실수나 사고의 여지가 전혀 없습니다. 비범하고 위대한 삶에는 반드시 역경과 시련이 포함되어 있는데 부모가 자녀에게 이렇게 평범한 삶을 강요할 권리가 있을까요?

그래서 저는 자녀에 대한 지나친 염려에서 자유로워지기로 결심했습니다. 자녀가 실수를 하고 실패를 맛볼 권리를 인정하기로 한 것입니다. 실수나 실패를 하지 않도록 가르치되, 자녀의 삶을 너무 통제하지 않고 자녀가 실수하더라도 그것이 유익이 되도록 돕기만 할 것을 결심한 것입니다.

부모가 자녀의 실수나 실패를 두려워하는 이유는 그것 때문에 인생을 망칠 것 같기 때문입니다. 그러나 크게 두려워할 필요는 없다고 생각합니다. 자녀에게 분명한 신앙을 심어 주면 장성한 후에 실수를 해도 모든 것을 협력하여 선을 이루시는 하나님(롬 8:28)이 그 인생을 파괴하도록 두지 않으실 것이기 때문입니다.

부모가 할 일은 자녀 때문에 지나치게 조바심을 내는 것이 아니라 그들의 장래를 하나님의 손에 맡기고 그들을 위하여 끊임없이 기도하는 것이라고 생각합니다.

목사에게 실망하지 말기

○○○

얼마 전 어떤 교우에게 충격적인 이야기를 들었습니다.

휴스턴에 거주하는 어떤 사람이 옛날에는 교회를 다녔는데 지금은 교회와 담을 쌓고 지낸다는 것입니다. 집사 직분까지 맡았었는데 지금은 교회 근처에도 안 간다고 했습니다. 그 이유가 충격적입니다. 그 교회에 능력이 많다는 목사가 강사로 와서 부흥회를 했습니다. 강사는 하나님의 치유의 능력을 강조하는 사람으로, 누구든지 믿음만 있으면 어떤 병도 치유받을 수 있다고 말했습니다. 그런데 사석에서 보는 강사는 달랐습니다. 강단에서 말했던 것과 달리 믿음 없는 말을 했습니다. 강단에서 가르치는 것과는 달리 태도도 거만했습니다. 그 모습에 집사는 실망하지 않을 수가 없었습니다. 그래서 기독교 자체에 환멸을 느끼고 아예 교회에 발을 끊었다는 것입니다.

이 이야기를 듣고 저는 목사로서 두려움을 느꼈습니다. 신앙생활에 도움을 주어야 할 목사가 성도의 신앙을 버리게 할 수도 있다는 것을 새삼스럽게 다시 깨달았기 때문입니다. 그 부흥 목사처럼 저도 어떤 사람의 신앙에 손상을 주거나 회의를 느끼게 하지는 않을까 하는 두려움을 느끼게 되었습니다.

사실 설교자는 이중적으로 보일 수 있는 삶을 살 수밖에 없습니다. 만일 설교자가 자기만큼만 경건하라고 한다면 성도들의 삶에 진보가 있을 수 없습니다. 설교자는 현재 살고 있는 삶보다 더 높은 삶을 제시해야만 합니다. 그러다 보면 강단에서 전하는 삶과 일상의 삶 사이에 괴리가 있을 수 있습니다.

 혹시 성도들이 제 삶 가운데 이러한 차이를 보더라도 지나치게 실망하지 말기를 바랍니다. 목사도 평신도와 마찬가지로 과정 가운데 있다는 것을 기억하고 이해해 주기를 바랍니다. 목사가 다른 것이 있다면 예수를 닮아 보려고 평신도보다 더 애쓰고, 예수를 닮지 못했을 때는 더 괴로워한다는 것입니다.

첫사랑을 회복하지 말라
○○○

우리 교회는 1월 2일에 '침묵의 예배' 시간을 갖습니다. 교인 전체가 하루를 금식하고 교회에서 침묵 가운데 혼자 묵상하고 기도합니다. 그 후 앞으로 나와서 그해의 기도 제목을 제게 주고 안수 기도를 받습니다. 저는 그 기도 제목을 갖고 새벽마다 기도합니다. 목장별로 분류해서 추수감사 주일까지 기도합니다.

 그런데 기도 제목 가운데 "하나님과 첫사랑을 회복하고 싶다"라고 쓴 것이 꽤 많습니다. 전에 뜨거운 신앙생활을 하다가 요즘 신앙이 식은 것 같다고 느끼는 것입니다.

 어떤 사람은 첫사랑을 회복하기 위해 여러 가지 노력을 합니다. 기도원에 가서 금식 기도를 하기도 하고, 능력 있는 강사가 인도하는 집회에 가서 안수 기도를 받기도 합니다. 그런데 첫사랑을 회복했다는 시원한 소리는 들리지 않습니다.

 저는 첫사랑을 회복하려고 하는 것 자체가 틀렸다고 생각합니다. 어떤 마약 중독자가 TV에 나와 인터뷰하는 것을 보았습니다. 그는 처음 마약 주사를 맞거나 코카인을 흡입할 때의 황홀감은 그 어떤 것과 비교할 수 없다고 했습니다. 마약 중독자가 계속 주사를 찌르는 이유는 그 황홀감을 반복해서 느끼고 싶기 때문입니다. 그러나 처음 느낀 황홀감은 반복될 수 없다고 합니다.

첫사랑도 마찬가지입니다. 첫사랑이 강렬한 것은 첫 번째이기 때문입니다. 첫사랑이 뜨거운 것은 풋사랑이기 때문입니다. 그러나 첫사랑은 반복될 수 없습니다. 반복될 수 없는 첫사랑을 반복하려고 하면 이 여자, 저 여자를 편력하는 바람둥이로 전락해 버릴 수 있습니다.

첫사랑은 같은 강도로 유지될 수도 없습니다. 뜨겁게 연애하다가 결혼한 부부가 헤어지는 것도 바로 이 사실을 모르기 때문입니다. 첫사랑의 열기가 지속되지 않으니까 사랑이 식었다고 성급한 결론을 내리고 헤어집니다.

하나님과의 첫사랑도 반복될 수 없습니다. 우리는 첫사랑을 회복하는 대신 성숙한 사랑의 경지에 들어가도록 애써야 합니다. 은근하며 푸근한 성숙의 경지에 들어가도록 노력해야 합니다. 첫사랑이 감정적이라면 성숙한 사랑은 의지적입니다. 성숙한 사랑은 신뢰와 순종에 기초한 깊이 있는 사랑입니다. 하나님은 우리가 첫사랑에서 시작하지만 성숙한 사랑의 경지에 들어가기를 원하실 것입니다. 그러므로 사랑이 성숙해진 것을 사랑이 식은 것으로 착각해서는 안 됩니다.

크게 소리 내어 기도하라
○○○

저는 통성 기도가 불편한 사람입니다. 큰 소리로 기도하는 것이 불편한 데는 여러 가지 이유가 있습니다. 우선 저는 큰 소리 자체를 불편해합니다. 모임 같은 데서도 어떤 사람이 언성을 높이면 불안해집니다. 또 저는 자라면서 무엇을 달라고 떼 써 본 적이 없습니다. 떼 쓸 만한 처지도 아니었고 떼 쓴다고 되는 것도 아니었기 때문입니다. 가진 것을 만족하며 지내는 것이 익숙해서 그런지 하나님께도 악을 쓰면서까지 무엇을 받아 내고자 하는 것이 불편합니다. 하나님과 조곤조곤 이야기를 나누는 것이 편합니다.

그럼에도 저는 큰 소리를 내어 기도하는 것을 익히려 노력하고 있습니다. 수요일 밤 기도회가 끝난 후 혼자 늦게 교회에 남아서 기도할 때는 큰 소리로 합니다. 꼭 수요일 밤에 기도하는 이유는 남들이 엿들을까 봐 염려할 필요 없이 큰 소리로 기도하고 싶기 때문입니다. 크게 소리 내어서 기도할 때 얻는 유익이 있습니다.

첫째, 잡념을 물리칠 수 있습니다. 속으로 기도할 때 제일 어려운 것이 잡념과 싸우는 것입니다. 어떤 때는 잡념과 싸우다가 기도 시간 전체를 낭비하기도 합니다. 그러나 소리를 내어 기도를 하면 잡념을 극복하는 것이 수월합니다.

둘째, 기도 내용이 정리가 됩니다. 속으로 기도할 때는 보통 완전한 문장으로 만들어 하지 않습니다. 그러나 소리를 내어 기도하면 완전한 문장을 만들어 기도하게 됩니다. 완전한 문장으로 만든 자신의 기도 소리를 듣다 보면 잘못된 기도를 하는 경우에 하나님의 뜻에 얼마나 어긋나는지, 그 내용이 얼마나 유치한지 깨닫게 됩니다. 그래서 기도 내용을 하나님의 뜻에 합당하게 바꾸는 데 도움이 됩니다.

셋째, 마음속 억눌림이 풀어집니다. 가끔 우리의 감정이 이성과 따로 놀 때가 있습니다. 예를 들어 하나님이 나와 함께 계시고 나를 도와주실 거라는 사실을 머리로는 믿는데 감정으로는 믿지 못하는 경우입니다. 그때 크게 소리 내어 기도하면 하나님이 나와 더불어 계신 것이 믿어지고 감정적으로 느껴지기도 합니다.

기도는 배우는 것입니다. 한 가지 방법만 고집하면 기도에 대해 배울 기회를 놓치게 됩니다. 자신에게 편한 스타일이 있지만 편하지 않은 스타일도 시도해 보면 기도의 영역을 넓힐 수 있습니다. 그래서 크게 소리 내어 기도하라고 배경 음악을 들려주는 것입니다. 큰 소리로 기도하기 힘든 사람도 기도의 영역을 넓히기 위한 훈련이라 생각하고 낼 수 있는 가장 큰 소리로 기도해 보기를 바랍니다.

자기 사역을 발견하는 법

○○○

교회는 그리스도의 몸이요, 성도는 지체라고 하는데 자신이 무슨 지체인지 모르겠다고 답답해하는 이들이 있습니다. 또 주위에 주님께 사명을 받았다고 자신 있게 말하는 사람도 있는데, 반면 자신은 어떻게 주님의 사명을 받는 것인지 감이 안 잡힌다고 하소연하는 사람도 있습니다. 이런 사람들은 앞으로 '하나님을 경험하는 삶'을 훈련받으면서 하나님의 뜻에 대한 여러 가지 의문을 풀 수 있었으면 합니다.

　그러나 그러한 훈련 없이 쉽게 주님의 사명을 발견하는 법을 가르쳐 드리겠습니다. 우선 주님이 사역이나 사명을 주실 때는 필요를 보여 주십니다. 성경에 나오는 모세만 보아도 그렇습니다. 하나님이 모세를 사용하여 이스라엘 백성을 애굽의 압제에서 구원해 내기로 마음먹을 때 모세는 동족이 신음하는 모습을 보고 격분했습니다. 그것이 하나님이 사명을 주시는 방법입니다. 필요를 보고 그것을 채우려는 소원이 생기게 하신 것입니다.

　전에 아내를 불편하게 했던 것이 거리에서 날아와 우리 교회 주변에 쌓이는 종이 쓰레기였습니다. 다른 사람들의 눈에는 안 띄는데 아내의 눈에는 보였던 것입니다. 그래서 하나님이 주시는 사역으로 알고 가끔 주말에 와서 쓰레기를 치웠습니다.

　주님이 전도 사역을 위해 부르시면 구원받아야 할 사람들이 눈에 띄고 그들을 만나게 됩니다. 상담 사역을 위해 부르시면 문제를 안고 사는 사람들이 눈에 띄고 연민을 느끼게 됩니다. 심방 사역을 위해 부르시면 질환으로 누워계신 분들이 마음에 걸리고 찾아가 보고 싶은 마음이 들게 됩니다.

　남들이 못 보는 필요가 눈에 띄는 것은 하나님이 그 사역을 하라고 부르고 계신 것입니다. 많은 사람이 그 사실을 모릅니다. 그래서 자신이 그 사역을 하지 않고 다른 사람이나 교회가 할 거라고 기대합니다. 그리고 사역이 안 되고 있다고 불평합니다. 그러면 안 됩니다.

　화장실의 더러운 것이 눈에 띄면 화장실을 청소하라고 부르시는 것입니다. 새로 온 사람들이 외롭게 혼자 식사하는 것이 눈에 띄면 새신자 사역을 하라고 부르시는 것입니다. 방치되어 있는 어린이들이 눈에 띄면 어린이 사역을 하라고 부르시는 것입니다. 소외당하는 노인들이 눈에 띄면 노인 사역을 하라고 부르시는 것입니다. 여러분 모두 하나님의 부르심에 민감한 성도가 되기를 바랍니다.

성공한 사람만 상담하라
○○○

가정교회의 강점은 목장 식구들끼리 서로 문제를 나누고 해결받을 수 있다는 것입니다. 목장 식구를 돕는 방법은 두 가지입니다. 하나는 기도이고, 또 하나는 상담입니다. 기도는 중보자가 되어서 하나님의 도움이 이웃에게 임하도록 돕는 것이고, 상담은 하나님의 도구가 되어 이웃에게 지혜를 전달하는 것입니다. 이웃을 도울 때 두 가지가 다 필요합니다. 그러나 경우에 따라 둘 중 하나에 집중해야 할 때가 있습니다.

예를 들어 목장 식구가 안고 있는 문제에 대해 자신이 경험이 없거나 그 문제를 성공적으로 해결해 본 적이 없으면 상담보다는 기도로 돕는 것이 좋습니다. 우리가 방금 교육 센터 건축을 마쳤는데 저는 기도에만 집중했습니다. 제가 건축에 경험이 없기 때문에 의견을 내는 것보다 기도로 돕는 것이 더 좋다고 느꼈기 때문입니다.

사업에 대한 문제도 마찬가지입니다. 사업에 성공한 사람이 상담을 맡는 것이 좋습니다. 그것이 아니면 기도로만 돕는 것이 좋습니다. 때로는 사업에 실패한 사람이 사업에 대해 조언을 하기도 합니다. 자신의 실패 경험을 나누면서 실수를 방지해 주자는 의도로 그렇게 하는 것입니다. 그러나 실수 방지에 도움이 될지는 몰라도 성공하도록 돕지는 못합니다. 아무리 자신이 있어도 실제로 성공해 보기 전까지는 이론에 불과합니다. 검증되지 않은 이론으로 상담한다는 것은 위험한 일입니다. 그러므로 그런 경우에는 상담을 자제하고 기도로 돕는 것이 좋습니다.

부부 생활에 문제를 안고 있는 사람을 도울 때도 마찬가지입니다. 현재 부부 생활이 행복한 사람만 상담을 해야 합니다. 행복한 부부 생활을 해보지 못했거나 부부 생활에 문제를 안고 있는 사람은 기도로 돕는 것이 좋습니다. 결혼 생활에 성공하지는 못했지만 자신의 실패를 나누어 격려해 주려는 마음으로 상담을 할 수도 있습니다. 그러나 그러한 상담은 위로를 줄 수 있을 뿐, 행복한 부부가 되도록 돕지는 못합니다.

게다가 상담해 주려는 사람이 배우자에 대해 해결되지 않은 분노를 안고 있으면 상담을 통해 상담받는 사람 자신만 피해자라는 생각을 굳혀 줄 수가 있습니다. 자신이 가해자일 수도 있다는 것을 못 보게 만드는 것입니다. 그러므로 상담을 하다가 부부 한쪽만 책임이 있는 것같이 느낄 때는 상담을 그만두고 기도로만 돕는 것이 좋습니다. 공정성을 상실하고 있기 때문에 한쪽에게 상대방에 대한 적개심만 심어 줄 수 있기 때문입니다.

그러므로 하나님이 기도로 돕기를 원하시는지, 상담으로 돕기를 원하시는지를 잘 구별합시다.

술, 담배를 안 해야 하는 이유

◦◦◦

우리 교회 교인들은 술, 담배를 안 하는 것을 원칙으로 하고 있습니다. 술 마시는 것 자체가 죄는 아닙니다. 성경에도 술 취하지 말라고 했지 술을 마시지 말라고 하지는 않았습니다. 담배를 피우는 것 자체도 죄는 아닙니다. 성경에 금지된 구절이 없습니다. 어떤 사람은 술과 담배는 몸에 나쁘니까 죄라고 하지만 설득력이 약합니다. 그런 논리라면 몸에 나쁜 것은 다 죄여야 합니다. 비만을 가져오는 설탕, 혈압을 높이는 기름진 음식을 먹는 것도 죄여야 합니다.

술, 담배를 안 하는 것은 그것이 죄라서가 아니라 사역과 믿음을 위해서입니다. 술, 담배를 안 해야 하는 세 가지 이유가 있습니다.

첫째, 불신자 전도를 위해서입니다. 예수 안 믿는 사람들이 믿는 사람들을 비꼬아 말할 때 흔히 쓰는 말이 무엇입니까? "아무개는 교회에 다닌다면서 술, 담배만 잘하더라." 세상 사람들은 예수 믿는 사람들이 무언가 다를 것이라고 기대합니다. 그런데 가장 눈에 띄는 것이 술, 담배입니다. 끊기 어려운 술, 담배를 끊었다고 할 때 그들도 진짜 신앙인이라고 인정하고 우리가 전하는 복음을 진지하게 듣게 되는 것입니다.

둘째, 초신자를 위해서입니다. 미국이나 서구에서는 술을 음료수처럼 절제해서 적당히 마시지만 한국에서는 그렇지가 않습니다. 폭탄주다 뭐다 해서 정신을 잃을 정도로 마시는 것이 한국의 술 문화입니다. 그래서 한국인의 70% 이상이 실질적인 알코올 중독자라는 통계도 나와 있습니다. 그런 사람이 술을 끊을 수 있는 유일한 곳이 교회입니다. 그런데 교회에 다니는 사람들이 술을 마시는 모습을 보이면 다른 사람들이 어떻게 술을 끊을 수 있겠습니까? "아무개도 마시는데" 하면서 핑계를 대지 않겠습니까?

셋째, 자신을 위해서입니다. 신앙생활에 금욕적인 요소를 무시할 수 없습니다. 자기가 하고 싶은 것을 다 하면서 믿음이 자라기를 기대해서는 안 됩니다. 자기 욕망을 억제할 때 믿음이 자랍니다. 먹고 싶은 것을 안 먹으면서 기도하는 금식, 자고 싶은 잠을 자지 않고 드리는 새벽기도, 사고 싶은 것을 사지 않고 바치는 십일조 등이 믿음을 자라게 합니다. 그런 것은 다 금욕적인 요소를 포함하고 있습니다. 술, 담배를 끊는 것도 그런 금욕 훈련 중 하나입니다. 그래서 술, 담배를 끊은 후에 믿음이 급성장했다는 간증을 흔히 듣는 것입니다.

술, 담배 자체가 죄는 아닙니다. 그러나 그것이 믿음이 연약한 자를 실족케 하면 죄가 됩니다. 우리 교회 평신도 사역자들, 특히 목자나 대행 목자는 교인이나 불신자들이 목격할 수 있는 자리에서 술, 담배를 하지 않기를 바랍니다.

싸우는 가정교회가 됩시다
◦◦◦

소속 목장의 목장 식구와 갈등이 생겼을 때 저에게 와서 호소하는 사람들이 있습니다. 이런 사람들에게 저는 당사자와 직접 대화하라고 권합니다. 본인과 만나서 이야기하지 않으면 문제가 해결되지 않기 때문입니다. 한 걸음 더 나아가 이러한 문제를 목장 모임에서 토의하고 해결하기를 권합니다. 갈등의 해소 방법을 배우는 곳이 가정교회이기 때문입니다.

사회는 성격적인 결함이나 대인관계에 문제가 있는 사람을 무시하거나 배척합니다. 결점이나 약점을 고치거나 개선할 기회를 주지 않는 것입니다. 결과적으로 이런 사람은 반복해서 손해를 봅니다. 그러나 이러한 손해를 방지해 줄 수 있는 곳이 가정교회입니다.

어떤 사람은 이웃과 갈등이 생겼을 때 도피하는 것을 문제 해결책으로 삼습니다. 목장 모임을 빠지든지 다른 가정교회로 옮기는 것입니다. 그러나 이것은 좋은 해결 방법이 아닙니다. 목장 식구가 진정한 확대 가족이 되려면 목장 식구끼리 싸울 수도 있어야 합니다. 가족 같다는 말은 싸우지 않는다는 말이 아닙니다. 싸우더라도 헤어지지 않는다는 말입니다. 가족만큼 눈에 보이지 않는 갈등이 많은 공동체가 없습니다. 그러나 싸우더라도 헤어질 수 없는 것이 가족입니다.

가정교회에서는 목장 식구들끼리 서로 용납해야 합니다. 서로 결점과 괴팍한 점을 수용해 주어야 합니다. 그러나 언젠가는 서로 결점을 지적하고 고쳐 주는 다음 단계로 넘어가야 합니다. 사회생활이나 대인관계에서 더는 손해를 보지 않도록 도와주는 것입니다.

우리 교회 목장들이 대부분 이 단계로 넘어갈 준비가 되어 있습니다. 이제 목장 식구들끼리 충분히 친해지고 가까워졌기에, 바로잡아 주는 다음 단계로 넘어가야 합니다. 서로 잘못을 고쳐 주되 상처를 주지 않기 위해 다음 구절을 기억하고 실천해야 합니다.

"형제자매 여러분, 어떤 사람이 어떤 죄에 빠진 일이 드러나면, 성령의 인도하심을 따라 사는 사람인 여러분은 온유한 마음으로 그런 사람을 바로잡아 주고, 자기 스스로를 살펴서, 유혹에 빠지지 않도록 조심하십시오. 여러분은 서로 남의 짐을 져 주십시오. 그렇게 하면 여러분이 그리스도의 법을 성취하실 것입니다"(갈 6:1-2).

내가 더 낫다는 우월감이 아니라 나도 얼마든지 같은 실수를 저지를 수 있다는 겸손함을 갖고 서로 바로잡아 주기를 바랍니다. 그것이 진정으로 서로 돕는 길입니다.

돕지 못하는 안타까움

○○○

나막신 장사를 하는 아들과 우산 장사를 하는 아들을 둔 어머니 이야기를 다 알 것입니다. 비가 오면 나막신 장사를 하는 아들이 장사가 안 될까 봐 걱정하고, 비가 오지 않으면 우산 장사를 하는 아들이 장사가 안 될까 봐 걱정을 한다는 어머니의 이야기입니다.

교인 수가 증가하니까 저도 이 어머니처럼 되어 갑니다. 기름값이 떨어지면 석유 회사에서 일하는 사람들이 걱정되고, 기름값이 오르면 화공약품을 취급하는 사람들이 걱정됩니다. 한 교인의 가게에 손님이 많이 온다는 소식을 들으면, 그 근처 다른 교인의 가게에 손님이 줄어들지 않을까 하는 염려가 됩니다. "가지 많은 나무에 바람 잘날 없다"라는 속담이 실감납니다.

중보기도도 지속적으로 반복해야 합니다. 한 사람이 취직이 될 만하면 다른 사람이 직장을 잃습니다. 어떤 부부 사이가 좋아질 만하면 다른 부부가 다툽니다. 반복해서 기도해도 응답이 있을 때는 괜찮습니다. 그러나 응답이 없는 것처럼 느낄 때는 여간 낙심되는 것이 아닙니다. 중질환에 걸린 사람들을 위해 기도할 때가 그렇습니다. 치유가 되지 않을 뿐 아니라 세상을 떠나기라도 하면 맥이 쭉 빠집니다. 자책감도 느낍니다. "담임 목사가 좀 더 영력이 있고 기도의 힘이 컸다면 치유가 될 수도 있었을 텐데"라는 생각이 듭니다.

목사는 전능하신 하나님을 섬기는 사람이라는 사실 때문에 심적 부담이 더 큽니다. 의술이 포기한 질환도 기도로 치유할 수 있어야 할 것 같은 강박감이 있기 때문입니다. 악령에 시달리는 사람을 위해 기도할 때도 마찬가지입니다. 이 사역은 목사만 할 수 있는 사역이라서 결과가 없을 때는 더 책임감을 느끼는 것입니다.

제가 기도하여 아픈 사람이 낫는 경우가 종종 있습니다. 아픈 허리가 낫고 두통이 사라지고 습진이 없어집니다. 그런데 아직 의술이 포기한 암 환자가 완치된 적은 없습니다. 두려움, 미움, 염려를 심어 주는 악령으로부터 성도들이 자유로워지기도 합니다. 그러나 완전히 악령에게 사로잡힌 사람에게서 귀신을 쫓아낸 적은 아직 없습니다. 기도해도 질환에 차도가 없고 귀신을 쫓아내도 여전히 시달리는 이들을 보면서 무력감을 느낍니다.

모든 병이 다 낫고 귀신이 깨끗이 물러갈 것을 기대하는 것이 잘못이라는 것을 알고 있습니다. 예수님도 고향에 가셨을 때, 고향 사람들이 믿지 않았기 때문에 기적을 많이 행할 수 없었다고 하셨습니다. 그런 사실을 알면서도 낙심될 때가 있다는 것을 하소연하는 것입니다.

죽음이 정복되기 전까지 질병은 우리와 항상 같이 있을 것입니다. 예수님이 오실 때까지 사탄의 역사는 계속될 것입니다. 그러나 주신 기도 응답이 더 많기에 계속해서 감사하며 끈기 있게 기도할 때 점점 더 큰 역사가 나타날 것이라고 믿습니다.

남편 사역을 방해하는 아내

○○○

부부가 믿음의 정도가 같기는 힘듭니다. 보통 남편이 앞서 있든지 아내가 앞서 있습니다. 흥미로운 것은 뒤처져 있는 쪽이 보통 앞서 있는 쪽 사역을 방해한다는 것입니다. 너무 앞서가는 것이 겁나서 인지, 배우자를 잃는다고 생각해서인지, 앞서가는 배우자에 대한 질투 때문인지 정확히 알 수 없습니다. 사람의 마음이 복잡한 것이 기에 세 가지 이유가 모두 있을 것입니다. 그런 문제를 갖고 상담을 청하면 저는 앞서가는 사람이 뒤처진 배우자에게 맞추라고 말합니다. 사역할 때 부부가 동역자가 되어야 하는데 한쪽이 너무 앞서가다가 사이가 깨지면 사역이 이루어지지 않고 가정 파탄이라는 결과가 야기될 수 있기 때문입니다. 이런 권면의 말을 하기는 하지만 내심 답답합니다.

더 답답한 것은 아내가 남편의 사역을 막을 때입니다. 아내가 사역에 너무 빠져들 때 남편이 불안해하는 것은 이해할 수 있습니다. 가정에 소홀해질까 봐 우려하는 것이기 때문입니다. 그런데 아내가 남편의 사역을 막는 것을 보면 이해가 안 됩니다. 전에는 술이나 먹고 방탕한 생활을 하던 사람이 전보다 일찍 집에 들어오고 자녀들과 더 많은 시간을 보낼 텐데 왜 그런 반응을 보이는지 남자인 저는 잘 모르겠습니다. 남편이 방탕한 생활을 할 때는 무서워서 '찍' 소리도 못하다가 이제 와서 권리 주장을 하는 것인지, 아니면 교회나 하나님께 남편을 빼앗겼다고 생각하는 것인지, 아니면 사탄의 조종을 받고 있는 것인지 많이 헷갈립니다.

어떤 이유든 이제 남편이 예수를 믿으니까 공격적으로 나오지는 못할 거라는 생각으로 당당하게 반대하는 것은 사실인 것 같습니다. 많은 남편이 예수를 믿지 않는 이유가 바로 여기에 있다고 생각합니다. 예수를 믿으면 아내가 예수를 핑계로 자신을 조종하리라는 생각 때문입니다. 이러한 두려움이 전혀 근거가 없는 것은 아닐 것입니다.

안 믿던 남편이 믿으면 먼저 믿은 아내는 전보다 더 순종해야 합니다. 남편이 예수를 믿게 되었다고 해서 마음대로 하면 안 됩니다. 한 걸음 더 나아가 남편의 사역을 적극적으로 도와야 합니다. 전에 술친구와 어울리는 시간, 노름하던 시간을 주를 위해 쓰는 것 하나만으로도 감사해서 남편의 사역을 열심히 도와야 할 것입니다.

소문을 조심합시다

○○○

말로 인해 상처받는 사람들이 교회 안에 생기기 시작한 것 같습니다. 비밀을 지켜 줄 거라 믿고 말한 것을 다른 사람이 알게 되어 난처해진 사람들이 생깁니다. 사실과 다른 소문으로 인해 억울한 사람들도 생깁니다.

얼마 전 어떤 젊은 부부가 조촐하게 결혼식을 올렸습니다. 그들이 신혼여행을 하와이로 간다는 말을 아내에게 들었습니다. 처지에 맞지 않게 과한 신혼여행을 한다는 생각이 들었습니다. 그런데 우연히 만나서 물어 보니 하와이가 아니라 콜로라도로 신혼여행을 갔다고 했습니다. 싸고 좋은 여행 패키지가 있었다는 것입니다. 아내에게 다시 물어 보니 자신이 직접 들은 것이 아니라 다른 사람에게 들은 말이라고 했습니다. 사소한 예지만 이런 식으로 와전되어 피해를 입는 사람들이 생기는 것 같습니다.

교회 안에서 소문으로 인한 문제가 거의 없었는데 요즘 왜 이런 일이 발생할까? 제 결론은 사탄이 역사하고 있다는 것입니다. 사탄은 거짓의 아비입니다. 거짓은 사탄이 가장 잘 쓰는 방법입니다. 사탄은 사람을 이용합니다. 완전 거짓말을 하면 믿지 않으니까 조금 왜곡해서 전하게 합니다. 일말의 진실은 담겨 있으니까 사람들이 쉽게 믿습니다. 결과적으로 개인이 피해를 입고 교회에 분란이 생기는 것입니다.

얼마 전 이 지역에서 성적인 루머에 휘말려 사임한 목회자도 이러한 사탄의 공격에 의한 피해자였다고 생각합니다. 비슷한 영이 우리 교회 안에서도 활동하고 있는 것 같습니다.

사탄은 자신의 존재나 책략이 노출되면 힘을 잃습니다. 항상 어두운 데서 역사하기 때문입니다. 성도들이 사탄의 공격을 받고 있다는 것을 의식하는 것만으로도 공격을 무력화시킬 수 있습니다. 그러므로 사탄에게 이용당하지 않도록 조심하십시오. 본인에게 직접 들은 말이 아니면 다른 사람에게 옮기지 마십시오. 굳이 그 자리에 없는 사람에 대한 말을 해야 한다면 칭찬을 하든지 본인이 옆에 있어도 상관없는 떳떳한 말만 하기를 바랍니다.

특히 경계해야 할 사람들이 있습니다. 교회나 다른 목장에서 일어나는 일을 다 알고 있는 것 같은 인상을 주는 사람들입니다. 그들이 전달하는 말은 부분적으로만 맞습니다. 여러분이 그들 앞에서 하는 말도 결국 또 다른 뉴스가 되어 남에게 전달될 것입니다.

언젠가 부탁한 것처럼 말의 반사체가 되지 말고 흡수체가 됩시다.

나이들어 예수 믿는 것은 약점

ㅇㅇㅇ

얼마 전 기독교 잡지에서 이런 기사를 읽었습니다. 14세 때 예수를 믿는 사람이 가장 많고 그 이상 나이가 들면 그 수가 급속히 줄어든다는 것입니다. 그만큼 성인이 되어 예수를 믿는 것이 어렵다는 뜻입니다. 우리 교회에 성인이 되어 예수를 믿는 사람들이 많은 것을 생각할 때 특별한 하나님의 은총을 받았다는 생각이 듭니다. 40대, 50대, 60대, 70대까지 예수님을 구주로 영접한 이들이 있기 때문입니다.

일반적으로 나이들어서 예수를 믿는 사람들은 쉽게 삶이 변하지 않습니다. 예수를 영접한 직후에 조금 변화를 보이고 그 후에는 변화가 없거나 있어도 그 속도가 무척 느립니다. 충분히 이해할 수 있는 일입니다. 수십 년 동안 갖고 살아온 사고방식을 하루아침에 고칠 수는 없기 때문입니다. 그래서 저는 그런 사람들이 예수를 믿게 된 것만 해도 고마운 일이라고 생각합니다. 그러다 보니 교회 사역이 노인보다는 어린이 쪽으로 편중되는 것 같습니다. 변화가 적은 어른보다 변화가 많은 어린이에게 투자하는 것이 하나님 나라의 관점에서 볼 때 더 효율적이라고 생각하기 때문입니다.

그러나 나이가 들었다고 포기해서는 안 됩니다. 변화받아 하나님 나라에 꼭 필요한 존재가 되어야 합니다. 어떻게 하면 믿음이 자라고 삶이 변해서 하나님께 쓸모 있는 사람이 될 수 있을까요?

첫째, 순종하는 연습을 해야 합니다. 연세가 있는 분은 나름대로 인생을 잘 살아 왔다고 생각하기 때문에 남의 말에 귀를 기울이는 것이 쉽지 않습니다. 신앙생활에서도 자신의 철학을 고집하기가 쉽습니다. 하지만 인생에서는 베테랑일지라도 신앙생활에서는 초보자라는 사실을 인정하고 먼저 믿은 이들의 말에 귀를 기울이고 순종하는 연습을 해야 합니다. 그때 믿음이 자라 영적으로 성장할 것입니다.

둘째, 섬기는 습관을 들여야 합니다. 연세가 있는 분은 젊은 사람들이 섬겨 주기를 기대합니다. 그러나 예수님처럼 낮은 자리에서 섬기는 훈련을 쌓지 않으면 예수님을 닮을 수 없습니다. 예수를 닮지 않으면 믿음이 자라지 않습니다. 예수님은 섬김을 받고자 함이 아니라 섬기기 위해 이 땅에 오셨다고 하셨습니다. 그러므로 섬기고 대접하는 훈련을 쌓아야 합니다. 연세가 있는 분들 가운데 지속적으로 믿음의 성장을 보이는 사람들을 보면 이웃을 섬기고 있는 경우가 많습니다.

나이가 들어 믿는 것은 신앙생활에서 큰 약점입니다. 그런 분들은 이러한 사실을 깨닫고 젊은이들보다 더 노력하기를 바랍니다.

교회가 쇠락하는 징후
○○○

흥하던 문명이 쇠락하듯이 부흥하던 교회도 쇠락할 수가 있습니다. 교회의 쇠락은 어떻게 알 수 있을까요? 헌금이 줄어들고 예배 출석 인원이 줄어드는 것은 교회 쇠락의 말기 현상이지 시작은 아닙니다. 그럼 간증이 사라지고 지난날을 그리워하는 사람들이 늘어나는 것일까요? 이것도 교회 쇠락의 중기 현상이지 시작이 아닙니다. 그렇다면 시작은 어떻게 알 수 있을까요?

첫째, 영혼을 구원하여 제자를 만드는 것이 교회의 존재 목적인데 이것과 상관없는 활동이나 행사가 많아지는 것입니다. 교회가 하나님의 소원을 잊고 방향 감각을 잃었기 때문에 사람들이 좋아하는 활동이나 행사가 많아집니다. 많은 행사 때문에 교인 수가 증가할 수 있지만 하나님의 임재하심은 떠나 있습니다.

둘째, 교인들이 몸을 아끼기 시작하는 것입니다. 사역을 자원하는 사람이 별로 없고 사역 한 번 시키려면 빌거나 협박을 해야 합니다. 회의에서 안건을 결정할 때도 효과적인 것보다는 편한 방법, 좋은 것보다는 최소한의 저항이 예상되는 방법을 선택합니다.

그렇다면 쇠락의 징후가 보이기 시작할 때 어떻게 대처해야 할까요? 지도자들이 하나님의 음성에 귀를 기울여야 합니다. 무슨 말씀을 주시든지 절대 순종하기로 다짐하고 주님의 음성을 기다려야 합니다.

하지만 그것이 안 되면 극단적인 방법을 써야 합니다. 교인을 반으로 나누어 교회를 둘로 만들 수도 있습니다. 목장 분가하듯이 가를 때 정신이 바짝 나서 자족감에서 벗어날 수 있기 때문입니다.

현 지도자들이 다 사퇴하고 새 지도자에게 교회의 운영권을 물려주는 것도 하나의 방법입니다. 지도자들이 노쇠해서 변화를 싫어하는 것이 쇠락의 원인일 수 있기 때문입니다. 담임 목사가 사임하고 새로운 목사에게 배턴을 넘겨주는 것도 한 방법입니다. 담임 목사의 역량 이상으로 교회가 커졌기 때문에 쇠락하는 것일 수도 있기 때문입니다.

쇠락이 시작되어도 교인들은 감지하지 못합니다. 프로그램이 다양하면 다른 교회의 교인이 몰려서 교인 수가 계속 증가할 수 있고 그 결과, 겉으로는 부흥하고 있다고 생각할 수 있기 때문입니다. 그러나 그 상태를 방치하면 성령의 촛대가 옮겨져서 행사만 많고 사람만 북적대는 교회가 될 것입니다.

가정교회를 통한 영혼 구원에서 시선을 돌리지 않고 봉사하는 데 몸을 아끼지 않으면 우리 교회는 쇠락을 경험하지 않을 거라고 확신하며 기대합니다.

왜 일찍 죽어야 하는가

○○○

갑자기 세상을 떠나는 사람이 있습니다. 얼마 전 40대 초반인 성도가 세상을 떠났습니다. 어느 목사님은 파트타임으로 일하는 가게 문을 닫던 중 강도의 총에 맞아 돌아가셨습니다.

뜻밖의 죽음은 다 애석함을 불러일으키지만 젊은 나이에 죽은 성도의 죽음은 특히 더합니다. 하나님의 섭리에 대한 회의조차 생깁니다. '큰 사역을 할 수 있는 사람인데 왜 일찍 데려가셨을까? 젊은 아내, 어린 자녀들은 어떻게 살라고 그렇게 하셨을까?'

성경에도 의아함을 불러일으키는 죽음이 여럿 나옵니다. 예를 들어 사도 야고보의 죽음이 그렇습니다. 그는 열두 사도 중에서도 선택받은 사람이었습니다. 예수님의 측근으로 그분을 모시고 다녔습니다. 그런데 예루살렘 교회가 시작된 지 얼마 안 되어 헤롯 왕의 칼날에 죽고 말았습니다. 특별 훈련을 받은 그 제자를 하나님은 왜 더 중요하게 사용하지 않고 일찍 데려가셨을까? 정말 수수께끼입니다. 그러나 이유를 추측해 볼 수는 있습니다. 죽어야 큰 일을 이룰 수 있기 때문입니다.

예수님이 그러한 예입니다. 30세라는 젊은 나이에 3년 동안 짧게 사역하다가 세상을 떠나셨습니다. 그러나 그 죽음으로 인류의 구원을 이루셨습니다.

스데반도 그렇습니다. 집사가 된 지 얼마 안 되어 유대인 폭도들의 돌에 맞아 죽었습니다. 박해가 시작되고 예루살렘 성도들이 세계 각처로 뿔뿔이 흩어진 결과, 복음이 땅끝까지 이르게 되었습니다. 그의 죽음이 교회를 핍박하던 바울을 복음의 사도 바울로 바꾸도록 돕지 않았나 생각합니다. 돌에 맞아 죽으면서도 "주님, 이 죄를 저 사람들에게 돌리지 마십시오"(행 7:60) 하고 기도하는 모습이 바울에게는 충격이었을 것입니다.

하나님의 뜻을 추측할 수 있지만 이해할 수는 없습니다. 천국에 가야 확실히 알 수 있을 것입니다. 그때까지 우리는 절대적으로 의로우신 하나님이 의미 없는 죽음을 허락하지 않으셨을 거라고 믿는 수밖에 없습니다. 스데반의 죽음이 예상하지 못한 큰일을 이룬 것처럼 젊은 나이에 죽은 우리 성도도 죽어서 큰일을 이루었다고 믿는 것입니다.

설교에서 간다고 생각하지 말라
○○○

"목사님, 오늘 설교 말씀은 저에게 하시는 것 같았어요." 우리 교회 성도가 이렇게 말할 때는 은혜를 받았다는 의미입니다. 자신을 위해 설교를 준비한 것 같다는 고마움의 표시인 것입니다. 그러나 보통 교회에서는 그렇지 않습니다. 그런 말은 자신을 강단에서 '깠다'는 것을 뜻하는 것입니다.

목사는 설교를 통해 성도들을 위로하고 격려합니다. 그러나 어떤 때는 회개시키기 위해 죄를 강하게 지적하기도 합니다. 죄가 파괴를 가져오기 때문입니다. 그런데 목사가 죄를 지적하면 자신이 인신공격을 받는다고 느끼는 사람들이 있습니다. 그렇게 느끼기 시작하면 설교를 통해 은혜받는 것은 끝입니다.

강단에 서서 개인을 공격하는 목사는 거의 없습니다. 있다고 해도 극소수일 것입니다. 개인에게 해당되는 말이라면 직접 만나서 하지, 설교를 통해 할 필요가 어디 있습니까? 많은 사람이 같은 잘못을 저지르기 때문에 강단에서 말하는 것입니다. 설교를 들으면서 자신이 공격받는 것같이 느낀다면 얼른 생각을 바꾸어 하나님이 자신에게 도전을 주신다고 생각해야 합니다.

이런 일화가 기억이 납니다. 미국의 유명한 부자가 있는데 평소에 예배에 참석을 못하다가 어느 날 주일 예배에 참석했습니다. 마침 그날 설교의 주제가 돈에 대한 것이었습니다. 목사님은 설교 가운데 부자들을 통렬하게 비난했습니다. 부자가 예배에 참석하고 있는 것을 알고 있는 교회 지도자들은 안절부절 못했습니다. 교회를 위하여 기부금을 많이 내던 사람이었기 때문입니다. 예배 후 목사님이 문 앞에 서서 성도들과 악수를 나눌 때 그 부자가 걸어왔습니다. 목사님은 사과 조로 말했습니다. "마음이 불편하게 설교해서 죄송합니다." 그러자 그 부자가 이렇게 답했습니다. "30분 동안 설교하면서 부자의 마음에 한 번도 불편을 주지 않는 목사가 진짜 목사라고 할 수 있겠습니까?"

설교자가 교인들의 눈치가 보여서 할 말을 못하거나 메시지를 약하게 전하기 시작하면 설교자로서 생명은 끝난 것입니다.

교사 편을 들자

○○○

지난번 한국 방문 때 어떤 목사님에게 이런 말을 들었습니다. 한국에서는 청소년이 담배를 피워도 야단을 치지 못한다는 것이었습니다. 아이들이 주먹을 휘두르기 때문이라고 합니다. 눈길을 피하고 지나는 것이 상책이라고 했습니다.

얼마 전 〈한국일보〉에서 읽은 기사입니다. 버스에서 한 노인이 한 소년에게 노약자 석을 비워 주지 않는다고 나무랐습니다. 그 후

소년은 버스에서 내려 지하도를 내려가고 있는 노인의 등을 밀쳤고, 노인은 층계 밑으로 떨어져 뇌진탕으로 숨졌습니다. 신경질 나게 해서 그런 짓을 했다는 것이 소년의 진술 내용이었습니다.

자녀들의 잘못을 바로잡아 줄 수 있는 곳이 학교입니다. 그러나 교사도 가르치기를 포기했다고 합니다. 잘 놈은 자고, 떠들 놈은 떠들고, 주의를 기울이는 학생만을 위해 수업을 한다고 합니다. 체벌이라도 하면 부모들이 고소하겠다고 덤벼들기 때문입니다.

부모가 문제입니다. 잘못된 사랑이 자녀를 버리고 있는 것입니다. 부모는 자녀에게 문제가 있다는 사실을 인정하지 않습니다. 나쁜 친구를 사귄 탓이라고 생각합니다. 자신의 자녀 때문에 이웃의 자녀가 잘못되었다고 말하는 부모를 만나본 적이 없습니다. 십 대들이 술을 마시고 담배를 피우고 섹스를 한다는 것은 알고 있지만 자신의 자녀가 그렇다고는 생각하지 못합니다.

한국에 오래 산 일본인이 한국인과 일본인의 다른 점에 대해 쓴 글을 읽었습니다. 자녀가 싸우고 들어오면 일본 부모는 자녀를 데리고 가서 사과를 시키는데, 우리나라 부모는 상대방의 부모를 찾아가서 따진다고 합니다. 그것이 사실이라면 일본 부모가 진정으로 자녀를 사랑한다고 할 수 있습니다.

부모는 교사 편을 들어 주어야 합니다. 특별히 교회에서는 더 그렇습니다. 교사가 실제로 잘못한 경우에도 우선 자녀를 야단쳐야 합니다. 그리고 조용히 교사를 만나서 문제 해결책을 찾아야 합니다. 자녀에게 동조하여 교회 탓을 하고 교사 탓을 하면 자녀를 버리게 됩니다. 심지어 부모 때문에 학생을 벌하지 못한다고 교사가 한숨 쉬며 말하는 것을 들었습니다.

우리 교회 교인들은 진정으로 자녀를 사랑하는 부모가 되었으면 좋겠습니다.

자녀들도 목장 모임에 참여시키자
○○○

이상적인 교회는 가족 같은 교회입니다. 이러한 친밀한 관계는 전통적인 교회에서는 어렵지만 가정교회에서는 가능합니다. 목장 식구들이 친척보다 더 가깝게 느껴진다고 말하는 사람들이 이미 있습니다. 친척에게도 할 수 없는 이야기를 목장 식구들 앞에서는 털어놓을 수 있기 때문입니다.

가정교회가 진짜 가정 같이 되려면 자녀들도 공동체의 일원이 되어야 합니다. 자녀들을 포함한 확대 가족이 되는 소망을 갖고 다음과 같은 제안을 합니다.

첫째, 자녀들을 같이 키웁니다. 목장 식구들의 자녀에게 기쁜 일이 있을 때는 다른 목장 식구들도 다 같이 축하해 줍니다. 문제가 있으면 다 같이 기도해 줍니다. 잘못할 때는 다 같이 바로잡아 줍니다. 그때 부모가 자기 자녀를 꾸짖는다고 기분 나빠 하면 안 됩니다. 어린이들은 다 조카가 되고, 어른들은 다 삼촌이나 이모가 되는 것입니다.

둘째, 자녀들도 목장 모임에 참여시킵니다. 미국에서 태어나거나 양육된 자녀들은 우리말이 서툴기 때문에 나눔의 시간에 앉아 있는 것이 어렵습니다. 혹 언어 소통에 지장이 없더라도 어른들끼리 해야 할 이야기가 있기 때문에 나눔의 시간에 참여시키는 것은 바람직하지 않습니다. 그러나 모임의 일부는 같이 할 수 있습니다.

식사를 끝내고 어린이까지 포함하여 목장 식구들이 전부 둘러앉습니다. 그리고 찬양을 같이 부릅니다. 찬양이 끝나면 자녀들을 위한 기도 시간을 갖습니다. 자녀들의 기도 제목을 받고 어른들이 통성 기도를 해주거나 돌아가며 다른 목장 식구들의 자녀에게 손을 얹고 기도해 주거나 자녀들이 자신과 친구와 부모를 위해 기도하게 합니다.

이 순서가 끝나면 평소에 하듯이 자녀들에게 자유 시간을 주고, 어른들끼리 나머지 순서를 진행합니다. 자녀들이 좀 더 생산적인 시간을 보내기 원하면 이 시간에 가장 나이 많은 자녀를 인도자로 세워서 그들만의 목장 모임을 하게 할 수도 있습니다. 유치원 어린이부터 고등부 청소년까지 모두 함께 모여 목장 모임을 하기를 바랍니다.

하나님의 뜻을 찾을 때 조심할 일

ooo

하나님의 뜻을 발견하는 것은 그리스도인들의 주요 관심사입니다. 그것은 어려운 일이 아닙니다. 하나님의 뜻은 대부분 성경에 명시되어 있기 때문입니다. 예를 들어 가짜 물건을 팔지, 안 팔지를 고민할 필요가 없습니다. 성경에 분명한 답이 나와 있기 때문입니다. 이혼을 할 것인지, 안 할 것인지도 생각할 필요가 없습니다. 성경에 답이 나와 있기 때문입니다.

하나님의 뜻을 발견하기 힘들 때는 성경에 없는 상황에 처했을 때입니다. 예를 들어 '직장 생활을 계속하느냐, 직장을 그만두고 사업을 시작하느냐?' 두 개 중 하나를 선택하는 문제를 놓고 고민할 때입니다.

성경에 확실한 답이 없을 때는 성령님의 인도하심에 의존해야 합니다. 성령님께 순종할 때 마음의 평안이 따릅니다. 그러나 한 가지 기억해야 할 것은 평안이 절대적인 기준은 아니라는 것입니다. 하나님의 뜻에 어긋나게 결정했어도 평안을 맛볼 수 있기 때문입니다.

윌리엄 제임스가 쓴 고전적인 종교 심리학 책,《종교적, 경험의 다양성》(한길사, 2000)에 그런 예가 나옵니다. 심한 종교적인 갈등을 겪다가 무신론을 선택하는 순간 옳고 그름과 상관없이 마음의 평안을 맛보았다는 내용입니다.

그러므로 하나님의 뜻을 찾을 때는 성경 말씀과 마음의 평안에 하나를 더해야 합니다. 바로 사랑입니다.

얼마 전에 어떤 소책자를 받았습니다. 그 책은 유명한 부흥사 빌리 그레이엄 목사, 대학생선교회 총재인 빌 브라이트 박사 등을 비롯하여 잘 알려진 기독교 지도자들을 이단으로 몰아 공격합니다. 성경 말씀 여러 개를 길게 인용해서 왜 이단인지를 증명하려고 애씁니다. 그러나 저는 다 읽을 필요도 없이 이런 글을 쓰고 보내는 사람들은 하나님의 뜻에 합당한 사람들이 아니라는 결론을 내렸습니다. 그 글에는 사랑이 없고 미움만 가득 했기 때문입니다.

신앙생활을 하면서 이웃의 잘못된 생각이나 행동을 바로잡아 주어야 할 때도 있습니다. 그러나 조심해야 합니다. 성서적인 확신이 있다고 해도 불도저같이 밀고 나가서는 안 됩니다. 자신을 잘 살펴야 합니다. 마음속에 사랑이 없으면 하나님의 뜻에 어긋났다고 해도 무방할 것입니다.

할머니 생각

○○○

성탄절이 되면 저를 키워 주신 친할머니 생각이 납니다. 사랑이 많은 분이었습니다. 제가 중고등학교 다닐 때는 학생들이 군화를 신고 다녔습니다. 할머니는 추운 겨울이면 아랫목에 신발을 넣었다가 신겨 주셨습니다. 밥상을 차릴 때는 국물로 그릇을 한 번 데운 후에 국을 퍼 주셨습니다. 그것을 습관으로만 알았지 따끈한 국을 먹이려는 할머니의 정성이라는 것을 당시에는 몰랐습니다. 할머니는 남들에게도 많은 사랑을 베푸셨습니다. 쓰레기를 치우는 사람에게 그때만 해도 구하기 어려웠던 커피를 대접했던 기억도 납니다.

성탄절이나 연말이 되면 저는 가난한 교인들을 위해 할머니의 심부름을 해야 했습니다. 어떤 집에는 계란 두 꾸러미에 쇠고기 한 근, 어떤 집에는 연탄을 배달했습니다. 중고등학교 때는 사춘기라서 보자기 들고 다니는 것이 부끄러울 수도 있는데, 저는 웬일인지 그 심부름이 좋았습니다. 여기저기 들러 물건을 사고 보자기에 담은 선물을 전달하고 연탄 배달부로 앞장서기도 했습니다.

노숙자 교회를 위한 동전 모으기, 사랑의 쌀 나누기 등을 시작하게 된 것은 할머니의 영향이 아닌가 싶습니다. 불우한 사람에 대한 할머니의 관심을 물려받은 것 같습니다. 신체적으로 온전하지 못한 사람들에 대한 사랑도 어느 정도 물려받은 것 같습니다. 다른 곳에서 교육 목사로 섬길 때는 아픈 성도들을 자주 심방하다가 "맡은 사역이나 하지 왜 딴짓을 하느냐?"라고 담임 목사님에게 야단을 맞기도 했습니다.

그러나 이제는 그런 사역을 못 합니다. 담임 목사는 몇몇 사람뿐 아니라 교인 전체를 섬겨야 하기 때문입니다. 그래서 설교와 기도에 집중합니다. 이 두 가지는 담임 목사만 할 수 있는 사역이기 때문입니다. 그러므로 설교 준비에 지장을 주는 주말 약속은 가능하면 피합니다. 매일 120-130명씩 성도들을 위해 기도하는 시간도 가능하면 놓치지 않으려고 합니다. 그 결과인지 주일 설교 후에 많은 성도가 앞으로 나와 헌신하고, 기도해 준 덕분에 문제가 잘 해결되었다는 말을 자주 듣습니다.

그러나 개인적으로 교인들을 만나 상담하고 기도해 주지 못하는 아쉬움은 항상 있습니다.

상처받았다고 말합시다

○○○

"목장 식구들끼리 시험받으면 시험받았다고 말하기로 했어요." 한 목자가 저에게 말했습니다. 좋은 결정이라고 생각합니다. 성도들끼리는 섭섭한 일이 있거나 상처를 받아도 표현을 잘 안 합니다. 그러다가 한번에 폭발합니다. 그래서 원수가 됩니다. 어떤 사람은 폭발하는 대신에 목장과 교회에서 슬그머니 사라지기도 합니다. 둘 다 건강한 태도가 아닙니다.

우리의 성품에는 네 가지 영역이 있습니다. 첫째, 자신은 알고 남은 모르는 영역입니다. '비밀'입니다. 둘째, 남은 아는데 자신은 모르는 영역입니다. '맹점'입니다. 셋째, 나도 모르고 남도 모르는 영역입니다. '가능성'입니다. 넷째, 나도 알고 남도 아는 영역입니다. '인격'이라고 부를 수 있습니다.

복잡한 과거나 열등감으로 인해 자신을 숨기려는 사람들은 자신만 알고 남이 모르는 영역, 즉 비밀이 많습니다. 남에게 상처를 주고도 의식을 못 하는 사람들, 자신을 항상 피해자라고 생각하는 사람들은 남들만 알고 자신은 모르는 영역, 즉 맹점이 많습니다. 정신 건강, 올바른 인격 형성, 따뜻한 대인 관계를 이루기 위해서는 모르는 영역을 줄이고 자신과 이웃이 아는 영역을 넓혀야 합니다.

지금까지 목장 모임에서 자신을 노출시켜서 비밀 영역을 줄이는 데 성공했다면, 이제부터는 이웃의 비판에 귀를 기울여 맹점의 영역을 줄여야 합니다.

그것을 위해서는 자신의 솔직한 느낌을 표현해야 합니다. 마음에 상처를 받았으면 받았다고 말해야 상대방이 잘못을 깨달을 것입니다. 또 자신이 오해하거나 너무 예민해서 잘못을 했다면 스스로 잘못을 깨닫고 고칠 것입니다. 결국 둘 다 변하는 기회가 될 것입니다.

변화 대신 싸움을 가져오지 않기 위해 고수해야 할 대화법이 있습니다. 'You 메시지'가 아니라 'I 메시지'를 사용하는 것입니다. 예를 들어 "당신은 자기밖에 몰라요"는 'You 메시지'입니다. 상대에 대하여 단정짓는 것이므로 상대에게 상처를 줍니다. 반면 "나는 당신이 자기밖에 모르는 사람으로 보여요"는 'I 메시지'입니다. 자신이 잘못 판단했을 가능성을 시사하기 때문에 대화가 가능해집니다. '당신'이 아니라 '나'로 말을 시작하십시오.

열매를 보고 믿자
○○○

요즘 미국 내 동양 종교에 관심을 갖는 사람들이 늘어나고 있습니다. 인도에 가서 요가를 습득해 오고 티베트에 가서 선을 배워 옵니다. 그 나라들은 세계에서 가장 못 사는 국가 중 하나입니다. 그런 나라의 종교를 배워 와서 미국도 그러한 가난한 나라로 만들자는 것인지 그들의 모습을 이해할 수가 없습니다.

이슬람교도 미국에서 폭발적으로 성장하고 있습니다. 이슬람 국가에서는 여자의 권리를 비롯하여 인권을 존중하지 않습니다. 이슬람교를 믿어서 미국을 중동 국가처럼 만들자는 것인지 이 상황을 이해할 수 없습니다.

잘못된 사회 구조는 잘못된 의식 구조로 인한 것입니다. 풍부한 천연자원을 갖고 있는 남미 국가들이 가난한 것도 이것 때문입니다. 잘못된 의식 구조를 형성하는 가장 큰 요인이 종교입니다. 종교를 잘못 믿거나 잘못된 종교를 믿으면 나라가 망합니다.

기독교를 하나의 종교로 보면 종교인으로서 기독교인이 잘못한 것도 있습니다. 십자군 전쟁, 유대인 학살, 종교 재판 등이 그런 예입니다. 그러나 그 일의 주역은 진정한 기독교인이 아니었습니다. 종교를 이용하여 이익을 보려는 사람들이었습니다.

객관적으로 기독교가 들어간 곳에 긍정적인 결과가 생겼다는 사실은 인정하지 않을 수 없습니다. 인권을 존중하고 민주주의가 꽃을 피웠습니다. 문화 수준이 높아졌고 경제 발전이 이루어졌습니다. 불우한 자들에 대한 배려가 생겼고 고아원과 양로원이 세워졌습니다. 타종교가 이런 결과를 가져온 예는 없습니다. 기껏해야 종교 예술을 꽃피운 것이 다였습니다. 그러나 그러한 종교 예술은 지배 계급의 독점물이었지 백성과는 상관이 없었습니다. 백성 전체를 잘 살게 해준 종교는 기독교밖에 없습니다. 진정한 민주주의 국가 대부분이 기독교 국가라는 사실은 우연이 아닙니다.

이러한 긍정적인 결과는 바로 예수님 때문입니다. 예수님은 모든 사람을 귀하게 여기고 불우한 사람들에게 관심을 쏟으셨습니다. 하나님의 형상으로 인간이 지음을 받았고 한 영혼이 온 천하보다 귀하다는 사실을 가르치셨습니다. 그리고 인류를 위하여 십자가 위에서 돌아가심으로써 사랑을 증명하셨습니다. 그러므로 그의 제자라면 인간을 귀하게 여기지 않을 수 없고 불우한 사람을 돌보지 않을 수 없습니다.

종교나 사상의 옳고 그름은 열매를 보아야 합니다. 부정적인 열매를 보면서도 현란한 약속에 속아 다른 종교를 추구하는 것은 악령의 역사 때문이라고밖에는 볼 수 없습니다.

생활화된 헌신

○○○

교회를 방문하는 사람마다 우리 교인들의 헌신된 모습이 아름답다고 칭찬합니다. 헌신된 삶을 살면서도 그 사실을 의식하지 못하는 것이 더 아름답게 보인다고 합니다. 이러한 말을 듣는 데는 담임목사인 저의 공도 조금은 있다고 생각합니다. 자연스러운 헌신을 추구했기 때문입니다. 저는 표어나 구호를 싫어합니다. 그래서 우리 교회는 표어가 두 개밖에 없습니다. 대내적으로는 '평신도 사역자를 키우는 교회', 대외적으로는 '자녀 교육을 책임지는 교회'입니다.

'운동'에 대한 거부감도 있습니다. 이웃 돕기 운동, 회개 운동, 교회 갱신 운동 등은 불편합니다. 프로그램에 대한 거부감도 있습니다. 전도 프로그램, 기도 프로그램, 친교 프로그램 등은 부담이 됩니다. 그런 것들이 다 자연스럽게 삶의 일부가 되어야 한다고 생각하기 때문입니다.

생활화된 헌신이 우리 교회에서 이루어지고 있다고 생각합니다. 전도 프로그램이 없지만 전도하고, 사랑하자는 표어는 없지만 서로 사랑하고 있습니다. 목표로 세운 것은 아니지만 재정의 3분의 1 정도를 선교비로 씁니다. 특별한 기도회는 없지만 교인들이 뜨겁게 기도합니다. 생활화가 되고 있는 것입니다.

청년의 때에 뜨거운 신앙생활을 하다가 결혼 후에는 교회 생활이 미지근해지는 사람들이 있습니다. 주일에 교회 한 번 나오는 정도로 만족하는 사람이 되는 것입니다. 그런 현상이 나타나는 것은 잘못된 헌신의 모델 때문이라고 생각합니다. 가정이 없는 독신자만 영위할 수 있는 삶을 헌신의 모델로 제시했기 때문입니다. 가정을 가진 후에 그러한 삶을 지속할 수 없으니까 아예 포기하는 것입니다.

헌신이 생활화되면 이러한 문제가 사라집니다. 청년의 때뿐만 아니라 중년, 장년, 노년에 이르기까지 계속해서 헌신된 삶을 살 수 있습니다. 바로 우리 교회에서 그것이 이루어지고 있습니다.

우리 교회의 가장 헌신된 10명과 뜨겁다는 어느 교회의 가장 헌신된 10명을 비교하면 우리 교회가 떨어질지 모릅니다. 그러나 교인 전체로 비교하면 우리 교회가 어느 교회에게도 뒤지지 않을 것입니다. 헌신이 모든 교인의 삶의 모습이기 때문입니다.

다른 지역으로 이주하면

○○○

좋은 일자리나 사업체를 사역 때문에 포기하는 사람들이 교인들 가운데 늘어나고 있습니다. 꿈꾸던 직장이 한국에 있지만 사역 때문에 포기한 사람이 있습니다. 잘되던 사업체를 정리하고 다른 곳에서 휴스턴으로 이주해 온 사람도 있습니다. 그런가 하면 사역을 위해 휴스턴을 떠나는 사람도 있습니다. 하나님의 사역을 생업보다 더 중요하게 생각하는 아름다운 사람들입니다.

이주하거나 귀국하는 사람들을 보며 염려가 됩니다. 그 지역 교회에 적응하지 못하면 어쩌나 싶어서 그렇습니다. 독특한 우리 교회에서 신앙생활을 하다가 다른 교회에서 적응하지 못하고 오히려 그 교회 교역자에게 부담을 주거나 교인들에게 반감을 심어 주면 어쩌나 싶은 것입니다.

새로운 교회에서 지속적으로 사역을 잘할 수 있는 비결을 몇 가지 알려 드리겠습니다.

첫째, 1년은 사역할 생각하지 말고 교인들과 담임 목사와 관계를 쌓는 데 집중하기 바랍니다. 많은 사람이 초기에 그 교회의 목회자나 교인들에게 반감을 심어 주어 사역의 길이 막히는 것을 봅니다. 그러므로 목사와 교인들이 사역을 요청할 때 수동적으로 응하십시오.

둘째, 교회에 출석하는 즉시 그 교회를 '우리 교회', 그 교회 목사를 '우리 목사님'이라고 부르기 바랍니다. 휴스턴으로 온 한 가정을 처음 만났을 때 그들이 '우리 교회'라고 해서 전에 섬기던 교회를 말하는 줄 알았는데, 휴스턴 서울교회를 의미한다는 것을 알고 무척 좋은 인상을 받았던 기억이 있습니다.

셋째, "휴스턴 서울교회에서는 이렇게 하는데" 식의 말은 절대 하지 말기를 바랍니다. 누구나 자존심이 있기 때문에 그러한 표현은 반감만 불러일으킵니다. 교회 이름을 언급하지 말고 자신의 의견인 것처럼 제시하십시오.

넷째, 담임 목사가 가정교회 사역을 하면 목사보다 앞서가지 말기를 바랍니다. 가정교회로의 전환은 담임 목사에게 편한 속도로 진행되어야 합니다. 목사님이 먼저 묻거나 도움을 청하기 전에는 절대 나서지 마십시오.

우리 교인들이 다른 교회에 가서 이방인이 되지 않고 담임 목사와 교회에 없어서는 안 될 사람이 되기를 소원합니다.

전문 상담가가 필요한가

○○○

얼마 전 한인 사회를 깜짝 놀라게 했던 총기 사건이 휴스턴에서 일어났습니다. 그때 우리 교인은 아니지만 상담을 많이 하는 어떤 사람이 이렇게 말했다고 합니다. "그들이 휴스턴 서울교회의 가정교회에만 참석했어도 이런 일은 없었을 텐데."

우리 가정교회를 통해 많은 사람들이 변하고 있습니다. 자주 만나는 사람은 못 느끼지만 오랜만에 만나는 사람들은 감지합니다. 가정교회를 통해 치유가 이루어지고 있기 때문입니다. 우리 교회 규모면 전문 상담가가 있어야 되지 않겠냐고 의견을 표하는 교인들이 있습니다. 아마추어인 목자로서 감당하기 어려운 경우가 있기 때문인 것 같습니다. 그러나 목자들은 너무 자신 없다고 여기지 말기를 바랍니다.

기독교 상담가인 래리 크랩(Larry Crabb)은 전문 상담가 무용론을 펼쳐서 호응을 얻고 있습니다. 그의 관찰로는 전문 상담가의 치유 비율이 비전문가보다 결코 높지 않다는 것입니다. 저도 동감합니다. 저는 신학대학원에서 상담이 부전공이었습니다. 여러 가지 상담 이론을 접하면서 많은 혼동을 느꼈습니다. 어떤 이는 피상담자의 이야기를 들어주기만 하라, 다른 사람은 해결책을 제시하라, 또 다른 사람은 생각을 바꾸어 주라며 서로 다른 방법, 어떤 때는 상치되는 방법을 제시했기 때문입니다.

이렇게 서로 다른 이론은 모두 높은 치유율을 자랑합니다. 성공 사례를 읽으면서 저는 공통점을 발견했습니다. 상담자가 피상담자를 사랑해 주었고 그들의 삶 전반에 깊은 관심을 보였다는 것입니다. 결국 기술이 아니라 사랑과 관심이 치유의 핵심입니다.

우리 가정교회를 통해 많은 사람들이 치유를 받는 이유도 여기에 있습니다. 목자와 목장 식구들이 문제를 들어주고 해결을 위하여 서로 기도하며 매주 진보 상태를 점검해 주기 때문입니다.

휴스턴에 약을 처방할 수 있는 정신과 의사가 한 명 있었으면 하는 바람은 있습니다. 그러나 교회에 전문 상담가가 있을 필요를 느끼지는 않습니다. 목장에서 해결하고 정 어려운 경우가 생기면 제가 도우면 됩니다. 궁극적인 치유는 사랑과 돌봄에서 온다는 것을 명심하기를 바랍니다.

아끼지 않는 연습

○○○

"왜, 김이 싫어요?" 저녁 밥상에 오른 김에 젓가락이 잘 안 가는 저를 보며 아내가 물었습니다. 사실 김이 비싸다는 말을 들어서 아껴서 먹고 있는 것이라고 말했습니다. 제 말을 들은 아내가 웃으면서 말했습니다. "교인들이 선물로 주어서 많아요. 이젠 우리도 너무 아끼며 살지 않아도 돼요."

저는 아끼는 것을 절대 미덕으로 알고 살았습니다. 아이들이 어릴 때 먹던 것을 남기면 대신 먹어 치웠고, 아이들은 먹다 남은 접시를 아빠 앞에 밀어 놓는 것을 당연한 것으로 생각했습니다. 자동차 기름을 넣을 때는 단 1원이라도 싼 곳을 찾아갔습니다. 제가 신고 다니는 구두 중 하나는 계속 밑창을 갈아 신고 있습니다. 영화를 보러 갈 때도 할인가가 적용되는 낮에만 갔습니다. 자판기에서 음료수를 뽑아 먹는 대신 물을 마셨습니다.

이웃을 위해서는 후하게 쓰되 자신을 위해서는 아끼라는 가르침 속에서 자라 그런 것 같습니다. 그렇다고 이웃에게 후하게 베풀지도 못했습니다. 너무 절약하며 살다 보니 삶에 여유가 없어진 것 같습니다. 그래서 아내의 말을 들은 후 조금 여유를 갖고 살기로 결심했습니다.

사실 여유는 큰 돈 들이지 않고 즐길 수 있습니다. 비싼 것은 가능하면 사지 않고 대신 싼 것을 살 때 고급으로 여유 있게 사는 것입니다. 저는 요즘 작은 것에 아끼지 않는 연습을 합니다. 김을 아끼지 않고 먹습니다. 배가 부르면 음식을 남깁니다. 자동차 기름은 비싸더라도 편리한 곳에서 넣습니다. 식당에 가서 수프가 맛있어 보이면 컵 대신에 그릇으로 주문합니다.

사도 바울은 이렇게 말했습니다.

"내가 궁핍해서 이렇게 말하는 것이 아닙니다. 나는 어떤 처지에서도 스스로 만족하는 법을 배웠습니다. 나는 비천하게 살 줄도 알고, 풍족하게 살 줄도 압니다. 배부르거나, 굶주리거나, 풍족하거나, 궁핍하거나, 그 어떤 경우에도 적응할 수 있는 비결을 배웠습니다"(빌 4:11-12).

궁핍할 때 감사하며 살고 풍요할 때 즐기며 살 수 있는 것이 진정한 그리스도인의 삶이라고 생각합니다.

목자의 섬김에 대해

○○○

우리 교회에서 가정교회가 성공적으로 운영되는 이유는 목자들의 섬김 때문입니다. 섬기기 때문에 목장 식구들이 모이고 섬기는 모습을 보며 불신자들이 감동받아 예수님을 구주로 영접하는 것입니다.

그러나 일각에는 목자가 섬기는 것을 당연한 것으로 아는 사람들이 있는 것 같습니다. 목장 식구들이 섬겨 주기만 바라고 손가락 하나 까딱하지 않습니다. 꽤 잘 섬겨 주는 데도 더 섬겨 주지 않는다고 불평을 하기도 합니다. 새로 믿는 사람들이 아니라 교회 생활을 오래 한 사람들이 이럴 때는 정말 답답합니다.

가정교회는 사랑의 공동체입니다. 목자는 베풀고 목장식구들이 받기만 하면 그 공동체는 사랑의 공동체가 아니라 자선 단체입니다. 목자가 임명을 받을 때는 일방적으로 섬길 것을 결심하고 사역을 맡습니다. 그러나 목장 식구들이 섬김받는 것을 당연한 것으로 생각하면 그것은 문제입니다.

가정교회의 장점 중 하나는 성도 한 명 한 명이 다 그리스도의 지체가 되는 것입니다. 목자는 섬기고 목장 식구들이 받기만 하면 목장 식구들은 쓸모없는 지체가 됩니다. 신약적인 교회를 만들어 보자는 가정교회의 취지에서 벗어나는 것입니다.

전도도 그렇습니다. 목자만으로는 전도가 될 수 없습니다. 불신자의 필요가 다양하기 때문에 목장 전체가 개입해야 합니다. 전통적인 교회에서 전도가 되지 않는 이유가 여기에 있습니다. 전도를 목회자의 일이라고 생각하여 목회자에게 일임해 버리는 것입니다.

전도는 목사, 목자, 목장 식구 전체가 영혼 구원의 열정으로 불탈 때 가능합니다. 우리 교회에서 1년에 150명 가까운 사람들이 예수님을 구주로 영접하고 침례를 받는 놀라운 일이 일어나는 것은 우리가 모두 같은 열정을 갖고 동역하기 때문입니다.

목자들 가운데 특출나게 섬기는 이들도 있습니다. 섬김의 은사를 받은 사람들입니다. 그런 사람들의 이야기가 전달되면서 자기 목자도 똑같이 해주기를 기대하는 것 같습니다. 그러나 목자들이 가진 은사는 각각 다릅니다. 자기 목자가 다른 목자와 똑같이 섬겨주기를 기대하는 것은 무리입니다.

교회 생활을 시작한 지 1년 정도 되면 섬길 줄 아는 성도가 되어야 합니다. 목자까지 섬길 줄 아는 목장 식구들이 되었으면 좋겠습니다.

급한 일과 중요한 일

○○○

한국에 가 보면 다들 너무 바쁘게 사는 것 같습니다. 그래서 어떤 한국 목장은 매주 모이지 못하고 격주로 모입니다. 그런데 격주로 모이는 것만 해도 대단하다는 생각이 듭니다.

그런데 바쁘다는 사실이 우리 삶에 파괴를 가져올 수 있습니다. 쫓기듯이 살다 보면 생각할 기회를 놓쳐서 인생을 낭비할 수 있기 때문입니다. 그러므로 현대인의 가장 큰 적이 분주함이라는 말은 맞다고 생각합니다.

우리는 분주함의 지배를 받아서는 안 됩니다. 그리고 무엇 때문에 바쁜지를 생각해야 합니다. 보통 바쁜 이유는 당장 처리해야 할 급한 일이 있기 때문입니다. 그러나 급한 일이 반드시 중요한 일은 아닙니다. 중요한 일과 급한 일을 어떻게 구별하는가? 저는 두 가지 기준을 사용합니다.

첫째, 그 일의 결과가 얼마나 오래 가는지를 살핍니다. 장기적으로 영향을 줄수록 중요합니다. 지금 안 해도 장기적인 영향이 없다면 그것은 급하지만 중요한 일은 아닙니다. 둘째, 내가 하지 않으면 안 될 일인지를 살핍니다. 중요한 일이라도 남이 할 수 있다면 나에게는 중요한 일이 아닙니다. 목사인 저에게는 교인들을 위한 기도와 설교 준비가 가장 중요한 일입니다. 남이 대신 해줄 수 없는 일이기 때문입니다.

중요한 일이 급한 일에 의해 뒤로 밀리는 경우가 있습니다. 중요한 일이 다른 일에 비해 시간 낭비처럼 보이기 때문입니다. 예를 들어 시간을 내어 사업을 구상하고 계획을 짜는 것은 시간 낭비처럼 보여도 사실은 사업의 승패를 좌우하는 중요한 일입니다. 때때로 갖는 휴가도 시간 낭비처럼 보이지만 지속적으로 일할 수 있는 몸 상태를 위해 꼭 필요한 일입니다. 가족과 시간을 보내는 것도 시간 낭비처럼 보일지 모르지만 성공적인 사업을 할 수 있는 기틀이 됩니다.

저는 새벽기도를 마치면 컴퓨터에 그날 해야 할 일을 다 입력합니다. 그리고 그 전날 계획하고 이루지 못한 일까지 포함하여 해야 할 일을 중요한 순서대로 나열합니다. 그 다음에는 생각하지 않고 위에서부터 처리해 나갑니다. 하루를 마치면서 그날 계획한 것을 다 끝내는 날은 거의 없습니다. 그러나 이렇게 할 때 중요한 일은 마칠 수 있습니다.

제가 이것을 못 합니다

○○○

저를 '튀는' 목사라고 생각하는 사람들이 있는 것 같습니다. 옷 입는 것부터 시작해서 말투나 태도가 보통 목사와는 다르다고 합니다. 이러한 저를 좋아하는 사람들도 있고 불편해하는 사람들도 있습니다. 하지만 사실 제가 튀어 보이고 싶어서 튀는 것은 아닙니다. 나름대로 신념을 갖고 살다 보니 남다른 사고나 행동을 하게 되는 것입니다.

보통 목사는 교인 집에 들어가면 앉자마자 기도하는데 이것을 하지 않았던 때가 있었습니다. 구체적으로 무슨 기도를 해야 좋을지 몰랐기 때문이었습니다. 그러나 요즘에는 교인의 집을 방문하면 기도합니다. 복을 비는 기도를 하면 실제로 복이 내린다는 것을 믿기 때문입니다.

설교할 기회도 가능하면 피합니다. 하나님께 받은 말씀이 없는데 설교하는 것이 부담되고, 받은 말씀도 없고 해주고 싶은 말도 없는데 설교를 하면 말장난을 하는 것이 아닌가 하는 생각이 들기 때문입니다. 그래서 돌잔치나 생일잔치 설교는 목자에게 맡겼습니다. 생활을 같이하는 목자는 적어도 진심으로 하고 싶은 말이 있을 것이라고 생각하기 때문입니다.

주일 설교는 강해 설교를 합니다. 개인적으로는 해주고 싶은 말이 없어도 성경을 쓴 사람의 의도를 현재 상황에 맞게 전달하면 된다고 생각하기 때문입니다. 심방을 가서도 예배를 드리지 않고 보통 대화만 나누다가 나옵니다. 형식적인 예배를 드리고 싶지 않기 때문입니다. 진정한 예배를 드릴 분위기가 되어 있거나 꼭 전해 줄

말이 있을 때만 예배를 드립니다.

예배를 드리지 않는 것은 환자 심방을 가서도 마찬가지입니다. 어떤 목회자들은 환자에게 필요한 말씀을 하나님이 공급해 주시는 모양인데 저는 그런 경우가 흔하지 않습니다. 그래서 주님이 예배를 원하신다는 확신이 들기 전에는 예배를 드리지 않고, 하나님이 주셨다는 확신이 없으면 성경 말씀을 드리지도 않습니다. 대신 기도만 합니다.

너무 평범한 일을 복잡하게 하는 것 같기도 하지만 이것이 제 나름대로의 하나님에 대한 경외의 표현입니다.

올바른 예배 용어

○○○

예장통합 기독교용어 연구위원회라는 단체에서 예배 용어를 바로잡는 작업을 전개하고 있습니다. 기독교 신문에 연구 결과의 일부를 발표했는데, 우리는 다행히 이미 잘못된 용어로 지적받은 것을 많이 사용하지 않고 있었습니다.

위원회에서는 '준비 찬송'이라는 표현을 쓰지 말라고 권합니다. 하나님께 드려야 할 찬송을 무엇을 위한 준비로 사용할 수 없기 때문입니다. 같은 이유로 우리는 이미 오래전부터 '준비 찬송'이라는 단어를 쓰지 않습니다. 또 '성가대' 대신에 '찬양대'로 부를 것을 추천하고 있습니다. 우리가 '성가대'를 '찬양대'로 부르기 시작한 지는 오래됩니다. 그리고 누군가 돌아가셨을 때는 '소천하다'(꼭 써야 한다면 '소천받았다'가 맞습니다) 대신에 '별세하셨다' 또는 '하나님의 부르심을 받았다'라는 표현을 쓸 것을 제안합니다. 우리는 이미 '돌아가셨다'라는 용어를 이미 사용해 왔습니다. 하나님으로부터 왔다가 하나님께 돌아갔다는 의미입니다. 또 '영결식', '영결 예배', '고별 예배' 대신에 '장례 예식'이라는 표현을 쓸 것을 권장하고 있습니다. 성도의 헤어짐은 영원한 것이 아니기 때문입니다. 우리는 이미 '장례식'이라는 단어를 표준화해 쓰고 있습니다.

우리가 좀 더 주의를 기울여야 할 부분도 있습니다. '예수' 대신에 '예수님', '성령' 대신에 '성령님', '기도드렸습니다' 대신에 '기도드립니다', '열린 예배' 대신에 '열린 집회', '미망인' 대신에 '고인의 부인'으로 말할 것을 권장합니다. 또한 제사를 암시하는 '축제', '전야제'라는 말을 삼가고 '잔치', '전야 축하 행사'라는 표현을 사용할 것을 제안합니다.

기도할 때는 경어에 속하는 '우리 성도님들'이라는 표현을 쓰면 안 됩니다. 하나님께 기도하면서 회중을 높이는 것은 어른들 앞에서 "남편이 하셨어요"라며 남편을 높이는 것과 마찬가지이기 때문입니다. '저희'나 '교회의 권속들'이라고 해야 합니다. 반대로 하나님을 '당신'이라고 부르면 안 됩니다. '당신'은 3인칭에서는 극존대어일 수 있지만 2인칭일 때는 존대어가 될 수 없기 때문입니다. '아버지'나 '하나님 아버지'가 적합합니다.

제안된 내용의 일부를 오늘부터 예배에 도입합니다. '헌금'이라는 단어 대신 좀 더 광범위한 의미를 지닌 '봉헌', '사회' 대신에 '예배 인도', '대표 기도' 대신에 '기도 인도'라는 표현을 사용합니다. 여러분 모두 올바른 용어를 사용해 주기를 바랍니다.

곱게 죽어야

○○○

충격적인 이야기를 들었습니다. 잘 알려진 목회자들 가운데 연세가 많아지면서 망령이 들어 추태를 부리다가 돌아가신 분들이 있다는 것입니다. 평소에 상스러운 말은 하지 않았는데 돌아가시기 얼마 전부터 방문객이 찾아오면 쌍소리를 했다고 합니다. 물질에 대한 욕심이 없어서 고결한 인격의 소유자로 알려졌는데 찾아오는 사람마다 돈을 내놓으라고 떼를 썼다고 합니다.

예수를 믿는 사람과 안 믿는 사람의 차이는 죽을 때 나타난다는 것이 제 지론입니다. 돌에 맞아 죽으면서도 "주님, 이 죄를 저 사람들에게 돌리지 마십시오"라고 기도했던 스데반의 모습이 제가 아는 그리스도인의 죽음의 전형이었습니다. 그러나 존경하는 신앙의 선배들이 추한 모습으로 돌아가셨다고 하니 충격입니다.

어떤 것이 그들의 참된 신앙의 인격일까요? 젊을 때의 고결한 모습일까요, 아니면 늙어서 보인 망령된 모습일까요? 얼핏 생각해 보면 늙어서 보인 모습이 참된 모습일 것 같습니다. 은폐되어 있던 상스럽고 욕심 많은 인격이 나이가 들어 자제력이 없어지면서 노출되는 것이라고 생각할 수 있기 때문입니다.

그러나 저는 젊을 때의 모습이 참 인격이라고 생각합니다. 아무리 예쁜 사람도 찢어진 옷을 입고 있으면 아름답지 않습니다. 우리 육신은 영혼의 옷과 같습니다. 따라서 고결한 인격을 가졌어도 신체가 망가지면 아름다울 수 없습니다. 나이가 들어서 뇌나 신경 조직에 이상이 생기면 망령된 모습을 보일 수밖에 없는 것입니다.

만 번 양보해서 늙어서 보인 모습이 참 인격이라고 합시다. 그렇다면 젊었을 때 그러한 죄성을 극복하여 고결한 인격자의 모습을 오랫동안 유지할 수 있었다는 것만으로도 그들을 인격자로 인정하지 않을 수 없습니다.

진실이 무엇이든 그들의 모습은 저에게 충격을 줍니다. 저도 늙으면 그렇게 될지 모른다는 생각 때문입니다. 하나님의 영광을 가리는 일이 없도록 조심하면서 살았는데 다 늙어서 추태를 부린다면 어떡합니까? 일생 주를 섬기다가 막판에 가서 목회자 직분에 먹칠을 하고 하나님의 영광을 가리게 되니 말입니다.

기도 제목이 하나 더 늘었습니다. "하나님, 제가 곱게 늙어서 세상을 떠나게 해주시고 추태 부릴 조짐이 보이거든 얼른 데려가세요!"

가정교회 사명 선언

ooo

한국에 가서 보니 가정교회가 유행처럼 번지고 있었습니다. 몇 년 전만 해도 가정교회를 한다고 하면 이단 소리를 들었는데 격세지감을 느낍니다.

그러나 대부분의 가정교회가 가정교회가 아닌 것을 발견합니다. 소그룹을 가정교회라고 부르는 경우도 있습니다. '현실에 맞게' 변형시켜 전혀 다른 형태를 만들어 가정교회라고 부르는 것입니다.

가정교회라고 부를 수 있는 최소한의 공통 분모가 무엇인가? 가정교회 지도자들과 머리를 맞대고 다음과 같은 가정교회 사명 선언문을 작성했습니다.

1. 우리들이 추구하는 것은 신약 교회의 회복입니다. 조직과 활동(행 2:42), 사역 방법(행 2:46-47), 리더십 스타일(마 20:26 -27)을 가능하면 신약에 가깝게 만들어 보려고 노력합니다.

2. 교회 성장보다 영혼 구원을 우선순위로 둡니다. 모든 사람이 다 구원 받기를 원하는 것이 하나님의 소원이라고 믿기 때문입니다(딤전 2:4).

3. 교회 존재의 목적을 불신자를 전도하여 제자로 만드는 것에 둡니다. 이것이 주님이 교회를 세우신 목적이라고 믿기 때문입니다(마 28:19-20).

4. 제자 훈련의 방법으로 지식 전달보다는 능력 배양을, 교실 교육보다는 현장 실습을, 말로 가르치기보다는 행동으로 보여 주는 방법을 선호합니다. 이것이 예수님의 제자 훈련 방법이라고 믿기 때문입니다(막 3:14-15).

5. 목회자와 평신도가 본연의 사역을 되찾게 합니다. 목회자는 성도를 온전케 하여 그들이 목양과 교회를 세우는 일을 하게 하고(엡 4:11-12) 목회자 자신은 기도와 말씀 선포(행 6:2-4), 리더십 발휘에 집중합니다(행 20:28).

6. 셀이나 소그룹이 아니라 교회를 추구합니다. 가정교회가 교회가 되기 위해서는 다음 사항을 지켜야 합니다.

    1) 매주일 모입니다(행 20:7).

    2) 남자와 여자가 같이 모입니다(롬 16:3-5).

    3) 신자와 불신자가 같이 모입니다(고전 14:23-25).

쇼, 쇼, 쇼

○○○

지저분한 이야기 같아 죄송하지만, 얼마 전에 변을 흘낏 보니 색깔이 빨갰습니다. 그러고 보니 얼마 전에도 변이 빨갰던 기억이 났습니다. '혹시 장출혈이 아닐까?' 하는 불길한 생각이 머리를 스쳤습니다. 지난번 내시경 검사 때 대장 벽에서 작은 종양이 발견되었는데 그것이 암으로 변한 것이 아닐까 걱정이 되었습니다.

결론부터 말하면 장출혈은 아니었습니다. 아내가 과일과 채소를 갈아서 아침 식사로 주는데 빨간 무를 많이 넣었기 때문에 그 색깔이 비쳤던 것이었습니다. 그러나 이 사실을 깨닫기까지 24시간이 걸렸습니다. 그 시간 동안 여러 가지 느낌과 생각이 교차했습니다.

스스로 약간 놀란 것은 암으로 인한 장출혈이라고 판정이 나도 항암 치료를 받지 말아야겠다는 생각이 지배적이었다는 것입니다. 치료받는다고 법석댈 필요 없이 일찍 천국에 가자는 쪽으로 생각이 기울었습니다. 그러다가 교회에 생각이 미쳤습니다. 아직 부목사가 없습니다. 제가 지금 없어지면 교회가 많은 어려움을 겪을 것 같았습니다. 또 가정교회 사역에도 생각이 미쳤습니다. 미국에서는 제가 하던 일을 맡아 해줄 만한 사람이 있을 것 같은데, 한국에는 아직 그런 사람이 준비되어 있지 않습니다. '내년에 한국에서 평신도 세미나가 두 번, 컨퍼런스가 한 번, 목회자를 위한 가정교회 세미나가 열리는데 이를 어쩌지?' 하면서 치유를 위해 기도하자는 쪽으로 생각이 쏠리기 시작했습니다.

지나고 보니 아무것도 아닌 것으로 쇼를 했습니다. 그러나 저에게는 짧지만 유익한 시간이었습니다. 인생의 우선순위를 다시 한 번 확인하는 기회가 되었기 때문입니다. 죽어도 주님의 영광을 위해 죽고 살아도 주님의 영광을 위해서 살자고 다짐하는 기회도 되었습니다.

가장 큰 유익은 하루하루를 더 감사하며 살게 된 것입니다. 차 사고를 당하고 무사했을 때만 감사한 것이 아니라, 차 사고가 나지 않은 매일 매일을 감사해야 한다는 말이 실감이 났습니다. 앓아누워 있지 않고 건강한 몸으로 목회 활동을 할 수 있다는 사실 그 자체가 얼마나 감사한지요. 우스운 것은 좋아하는 김치찌개를 계속 먹을 수 있다는 사실이 제일 기뻤습니다. '매운 것을 너무 좋아해서 장출혈을 일으킨 것이 아닌가? 그렇다면 매운 음식을 끊어야 하는데, 김치찌개를 먹지 않고 어떻게 살지?' 하고 생각했기 때문입니다.

이런 쇼라면 가끔 하고 볼 일입니다.

재미없는 목사
○○○

요새 미국에서 자란 아이들을 보니까 프로포즈를 할 때 무척 법석을 떠는 것 같습니다. 주도하는 쪽은 말할 것도 없이 남자입니다. 우선 분위기 좋은 식당을 예약합니다. 근사하게 차려입고 여자를 찾아가서 리무진으로 예약된 장소로 모십니다. 촛불을 켜 놓은 은은한 분위기 가운데 비싼 음식을 주문합니다. 분위기가 무르익을 무렵 여자 앞에 무릎을 꿇고 반지를 내밀며 말합니다. "나와 결혼해 줄래요?"

미국에서 태어난 아이일수록 더 그런 것 같습니다. 별나게 청혼한 이야기를 들을 때마다 아내에게 미안합니다. 청혼조차 하지 않고 결혼했기 때문입니다. 미국 유학이 결정되었을 때 지나가는 말처럼 자연스럽게 물었습니다. "미국 가기 전에 약혼식이라도 올려야지?" 그랬더니 아내가 말했습니다. "그래요." 그래서 약혼식을 올렸고 다음 해에 제가 공부하던 학교의 입학 허가를 받고 미국에서 결혼식을 올렸습니다.

저는 재미없는 사람입니다. 유난을 떠는 것이 싫습니다. 생일이나 결혼기념일도 거의 평상시와 다름없이 지냅니다. 둘만 식당에 가서 식사를 하는 것이 고작입니다. 특별한 절기에도 덤덤하게 지냅니다. 성탄 카드를 보내지 않은 지도 오래되었습니다.

절기를 평범하게 지내다 보니 절기 주일이 되었을 때 특별 감사 헌금 봉투를 배부하는 것을 잊고, 절기 찬송을 예배 순서에 넣는 것을 잊기도 해 당황하기도 합니다.

저에게는 절기 설교가 힘듭니다. 사실 성탄절이나 부활절에 매번 새로운 설교를 하는 것은 쉽지 않습니다. 성탄과 부활에 대한 성경 말씀이 한정되어 있기 때문입니다. 게다가 덤덤함이 겹쳐서 절기를 맞는 흥분조차 없으면 더 어렵습니다. 그래서 절기 설교를 거의 안 합니다. 강해 설교를 하니까 그 주에 해당하는 본문에 의한 말씀을 전하되, 절기에 해당하는 교훈을 찾을 수 있으면 좋고 없으면 넘어갑니다.

하지만 결코 예수님의 탄생이나 부활에 감격이 없다는 뜻이 아님니다. 감격은 오히려 남보다 더 클지도 모릅니다. 단지 그러한 감격을 매일 간직하며 살아야지 하루를 정해서 호들갑을 떠는 것이 마땅치 않은 것뿐입니다. 그래서 성찬식을 할 때마다 부활의 찬송을 부르면서 부활을 1년 내내 축하하고 있습니다.

재미없는 목사인 줄 알고 스스로 재미있는 일을 만들어 교회 생활을 재미있게 해주는 집사님들, 목자님들, 교우님들에게 감사할 따름입니다.

날씨를 바꾸시는 하나님
○○○

알래스카에서 겪은 신기한 경험이 생각납니다. 앵커리지에서 열린 가정교회 컨퍼런스에서 저는 '경건의 삶', 아내는 '부부의 삶'에 대한 강의를 맡았습니다.

저는 '휴스턴에서 볼 수 없는 눈을 볼 수 있지 않을까' 하는 기대를 갖고 비행기를 탔습니다. 도착해 보니 알래스카 해안에는 난류가 흘러서 겨울에도 춥지 않을 뿐 아니라 5월에는 눈이 내리는 법이 없다고 공항에서 픽업해 준 사람이 말했습니다. 실망한 나머지 하나님께 속으로 말했습니다. '눈 내리는 것 한 번 봤으면 좋겠는데….'

다음 날 아침에 눈을 떠 보니 창밖에 눈이 내리고 있었습니다. 전날만 해도 날씨가 더워서 짧은 소매 옷을 꺼내 입었는데 참으로 신기했습니다. 탐스러운 눈송이가 소복소복 쌓이고 있었습니다. 신문에서도 5월 초에 눈이 내려 쌓인 것은 1955년 이후 처음이라고 보도했습니다. 나도 모르게 외쳤습니다. "하나님, 감사합니다!"

다음 날도 온종일 눈이 내렸습니다. 그러자 죄책감이 생겼습니다. 유람선을 타고 해안선을 돌아보는 일정이 예정되어 있었는데 계속 눈이 내리면 관광을 못 하기 때문이었습니다. 만일 하나님이 저를 위해 눈을 내려 주고 계신다면 저는 다른 사람들의 관광을 망치고 있는 셈이었습니다. 그래서 이번에는 정식으로 기도했습니다. "아버지, 눈 구경 잘 했습니다. 그런데 내일은 관광을 해야 하니 이제 눈이 그치게 해주세요."

기도했지만 다음 날 아침에도 눈은 여전히 펑펑 내리고 있었습니다. 신문에도 온종일 눈이 내릴 거라고 예보되어 있었습니다. 그런데 유람선을 타기로 예정된 부두에 도착할 즈음 구름이 걷히면서 푸른 하늘과 햇살이 보이기 시작했습니다. 그리고 배를 타고 바다에 나갔을 때는 구름이 완전히 걷히고 하늘에 찬란한 햇살이 빛나고 있었습니다.

하나님이 저를 위해 눈을 내려 주시고 또 그치게 하셨을까요? 단언할 수 없습니다. 증명할 길이 없기 때문입니다. 그러나 한 가지는 분명히 압니다. 좋으신 하나님은 자녀가 기도할 때 눈을 내리게도, 멈추게도 할 수 있다는 것입니다. 그러므로 언제든지 기도해야 합니다. 눈 오는 날씨를 위해 기도하는 사람, 맑은 날씨를 위해 기도하는 사람이 동시에 있으면 어떻게 되는가? 그런 문제는 하나님이 알아서 할 일이고 우선 기도하십시오.

"여러분이 얻지 못하는 것은 구하지 않기 때문이요"(약 4:2).

찬양에 대해

○○○

교회를 방문하는 사람들에게 '휴스턴 서울교회의 인상'이라는 설문지를 주어서 기록하도록 합니다. 방문자들, 특히 예수를 믿지 않는 사람들에게 불편한 점이 있으면 그것을 알아서 고치기를 원하기 때문입니다.

설문지에는 처음 와서 보고 좋게 느낀 것을 기록해 달라는 부분이 있습니다. 설문지를 돌려주는 사람이 좋은 것으로 흔히 꼽는 것이 찬양입니다. 은혜롭다는 것입니다. 특히 설교 전에 부르는 찬양이 감동을 주고 설교를 받아들일 마음을 갖게 해준다고 적은 사람이 많습니다.

부흥집회 때 찬양 팀이 부르는 찬양도 은혜롭다고 말하는 사람이 많습니다. 그중 "음악적으로 노래를 잘한다고 할 수는 없지만"이라고 단서를 붙인 부흥회 강사도 있었습니다.

우리가 하는 찬양이 은혜로운 것은 틀림없습니다. 그 이유는 하나님께 집중하기 때문입니다. '성가대'는 호칭도 '찬양대'로 바꾸고 사람들의 박수를 기대하기보다 하나님을 기쁘게 하는 찬양을 드리려 노력하고 있습니다. '프레이징 팀'도 회중을 인도하기보다 그들이 먼저 진정한 찬양을 드리려고 노력합니다. 그렇게 하나님께 집중하니 사람들에게도 은혜가 되는 것 같습니다.

찬양 전에 짤막한 간증을 나누는 것은 제가 부탁해서 시작했습니다. 그때 찬양의 감동이 더 잘 전달될 거라고 생각했기 때문입니다. 찬양 중에 가사를 영상에 띄우게 한 것도 같은 이유 때문입니다.

주일 찬송을 선곡할 때는 안 믿는 사람이나 새로 믿는 사람들을 배려합니다. 찬송에 익숙하지 않은 사람이 많을 것을 고려하여 몇 곡만 정해 그중에서 선택합니다. 첫 절은 가능하면 두 번 불러서 곡조를 익힐 기회를 줍니다.

찬양할 때는 가능한 한 곡 전체를 여러 번 반복해서 부릅니다. 새 신자를 위한 배려도 있지만 부르는 사람들의 감동을 위해서도 그렇게 합니다. 한 번 불러서는 제대로 가사의 의미를 알 수 없고 마음에 와 닿지도 않기 때문입니다.

찬양은 하나님께 드리는 것입니다. 준비물로 쓰일 수 없습니다. 그래서 우리 교회에서는 '준비 찬양'이라는 용어를 쓰지 않습니다. 찬양이 예배의 준비가 아니라 예배의 일부임을 분명히 알기를 바랍니다.

수준 높은 성도

ooo

대형 교회 가운데 1년에 한두 번 '40일 새벽기도회'를 갖는 곳이 꽤 있습니다. 이 기간에는 유명한 설교자들을 초청하여 강단에 세우고 그들의 설교를 듣습니다.

그런 교회의 담임 목사님을 존경합니다. 설교의 귀가 높아진 교인들을 만족시킬 만한 설교자를 지속적으로 모시는 것이 쉽지 않기 때문입니다. 그 다음 사람은 전 사람보다 더 잘해야 하는데, 항상 더 훌륭한 설교자를 발견해야 하는 그 압박을 감당하는 것이 존경스럽습니다.

그런 교회에 다니는 성도들을 보면 웬만한 설교자는 우습게 보는 경향이 있습니다. 부흥회를 가져도 웬만한 강사가 아니면 참석하지 않습니다. 자신이 귀를 기울일 만한 설교자가 되려면 어느 정도 수준이 되어야 한다는 자부심을 갖고 있기 때문입니다.

이러한 자부심은 사실 우스운 것입니다. 좋은 설교를 많이 들은 것은 믿음의 수준이 높다는 증거도 아니요, 영적이라는 증거도 아니기 때문입니다. 오히려 훌륭한 설교자의 설교만 들을 가치가 있다고 생각하는 그것이 영적이지 못하고 육적인 것이라고 생각합니다.

설교자는 하나님의 대변인이요 하나님의 스피커입니다. 스피커 질이 좋지 않으면 소리가 변질되듯이 설교자에 의해 하나님의 음성이 변질될 수도 있습니다. 그러나 영적인 성도들은 잡음 섞인 소리 가운데 하나님의 음성을 골라내어 듣습니다.

그래서 저는 우리 교회 교인들이 영적이라고 생각합니다. 제가 설교를 별로 잘하지 못하는 데도 은혜를 받고 헌신을 합니다. 저뿐만 아니라 어떤 설교자가 강단에 서도 은혜를 받습니다. 이러한 사실이 우리 교인들의 진짜 수준을 증명해 줍니다.

우리 강단에 종종 서는 교역자들은 잘 알려지고 세련된 설교자는 아니지만 신실한 설교자입니다. 자신의 삶에서 우러나오는 설교를 합니다. 그들이 강단에 섰을 때 그들을 통해 들려주시는 하나님의 음성을 분별하여 은혜받는 교인들이 정말 자랑스럽습니다.

나라 법을 지키자

○○○

미군 부대 안에 PX(post exchange)라는 곳이 있습니다. 미국 군인들과 가족들을 위한 일종의 슈퍼마켓입니다. 세금이 붙지 않기 때문에 물건 값이 쌉니다. 제가 중학교 다닐 때는 미국 물건이 귀해서 미군을 통해 PX에서 물건을 구입하거나 아예 훔쳐다가 비싼 값을 붙여 파는 사람들이 있었습니다. 물론 불법입니다.

한 권사님이 있었습니다. PX에서 흘러나온 물건을 파는 가게를 운영했습니다. 어느 날 그 권사님이 간증을 했습니다.

"제보를 받고 미국 헌병들이 가게에 들이닥쳤습니다. PX 물품을 가게 뒤편에 감추어 놓았습니다. 그런데 헌병이 웬일인지 다른 곳은 다 뒤지면서 그곳은 안 뒤져서 다행히 압수를 면할 수 있었습니다. 하나님이 도와주셨습니다."

'과연 하나님이 도와주셨기 때문에 발각되지 않았을까? 의로우신 하나님이 부정을 방조하셨을까?' 중학생이라는 어린 나이에도 의아했습니다.

지금도 가끔 이런 식의 간증을 듣습니다. 범법 행위를 하고 적발되지 않은 것이 하나님의 도움 때문이라는 내용입니다. 자신은 하나님이 도와주셨다고 믿겠지만 사실 그런 식의 간증은 하나님의 명예를 실추시키는 것입니다. 하나님이 불의를 조장하거나 방조하는 분이라는 인상을 주기 때문입니다.

그리스도인은 나라 법을 지켜야 합니다. 하지만 나라 법이 절대적이지는 않기에 악법은 거부할 수도 있습니다. 예를 들어 중국에서 탈북자들을 감추어 주는 것은 나라 법에 어긋나더라도 그리스도인으로 마땅히 해야 할 일이라고 생각합니다. 그러나 정당한 나라 법은 지켜야 합니다. 정당한 법을 어기는 것은 수단 방법을 가리지 않고 자신의 목표를 달성하자는 이기심의 발로요, 하나님이 아니라 자신의 힘으로 문제를 해결해 보자는 하나님에 대한 불신의 표현입니다.

미국의 법은 비교적 공정합니다. 그러므로 미국에 사는 그리스도인들은 나라 법을 잘 지켜야 합니다. 법 안에서 하나님의 뜻을 찾고 그 뜻이 이루어지도록 기도해야 합니다.

사도 바울은 이렇게 말합니다.

"사람은 누구나 위에 있는 권세에 복종해야 합니다. 모든 권세는 하나님께로부터 온 것이며, 이미 있는 권세들도 하나님께서 세워주신 것입니다. 그러므로 권세를 거역하는 사람은 하나님의 명을 거역하는 것이요, 거역하는 사람은 심판을 받게 될 것입니다"(롬 13:1-2).

교회가 저절로 굴러가는 위험

○○○

요즘 저는 일생 중 가장 행복한 삶을 살고 있습니다. 아내가 건강해진 것, 며느리와 사위를 본 것 등 행복의 조건이 많지만 행복한 가장 큰 이유 중의 하나는 교회입니다. 좋은 교인들, 좋은 지도자들을 만나서 보람 있고 열매 있는 목회를 하고 있기 때문입니다.

그런데 요즘 너무 행복한 목회를 하고 있기 때문에 위기감을 느낍니다. 우리 교회는 가만히 있어도 저절로 잘 굴러가는 자리에 도달했습니다. 큰 실수만 안 하면 계속 성장할 것입니다. 예수님을 주로 영접하고 침례를 받는 역사도 계속해서 일어날 것입니다. 한마디로 주님을 의지하지 않고서도 외적으로 부흥할 수 있게 된 것입니다. 그래서 개인적으로 위기감을 느낍니다.

죽어서 천국에 다녀왔다고 간증하는 사람들이 있습니다. 들어보면 큰 목회를 하던 목회자들이 천국에서 별로 큰 상을 받지 못한다고 합니다. 정말 천국에 다녀왔는지 진위를 가릴 수는 없지만 성공한 목회자가 별로 상을 받지 못할 가능성은 충분히 있다고 생각합니다. 주님 없이도 부흥하는 교회를 만들 수 있기 때문입니다.

주님은 이렇게 말씀하셨습니다.

"그 날에 많은 사람이 나에게 말하기를 '주님, 주님, 우리가 주님의 이름으로 예언을 하고, 주님의 이름으로 귀신을 쫓아내고, 또 주님의 이름으로 많은 기적을 행하지 않았습니까?' 할 것이다. 그 때에 내가 그들에게 분명히 말할 것이다. '나는 너희를 도무지 알지 못한다. 불법을 행하는 자들아, 내게서 물러가라'"(마 7:22-23).

주님 없이도 능력이 나오고 성공적인 목회를 할 수 있다는 가능성을 시사하고 있습니다.

또 사도 바울은 이렇게 말합니다.

"나는 내 몸을 쳐서 굴복시킵니다. 그것은 내가, 남에게 복음을 전하고 나서 도리어 나 스스로는 버림을 받는, 가련한 신세가 되지 않으려는 것입니다"(고전 9:27).

그는 복음을 전한 후에 버림받을 것을 두려워한 것입니다. 그래서 저는 요즘 새벽기도를 할 때 자신을 성찰하는 데 많은 시간을 씁니다. 사역의 동기가 잘못되지 않았는지를 살핍니다. 성공의 노예가 되지 않도록 조심합니다. 주님의 뜻이라면 목숨을 내놓고 순종하겠다고 다짐합니다. 주님이 포기하라 하시면 가정교회도, 교회도, 목회도 포기하겠다고 거듭 약속합니다.

목자와 성도들은 하나님 앞에서 많은 상을 받는데 담임 목사인 제가 상 없이 초라한 모습으로 서 있다면 얼마나 비참하겠습니까?

교회에 안 다니면 구원도 없다
○○○

어떤 사람과 대화를 나누던 중 예수를 믿지 않는다고 생각했던 그에게 의외의 말을 들었습니다. "저는 교회는 안 나갑니다. 그러나 구원의 확신은 있습니다." 그가 생각하는 구원의 확신이 무엇인지 너무 이상했습니다.

맞습니다. 우리는 예수님을 주님으로 영접함으로써 구원을 받습니다. 예수님을 주님으로 영접할 때 예수님이 인생의 주인임을 고백하는 것입니다. 진정으로 예수님을 주님으로 영접한 사람이 과연 그리스도의 몸인 교회를 무시할 수 있을까요? 예를 들어 배가 파선되고 무인도를 발견하여 홀로 생명을 건진 사람이 스스로 예수님을 주님으로 영접했다면 다릅니다. 교회가 없기 때문입니다. 그러나 교회가 엄연히 존재하는데도 교회의 지체가 되기를 거부하는 사람을 예수님을 주님으로 영접한 사람이라고 할 수 있을까요?

기독교가 변질되었기 때문에 이런 사람들이 생긴다고 생각합니다. 삼위일체 교리의 중요 핵심 중 하나는 하나님은 공동체라는 것입니다. 삼위일체 하나님이 상호간에 누리고 있는 사랑을 더불어 나눌 수 있는 공동체를 만드는 것이 하나님의 계획입니다. 그래서 하나님은 아담과 하와를 만드셨고 셋이 더불어 공동체를 형성하셨습니다. 후에는 아브라함을 부르셔서 이스라엘이라는 믿음의 공동체를 만드셨습니다. 또 예수님이 돌아가시고 부활하시고 승천하신 후에는 그리스도의 몸인 교회라는 공동체를 만드셨습니다.

공동체를 무시하고 하나님과 나의 관계만 올바르다고 생각하는 것은 이방 사상입니다. 진정한 신앙은 자신과 하나님과의 일대일 관계에 기초하는 것이 사실입니다. 그러나 그 관계는 이웃과의 관계로 확대되어야 합니다. 사랑의 공동체를 형성해 가야 합니다. 참된 사랑은 공동체에서만 표현될 수 있기 때문입니다.

그래서 우리 교회는 가능하면 교인들이 개인적으로 예수님을 영접하지 않게 합니다. 예수님을 주님으로 영접할 사람에게 회중이 보는 가운데 앞으로 나와 헌신할 것을 요구합니다. 또 복음 제시는 교회를 대표하는 담임 목사가 개인적으로 만나서 합니다. 침례 예식은 예배 중 회중이 보는 가운데 거행합니다. 구원받는 것은 개인적인 결단이 아니라 공동체의 일원이 되는 것이라는 메시지를 강하게 전하는 것입니다.

내가 우는 이유

○○○

"형, 아까 왜 울었어?" 워싱턴 주에 살면서 몇 달 전 처음으로 휴스턴을 방문한 동생이 주일 예배가 끝난 후에 물었습니다. 남자가, 게다가 형이 회중 앞에서 눈물을 흘리니까 당혹스러웠던 모양입니다. 사실 저는 예배 때뿐 아니라 혼자 있을 때도 가끔 눈물을 흘립니다. 하나님의 사랑이 마음이 저리도록 다가올 때 그렇습니다.

저는 일곱 살 때 부모를 잃었습니다. '아버지'라는 존재에 대한 아쉬움이 항상 마음속에 잠재되어 있었습니다. '아버지가 계셨더라면 인생에 도움이 되었을 텐데'라는 계산적인 생각이 없는 것도 아니지만 아버지에 대한 원초적인 그리움이 있습니다. 항상 아쉬움을 갖고 살던 어느 날, 계시처럼 내게 아버지가 없는 것이 아니라 있다는 사실을 깨달았습니다. 바로 하나님 아버지셨습니다. 하나님이 아버지가 되셔서 마음의 빈곳을 채워 주셨을 뿐만 아니라 삶을 풍성하게 채워 주셨습니다. 이러한 깨달음과 더불어 육신의 아버지에 대한 아쉬움이 깨끗이 사라졌고 하나님 아버지에 대한 감사가 넘치기 시작했습니다.

저는 무조건적인 부모의 사랑에 대한 갈망이 있었습니다. 아기가 엄마, 아빠에게 응석을 부리고 말썽을 부려도 다 받아 주는 것을 보면 나도 모르게 부러운 마음이 들었습니다. 그러던 어느 날 또 한 번 계시처럼 하나님이 그런 사랑을 주고 계신다는 사실을 깨달았습니다. 하나님은 저의 있는 모습 그대로 받아 주셨을 뿐만 아니라 큰일까지 맡겨 주고 계셨습니다. 그때부터 눈물을 흘리는 일이 더 많아졌습니다.

또한 제 가슴속에는 진정으로 존경할 수 있고 의지할 수 있는 어떤 존재에 대한 그리움이 있었습니다. 영화 〈킬링필드〉(The Killing Field)는 캄보디아인 기자와 외국 기자의 우정을 그린 이야기입니다. 공산정권에 의해 캄보디아가 무너졌을 때 탈출하지 못한 주인공을 외국인 기자 친구가 끝까지 포기하지 않고 찾아 구출해 주는 내용입니다. 그 우정이 아름다워서 영화 마지막 장면에서 눈물을 흘렸습니다. 그때 갑자기 또 한 번의 계시처럼 머리를 스치는 생각이 있었습니다. 예수님이 바로 그런 친구라는 사실입니다. 나를 찾을 뿐만 아니라 나를 위하여 목숨까지 버린 신실한 친구라는 것입니다.

그래서 저는 시도 때도 없이 눈물을 흘리는 사람이 되었습니다.

용서하는 법

○○○

용서를 가장 필요로 하는 대상이 가족인 경우가 많습니다. 가족은 혈연의 사랑으로 맺어진 공동체입니다. 그러나 사랑이 깊은 만큼 상처도 쉽게 주고받습니다. 사실 많은 자녀가 부모에게 받은 마음의 상처를 안고 삽니다. 그러나 부모는 상처를 주었다는 사실조차 모를 때가 많습니다.

부모가 자녀에게 용서를 구할 때 상처는 치료됩니다. 그러나 용서를 구하는 것이 쉽지는 않습니다. 부모의 권위를 강조하는 동양 가정에서는 더 그렇습니다. "내가 잘못했다. 용서해 다오." 한마디만 해주면 마음이 풀릴 텐데 이것을 안 해줘서 평생 멍든 가슴을 안고 사는 자녀들이 있습니다.

예수를 믿으면 용서를 쉽게 구할 수 있습니다. 자신의 죄를 용서해 주신 하나님의 사랑에 대한 감사가 있고 영적인 눈이 뜨여 자신의 잘못도 보게 되기 때문입니다. 사실 용서를 빌 수 있는지, 없는지를 보면 진정으로 예수님을 영접했는지, 안 했는지를 판단할 수 있습니다.

오래전 이 세상을 떠날 때를 생각해 보았습니다. 임종을 맞을 때 내 마음에 이웃에 관한 찌꺼기가 없고 이웃의 마음에도 나로 인한 찌꺼기가 없었으면 좋겠다는 생각이 들었습니다. 그래서 마음에 상처를 준 사건이 기억나는 즉시 편지나 전화로 용서를 구하기 시작했습니다. 언제 죽을지 모른다는 생각 때문이었습니다. 혹시 마음에 깊은 상처를 준 적이 없는지 아들과 딸에게도 물었습니다. 자녀가 그런 일 없었다고 대답해 주어 고마웠습니다.

이상하게도 용서를 빌고 난 후에 억울한 생각이 들 때가 있습니다. 어떤 사람은 쇼를 한다고 비웃습니다. 어떤 사람은 용서할 것이 없다고 잡아뗍니다. 어떤 사람은 "네가 네 잘못을 깨달았구나"라며 의기양양한 태도를 보입니다. 그때 상대방이 내게 잘못한 것들이 새록새록 생각나면서 내가 먼저 용서를 빌었다는 사실이 억울하게 느껴집니다.

용서를 빌 때는 은혜롭게 받아 주어야 합니다. 아랫사람이 용서를 구하면 그 용기를 칭찬해 주고, 윗사람이 용서를 구하면 그 겸손함에 감사를 표시해야 합니다. 그리고 용서했다는 사실을 분명히 말해 주어야 합니다. 그때 용서를 하는 사람과 용서를 받는 사람 모두 진정한 치유를 맛보게 될 것입니다.

어린아이로 머물지 말라

◦◦◦

미주 한인 교회 3,000개 중에서 500개를 제외한 2,500개가 다른 교회에서 갈라져 나온 교회라고 합니다. 왜 교회 안에 싸움이 많고 분쟁이 많을까요? 교인들이 어리기 때문입니다. 왜 교인들이 어릴까요? 목회자가 그들을 어린아이로 만들었기 때문입니다.

많은 목회자들이 교인이 부부 싸움을 했다고 하면 즉시 가서 말려 줍니다. 시험을 받아서 교회에 안 나오면 빌다시피 해서 교회에 데려다가 앉힙니다. 혹시라도 부담을 느껴 교회를 떠날까 봐 사역에 대해서는 입도 뻥끗하지 않습니다. 그래서 교인들이 어린아이로 머무를 수밖에 없습니다.

어린아이의 특징은 자신의 필요밖에 모른다는 것입니다. 배가 고프면 엄마가 무엇을 하든지 상관없이 보챕니다. 참을 줄도 모릅니다. 우유병을 입에 대줄 때까지 웁니다. 영적으로 어린 사람들도 그렇습니다. 자신의 필요밖에 모르고 인내심이 없습니다. 그래서 다투고 싸우고 상처받습니다.

성도를 성숙하게 키우려면 자녀를 키울 때처럼 홀로 서는 연습을 시켜야 합니다. 자녀가 어릴 때는 부모가 일일이 모든 것을 챙겨주지만 나이가 들면 자녀에게 점점 독립을 허용합니다. 십 대가 되면 좀 더 많은 자유와 책임을 부여해 줍니다. 대학생이 되면 자기 인생을 전폭적으로 스스로 책임지게 합니다. 궁극적으로는 자신의 앞가림을 할 뿐 아니라 늙은 부모를 돌볼 수 있게 합니다.

그러므로 목장에서도 성도들이 성숙해지기를 원하면 목자가 일방적으로 섬기기만 하는 관계에서 벗어나야 합니다. 물론 처음 믿을 때는 아기처럼 돌보아 주어야 합니다. 그러나 어느 정도 믿음이 자라면 책임감을 길러 주어야 합니다. 조그만 사역이라도 맡겨서 섬기는 입장에 서게 해주어야 합니다.

인내심도 키워 주어야 합니다. 목자에게 당장 찾아와 달라고 해도 시간을 두었다가 심방하고 당장 만나자고 해도 시간 약속을 해서 만나는 등 참는 것을 가르쳐야 합니다. 시험을 받을 때도 옆에서 기도해 주며 의지할 대상만 되어 주고 스스로 싸워서 이길 수 있도록 기다려 주는 여유가 필요합니다. 이렇게 목자에 대한 의존도를 점점 줄여서 궁극적으로는 동역자가 되게 해야 합니다. 그렇지 않으면 목장과 교회는 영적인 어린아이로 채워질 것입니다.

목자의 사명은 평신도 사역자를 키우는 것입니다. 성숙한 동역자를 만드는 것이 사역의 목표임을 잊지 않기를 바랍니다.

없는 것 말고 있는 것으로 섬기자

○○○

"새벽 두 시에 자동차가 고속도로에서 펑크가 났다고 목장 식구로부터 연락이 오면 쫓아 나가겠습니다. 그러나 가서 어떤 도움을 줄 수 있을지는 모르겠습니다."

싱글 목장의 대행 목자로 임명받은 형제가 소감 발표 때 한 말입니다. 저는 대행 목자와 만나서 면담할 때 목자의 마음가짐을 설명하면서 새벽 두 시에 고속도로에서 타이어가 터졌을 때 마음 놓고 전화할 수 있는 사람이 되라고 권면합니다. 그 말을 형제가 상기한 것입니다. 쫓아갈 용의는 있는데 차를 수리해 줄 자신은 없다는 것입니다. 그 형제는 경제학 박사과정을 공부하고 있는데 제가 보기에도 공부는 잘해도 차는 못 고칠 것 같았습니다.

그 형제의 말을 들으면서 속으로 웃었습니다. 제 이야기를 하는 것 같았기 때문입니다. 사실 저도 섬기고 싶은 마음은 있는데 구체적으로 섬길 수 있는 기술을 가진 것이 없습니다. 어릴 적에 장래에 커서 무엇이 되겠냐고 물으면 과학자가 되겠다고 답했습니다. 만화책에 등장하는 발명가가 멋있어 보였기 때문입니다. 그 말이 자기 암시가 되었는지 고등학교를 졸업하고 결국 공학을 전공했습니다. 그러나 공학도인데도 손재주가 없었습니다. 가전 도구도 고칠 줄 모르고 차 수리도 할 줄 모릅니다. 어릴 적에 시계나 가전 도구가 고장나면 장래 과학자가 되어야 한다는 부담 때문에 분해를 했지만 한 번도 고친 적이 없습니다. 원 상태로 조립조차 못해서 결국 수리점에 갖다 주지도 못하고 쓰레기통에 버려야 했습니다.

손재주가 없어서 가장 피해를 보는 사람은 아내입니다. 아내의 사랑의 언어는 돌봄입니다. 남편이 씩씩하게 이것저것 고쳐 주고 집안일을 돌보아 줄 때 사랑을 느낍니다. 그런데 이것을 할 줄 모르는 남편을 만났으니 오죽 복장이 터지겠습니까? 저는 저대로 자격 없는 남편이다 싶어서 부부 싸움을 해도 큰 소리 한 번 치지 못합니다. 요즘에는 아내가 남편에 대한 기대를 아예 포기하고 웬만한 집안일은 돈을 주고 사람을 써서 해결합니다.

그러나 휴스턴으로 온 후에는 아내 문제가 해결되도록 저를 돕는 사람이 하나둘 생겨났습니다. 차를 고쳐 주고 잔잔한 집수리를 해주고 사무 일을 처리해 주는 성도들의 은혜로 남편으로서 위상이 많이 올라갔습니다. 요즘에는 아내에게 큰소리까지 칩니다. "남편을 잘 만나서 이런 도움도 받잖아!"

저는 손으로 섬기지는 못하지만 대신에 기도와 말씀으로 섬기려 합니다. 대행 목자로 새로 임명받은 형제도 없는 것 말고 있는 것으로 이웃을 섬기기를 바랍니다.

우리 교회에서 전도가 잘되는 이유

○○○

가정교회를 시작한 교회가 많아졌습니다. 그러나 전도가 잘되는 교회는 많지 않습니다. 전도에 성공하지 못하고 있다면 참된 가정교회라고 말할 수 없습니다. 영혼 구원 사역이 이루어져야만 비로소 신약적인 가정교회라고 부를 수 있기 때문입니다.

우리 교회에서는 비교적 전도가 잘됩니다. 그 이유가 무엇인지 정리해 보겠습니다.

첫째, 우리 교회는 존재 목적을 불신자 전도에 분명하게 두었습니다. 가정교회 혹은 셀 교회를 한다는 많은 교회가 불신자 전도보다 믿는 사람들을 훈련시키는 데 대부분의 에너지를 쏟습니다. 그런데 믿는 사람들에게 집중을 하니까 안 믿는 사람들에 대한 관심이 약해집니다. 이런 교회 중에서 부흥한다고 소문난 교회도 들여다보면 믿는 사람들이 몰려들어서 교인 수가 늘어난 것이지 처음 예수 믿는 사람들이 늘어서 부흥한 것이 아님을 발견합니다. 하지만 우리는 영혼을 구원하여 제자 만드는 것에 교회의 존재 목적을 두고 불신자에게 깊은 관심을 쏟기 때문에 전도가 잘 됩니다.

둘째, 제자 훈련과 성경공부를 이원화했습니다. 보통 제자 훈련이라고 하면 성경공부를 의미합니다. 그러다 보니 제자가 아닌 학자를 키워 내는 결과를 가져왔습니다. 학자들에게는 당연히 지식 전달이 중요하지 영혼 구원이 중요하지 않습니다. 그러나 우리 교회 제자 훈련은 목장 모임에서 삶의 나눔을 통해 이루어집니다. 신앙생활을 먼저 시작한 이들의 삶을 보고 배워서 제자가 되는 것입니다. 불신자들은 삶을 나누는 목장 모임을 불편해하지 않기 때문에 모임에 지속적으로 참석하게 되고 결국 예수님을 영접하고 신앙 선배들의 삶을 본받아 마침내 제자가 됩니다.

셋째, 전도를 분업화했습니다. 보통 교회에서 전도라고 하면 안 믿는 사람을 찾아 교회로 인도하고 예수님을 영접시키고 양육까지 시키는, 모든 과정을 책임지는 것을 의미합니다. 보통 사람들은 엄두조차 내지 못 하는 것이 당연합니다. 그러나 우리는 전도를 분업화했습니다. 목장 식구들의 역할은 불신자를 목장 모임에 데리고 오는 것입니다. 그러면 목자와 다른 목장 식구들이 돌보아 줍니다. 목자의 일은 '생명의 삶'에 등록시키는 것입니다. 신앙적인 질문에 답을 준다든지 스스로 예수를 영접시킬 필요가 없습니다. 섬기기만 하면 됩니다. 제가 그들에게 복음을 전하고 예수를 영접시킵니다. 불신자를 찾아 헤맬 필요가 없습니다. 목장 식구와 목자와 담임목사가 삼위일체가 되어 각자 잘하는 것만 하면 되니까 전도가 잘 될 수밖에 없는 것입니다.

도둑질하지 말라

○○○

하나님이 주신 10계명 중 제 8계명은 "도둑질하지 말라"입니다. 그런데 우리는 알게 모르게 이 계명을 어기며 사는 것 같습니다.

교회에서 사라지는 것이 하나둘이 아닙니다. 부엌에서는 밥그릇, 식칼, 수저 등이 없어집니다. 사무실에서는 가위, 볼펜 등이 없어집니다. 장비실에서는 장도리, 펜치, 손전등 등이 없어집니다. 창고에서는 사다리, 전기 코드 등이 없어집니다. 훔치자는 의도가 아니라 쓰고 난 후에 돌려놓는 것을 잊어버린 탓이라고 믿지만 교회 입장에서는 도둑맞은 것과 마찬가지입니다. 잊어버린 것이지 도둑질을 한 것은 아니라고 자신을 변호하는 사람이 있다면 그것은 소도둑질하다가 잡힌 사람이 "길가에 떨어진 새끼줄을 집어 들고 가다 보니 새끼줄 끝에 달린 소가 쫓아왔습니다"라고 변명하는 것과 같습니다.

도둑질하지 말라는 계명을 범하지 않으려면 교회 물건을 아예 집에 가져가지 마십시오. 빌려 썼으면 반드시 제자리에 돌려놓기를 바랍니다. 즉시 돌려놓을 수 없으면 자신의 이름과 전화번호를 남겨 주십시오. 필요한 물건이 제자리에 없으면 다음 사람이 사용할 수 없고, 제 때 사용할 수가 없으면 필요한 사람에게는 도둑맞은 것과 다름없습니다.

특히 제가 속상한 것은 없어지는 물건이 교회 소유라는 것입니다. 교회는 그리스도의 몸이라고 했으니까 교회 물건도 그리스도의 소유입니다. 이러한 것이 없어지는 것은 주님에 대한 경외심이 부족한 탓이 아닌가 하는 생각이 듭니다.

교인들은 담임 목사를 닮는다는데 이런 일이 생기는 것이 교회 물건을 도적질하고 있는 저 때문이 아닌가 성찰해 보았습니다. 그랬더니 생각나는 것이 있었습니다. 배터리입니다. 주일 설교 때 사용하는 무선 마이크에 들어가는 배터리는 한 번 쓰고 폐기합니다. 그런데 집사 안수식 등 특별 예배 때 사용한 배터리는 용량이 남는 경우가 있어서 그런 것은 모아 두었다가 필요하면 집에 가져가 썼습니다. 그러다 보니 어떤 때는 새 배터리를 가져갈 때도 있었습니다. 이것이 도적질이라는 것을 깨달았습니다. 앞으로는 저도 절대 그런 일을 하지 않을 것입니다.

이론적인 글은 싫다

○○○

저희 교회 홈페이지에 들어와 보는 사람들이 점점 늘어나고 있습니다. 타지에 가서 생전 처음 보는 사람에게 "목사님 교회 홈페이지에 매일 들어가 봅니다"라는 말을 들을 때가 종종 있습니다.

가장 인기 있는 사이트는 말할 것도 없이 '나눔터'입니다. 나눔터를 시작한 동기는 인터넷을 매개로 공동체를 형성해 보고 싶다는 생각 때문이었습니다. 우리 교회는 가정교회로 구성되어 있어서 같은 목장 식구가 아니면 잘 모릅니다. 인터넷을 통해 좀 더 많은 사람이 포함된 좀 더 큰 공동체를 형성하고 싶었습니다. 그래서 '나눔터'에서는 삶에 대한 것이면 무엇이든지 환영합니다. 감동,

슬픔, 재미 등 어떤 이야기든지 올릴 수 있습니다.

저는 하루에 한 번 이상 나눔터에 들어가 봅니다. 외부 집회에 나가서도 가능하면 꼭 들어가 봅니다. 그런데 올라온 글 중에 읽어도 별로 감동을 느끼지 못하는 글이 있습니다. 논설이나 설교 같은 글입니다. 또 다른 데서 퍼온 글에서도 감동을 느끼는 경우는 적습니다. 질서 정연한 논리와 아름다운 내용이 있기도 한데 왜 감동을 못 받는가? 결론은 글을 쓴 사람의 삶이 들어 있지 않기 때문이라는 것이었습니다.

저는 삶이 뒷받침되지 않는 말이나 글에는 별로 무게를 두지 않습니다. 그래서 삶이 뒷받침되지 않으면 신문이나 잡지의 논설위원, 평론가, 시인, 소설가, 목사들의 말이나 글에 공감하는 것이 힘이 듭니다.

얼마 전 〈일 포스티노〉(Il Pastore)라는 이탈리아 영화를 DVD로 보았습니다. 이 영화의 주인공은 노벨문학상을 수상한 '파블로 네루다'(Pablo Neruda)라는 실제 인물입니다. 칠레 사람인 이 시인이 정치적인 탄압을 피해 이탈리아 조그만 어촌에서 망명 생활을 하면서 사귀게 된 청년 우체부와 쌓는 우정 이야기입니다. 이 영화의 주인공은 나중에 칠레에 자유가 허용되었을 때 귀국하여 상원위원이 되었고 후에는 대통령 후보까지 되었습니다. 이처럼 인생을 열심히 살면서 쓴 시인의 시라면 읽을 만할 것 같다는 생각을 했습니다.

분석하고 토의하고 불평하라고 주어진 인생이 아닙니다. 살라고 주어졌습니다. 그래서 삶에서 경험한 진솔한 이야기가 감동을 주고 웃게도 하는 것 같습니다.

목장 모임이 재미있으려면
○○○

　가정교회 목회자 세미나에 참석하신 목회자들이나 평신도 지도자들은 가정교회가 매주일 모여야 한다는 사실에 부담을 느낍니다. 가정교회는 '교회'이기 때문에 매주일 모여야 하는 것은 납득을 하겠는데, 보통 2주나 한 달에 한 번 모이는 미주 한인 교회 교인들이 과연 매주일 모일까 염려하는 것입니다.

　그러나 나눔의 시간만 잘 운영하면 매주일 모이는 것은 문제가 되지 않습니다. 인간에게는 자기표현의 욕구가 있습니다. 한국에서 직장 남성들이 일이 끝나고 술집을 찾는 것은 술이 좋아서이기도 하지만 온종일 쌓였던 욕구 불만을 말로 풀 수 있는 기회이기 때문입니다. 한국에서 여성들이 계모임을 갖는 것도 계를 핑계로 모여서 쌓인 스트레스를 수다를 통해 풀 수 있기 때문입니다. 그러므로 목장 모임에서 스트레스가 풀릴 수 있다면 매주일 모이는 것을 마다하지 않을 것입니다. 또한 목장 기도로 인해 개인의 문제가 해결된다면 매주일 만나는 것을 오히려 원할 것입니다.

　그러므로 목장 모임은 자기표현의 욕구를 충족시켜 주어야 합니다. 신앙생활을 오래 했거나 성경공부를 많이 한 목자가 인도하는 목장이 부흥하지 못하는 이유는 목장 식구들에게 자기표현의 기회를 주지 않고 가르치려 하기 때문입니다. 목장 모임은 가르치는 곳이 아니라 서로 삶을 나누는 곳입니다. 그러므로 목장 식구는 묻고 목자는 대답을 주는 식으로 모임이 진행되어서는 안 됩니다. 상투적인 조언을 해주어도 안 됩니다. 간증을 하거나 생각을 정리하는

데 도움이 될 만한 질문을 해주어야 합니다.

목장 모임에서는 정보 교환보다는 감정을 나누는 데 중점을 두어야 합니다. 스포츠나 정치 또는 경제에 대한 화제는 식사 때는 상관없지만 나눔의 시간에 다루어서는 안 됩니다. 인터넷에 들어가면 이제는 웬만한 정보는 다 얻을 수 있습니다. 이런 정보를 목장 모임에서 나눌 필요가 없습니다. 목장 모임에서는 감정을 나누어야 합니다. 모임을 인도하는 사람은 정보 제공이 아니라 감정 표출을 요구하는 질문을 해야 합니다. 예를 들면 "어떻게 생각하세요?"보다 "어떻게 느끼세요?"라고 묻는 것입니다.

부흥이 안 되는 목장은 나눔의 시간에 정보 교환만 하고 목장 식구들의 자기표현 욕구가 채워지고 있지 않은지 살피기를 바랍니다.

결혼하고 싶습니까

○○○

어떤 분이 "결혼에 대한 내용을 써 주시면 미혼 청년들에게 많은 도움이 되겠습니다"라는 이메일을 보내왔습니다.

우선 말하고 싶은 것은 결혼은 반드시 해야 하는 것이 아니라는 것입니다. 예수님도 미혼이셨고, 사도 바울도 가능하다면 사역을 위하여 혼자 사는 것이 좋다고 말했습니다(고전 7장). 결혼의 필요를 별로 안 느끼면서도 주위의 압력에 못 이겨 결혼했다가 혼자 사는 것보다 더 불행한 삶을 사는 사람들을 종종 봅니다.

결혼을 꼭 원한다면 배우자의 자격을 미리 정해야 합니다. 실질

적이고 구체적으로 정해야 합니다. 어떤 여성은 자기를 따뜻하게 감싸 줄 사람을 원한다고 합니다. 이렇게 막연한 조건을 내세우는 사람은 사실 남편을 찾는 것이 아니라 아버지를 찾고 있는 것입니다. 어떤 남성은 자기를 완전히 이해해 줄 여성을 찾는다고 합니다. 이런 남성은 아내를 찾는 것이 아니라 엄마를 찾는 것입니다. 결혼 조건은 실제적이고 구체적이어야 합니다.

그러나 결혼 조건이 너무 많으면 안 됩니다. 또 나이가 들면서 점차 줄여 가야 합니다. 나이가 들수록 결혼이 점점 힘들어지는 것이 현실이기 때문입니다. 그러나 최소한의 조건은 절대 포기해서는 안 됩니다. 마음이 급해지니까 모든 조건을 다 포기하고 결혼하는 사람이 있는데 그런 사람의 결혼 생활이 행복한 경우는 상당히 적습니다. 최소한의 조건을 만족시키는 대상이 없으면 차라리 혼자 사는 쪽이 낫습니다.

딸이 결혼하기 전 저에게는 사위에 대한 최소한의 세 가지 조건이 있었습니다. 믿음이 있고, 부모로부터 독립하여 아내를 먹여 살릴 수 있고, 대인 관계가 좋아야 하는 것이었습니다. 지금의 사위가 이 세 가지 조건을 만족시켰습니다. 그래서 결혼을 허락했습니다.

결혼 대상자를 위해 기도하고 있는 사람은 정해진 조건을 만족시키는 사람이 나타나면 과감하게 결혼을 결심해야 합니다. 나이가 들수록 더 과감해야 합니다. 조건으로 꼽지 않았던 사항을 이유 삼아 결혼을 주저하거나 거부하는 사람들이 있는데 그러면 안 됩니다. 과감성의 결여로 인해 하나님이 보내 주신 사람을 놓치고 결국 결혼 적령기를 놓칠 수 있기 때문입니다.

뻔한 것을 먼저 하라

○○○

한국에서 옛 친구를 만났습니다. 안 믿는 친구라 담배를 피웠습니다. 종업원이 와서 무엇을 마시겠느냐고 묻자 매실차를 주문하면서 저에게 말했습니다. "매실이 아주 건강에 좋대." 이 말을 듣고 속으로 웃었습니다. 한국 암센터 병원장으로 계신 집사님이 한 말이 생각났기 때문입니다. "매실이 좋다고는 하는데 얼마나 좋은지는 몰라요. 정확한 연구 결과가 없어요. 도움이 되려면 꽤 많은 양을 섭취해야 할 것입니다. 그런데도 냄새날 정도로 조금만 매실 원료를 첨가만 해도 몸에 좋다고 비싼 돈을 주고 사 마신다니까요." 사실 이 친구가 진정으로 건강을 생각했다면 담배를 끊어야 할 것입니다.

신문에 건강식품에 대한 광고가 많이 나옵니다. 그러나 어느 정도를 얼마동안 복용해야 건강에 도움이 되는지 확실한 연구 결과가 없습니다. 술과 담배를 끊고 운동을 규칙적으로 하는 것이 어떤 건강식보다 더 좋을 텐데 뻔한 것을 무시하고 지엽적인 것에 신경을 쓰는 사람들이 많은 것입니다.

다이어트도 그렇습니다. 음식을 덜 섭취하는 것이 가장 확실한 방법입니다. 뻔한 해결책을 무시하고 고기만 먹고 함수탄소를 피한다든지, 반대로 함수탄소를 섭취하고 지방만 먹는 것을 피한다든지, 그렇게 부산을 떠는 것을 보면 우습기도 합니다.

그런데 뻔한 것을 무시하고 지엽적인 것에 집중하는 현상은 신앙생활에서도 볼 수 있습니다. 주님이 주신 가장 큰 계명 두 가지가 있습니다. 하나님을 마음과 몸과 뜻을 다하여 사랑하고 이웃을 자신의 몸과 같이 사랑하라는 '대 계명'과, 영혼을 구원해서 제자 만들라는 '대 사명'입니다. 하나님과 이웃을 사랑하라는 하나님의 뻔한 뜻이 있는데도 하나님의 뜻을 모르겠다고 안달하는 성도들이나, 영혼 구원을 하여 제자를 만들면 되는데 어떻게 사역을 해야 할지 모르겠다고 고민하는 사역자들은 뻔한 것을 무시하고 지엽적인 것에 집중하다가 방향 감각을 잃었다는 생각이 듭니다. 지엽적인 것에 매이지 말고 분명한 하나님의 뜻에 집중해야 합니다. 대 계명에 집중하면 많은 관계의 문제가 저절로 해결되고, 대 사명에 집중하면 사역의 방향이 환하게 보일 거라고 생각합니다.

변상합시다

○○○

얼마 전 이런 일이 있었습니다. 어린아이 둘이서 교회 마당에서 놀다가 한 아이가 다른 아이를 넘어뜨려서 얼굴에서 피가 났습니다. 그때 넘어뜨린 아이 어머니가 달려왔습니다. 그런데 자기 아이를 데리고 도망치듯이 사라지고 다친 아이는 쳐다보지도 않았다고 합니다.

또 이런 일도 있었습니다. 어느 유학생이 주일 예배를 마치고 나와 보니 새로 산 차를 누가 긁어 놓고 갔습니다. 접촉 사고를 낸 사람이 혹시 전화번호라도 남겼나 싶어 찾았지만 없었습니다. 훼손된 것을 몰라서 그랬을까 싶어서 나눔터에 글을 올려 연락을 부탁했지만 아무도 답하지 않았습니다.

사고를 내고 흔적 없이 사라지는 사람의 마음을 어느 정도 이해는 합니다. 부끄럽지만 저도 그런 짓을 한 적이 있기 때문입니다. 오래전 대학원에서 공부할 때입니다. 운전면허를 따고 얼마 안 되어 학교에 차를 몰고 갔는데 주차 공간을 발견할 수 없었습니다. 주차장을 몇 번 뱅뱅 돌다가 간신히 자리를 하나 발견했습니다. 운전이 서투른데 다른 차가 차지하기 전에 얼른 주차를 해야겠다고 서두르다 보니 옆에 주차한 차 뒤 범퍼를 살짝 박았습니다. 크지는 않았지만 범퍼에 손상이 간 것이 분명히 보였습니다. 유학생이라서 경제적인 여유가 없을 때라 주인이 큰 손해배상을 청구할지 모른다는 두려움이 솟구쳤습니다. 그래서 도망쳐서 다른 빈자리를 찾아 주차했습니다.

남에게 손해를 끼치고도 사라지는 것은 두려움 때문이라고 생각합니다. 우리 역사를 보면 백성은 정의로운 재판을 기대할 수가 없었습니다. 고을에 사또가 부임해도 대부분 법을 이용해서 백성을 착취했지, 법대로 의롭게 다스리지 않았기 때문입니다. 이러한 상황 가운데 살아남을 수 있는 길은 지은 죄를 들키지 않거나 들키면 잡아떼는 것이었습니다. 그러한 태도가 오랜 세월을 거치면서 민족성으로 정착되지 않았나 생각합니다. 미국에 와서 경찰차만 보면 죄 지은 것이 없어도 가슴이 덜컹했던 것은 법을 두려워하는 몸에 밴 속성 때문이 아니었나 생각합니다.

하지만 예수 믿고 새로운 피조물이 된 그리스도인은 잘못했으면 실수를 인정할 줄 알아야 합니다. 남에게 손해나 상처를 입혔으면 보상할 줄 알아야 합니다. 성경은 이렇게 말합니다.

"회개에 알맞는 열매를 맺어라. 너희는 속으로 '아브라함은 우리의 조상이다' 하고 말하지 말아라. 내가 너희에게 말한다. 하나님께서는 이 돌들로도 아브라함의 자손을 만드실 수 있다"(눅 3:8).

교회나 타인의 물건을 훼손시켰으면 변상하고, 주차장에서 접촉사고를 내면 쪽지를 남겨 주십시오. 올바르게 살기로 마음먹으면 변상해 주어도 경제적으로 손해 보지 않도록 하나님이 채워 주실 것입니다.

자연스러운 영성, 생활화된 헌신

○○○

우리 교회가 소유하기를 원하는 것 두 가지가 있습니다. 법석 떨지 않고 자연스럽게 표출되는 영성과 프로그램에 의존하지 않고 생활에서 우러나오는 헌신입니다.

이러한 교회가 되기 위해서는 분위기가 넉넉해야 한다고 생각합니다. 미국의 어떤 교회는 매년 사역 평가를 해서 유급 사역자가 기대치에 미달하면 해고를 한다고 합니다.

그러나 교회는 사명 공동체인 동시에 치유 공동체입니다. 교회에서는 유능한 사람뿐 아니라 능력이 모자라는 사람도 기를 펼 수 있어야 합니다. 그래서 목회자를 뽑을 때는 신중을 기해야겠지만, 일단 모시기로 했으면 능력이 좀 부족해도 성경에 명시된 죄를 짓거나 교회 사역에 큰 피해를 주지 않는 한 해고하지 말아야 한다고 생각합니다.

하나님의 사역을 효율적으로 하는 것도 필요하지만 그렇다고 효율만 지나치게 중시하다 보면 군대나 회사처럼 분위기가 빡빡해질 수 있기 때문입니다. 따라서 실수를 통해 배울 수 있는 여유를 허락해야 합니다. 계절에 순환이 있듯이 믿음도 식었다 뜨거워졌다 하고, 헌신도도 높아졌다 낮아졌다 하는 법입니다. 식거나 떨어지더라도 너무 위기감을 느끼지 말고 회복될 때를 기도하며 기다려 주는 여유를 갖기 바랍니다. 예배도 은혜로울 때가 있고 덜 은혜로울 때가 있습니다. 설교도 좋을 때가 있고 안 좋을 때가 있습니다. 항상 최고의 것, 완전한 것을 추구하다 보면 분위기가 경직됩니다. 제가 과다한 훈련, 지나친 보고나 평가 시스템 등을 기피하는 이유도 여기에 있습니다.

그렇다고 해서 불성실하게 사역해도 된다는 것은 아닙니다. 주님의 사역은 하나님의 상급이 따르는 특권입니다. 자발적으로 해야지, 밀려서 하면 오래 못 갑니다. 제가 새벽에 나와서 3시간씩 기도하지만 다른 사역자들에게 똑같이 하라고 요구하지 않는 이유도 여기에 있습니다.

또 자신에게는 가혹하고 이웃에게는 관대해야 합니다. 자신은 주님을 닮으려고 몸부림치더라도 주님을 닮지 못한 사람을 용납할 수 있어야 하고, 자신은 은사를 최대한 발휘하려고 노력하더라도 능력이 부족한 사람을 넉넉히 수용할 수 있어야 합니다. 그래야 분위기가 넉넉해지고 자연스러운 영성과 생활화된 헌신이 이루어집니다.

모태 신앙을 싫어하는 이유

○○○

"교회 생활을 얼마나 하셨습니까?" 교회를 방문한 사람들과 식사를 나눌 때 꼭 제가 던지는 질문입니다. 많은 사람이 교회를 생전 처음 나와 보았든지, 어릴 적에 몇 번 나가 보고 처음이라고 답합니다. 이런 사람들을 보면 너무 기쁩니다. 저절로 웃음이 나오고 앞으로 잘해 보자고 부탁을 하게 됩니다.

그런데 어떤 사람이 모태 신앙이라고 답하면 그들에게는 냉담하게 반응합니다. 그러면 의아한 눈치입니다. 교회 생활의 베테랑이 왔으면 목사가 당연히 반길 줄 알았는데 그렇지 않기 때문입니다.

모태 신앙을 가진 사람들을 냉담하게 대하는 가장 큰 이유는 그들에게 우리 교회에서 환영하지 않는 느낌을 주어 섬김이 필요한 다른 교회에 가서 돕고 섬기게 하려는 것입니다. 그러나 이런 선한 의도 외에 이기적인 의도도 있습니다. 모태 신앙을 가졌다는 사람들로부터 교회와 성도들을 보호하기 위해서입니다.

예외도 있겠지만 한국에서 모태 신앙을 갖고 자란 사람들은 연륜에 비해 신앙적으로 성숙하지 못한 사람이 대부분입니다. 영적으로 아예 영아 상태에 있거나 1-2년 정도 자라다가 성숙이 멈춘 사람이 많습니다. 우리 교인들은 대부분 새로 믿는 사람들이기 때문에 모태 신앙을 가진 사람들이 영적으로도 성숙했을 것이라고 가정합니다. 그래서 그들의 언행을 배우고, 그러다 보면 그들도 영적 성장이 멈추어 버릴 수 있습니다.

또 모태 신앙인 사람들은 나름대로의 교회관을 갖고 있습니다.

그래서 교회 시책이나 목회 방침에 관하여 비판적이고 불순종하는 경우가 많습니다. 그때 새로 믿는 사람들이 그것을 흉내 내어 비판적이고 불순종하는 사람이 되기가 쉽습니다.

그러나 모태 신앙이 무조건 나쁜 것은 아닙니다. 복음으로 뜨거워진 모태 신앙은 정말 좋습니다. 모태 신앙을 가진 사람이 헌신하면 갓 믿는 사람과 비교가 되지 않을 정도로 신실한 일꾼이 될 수 있기 때문입니다. 목회자를 보아도 당대에 예수 믿고 목회자가 된 사람은 엎치락뒤치락 변덕이 많습니다. 그러나 2대, 3대 기독교 가정에서 태어나 진정으로 헌신하여 목회자가 된 사람은 흔들리지 않고 뿌리 깊은 목회를 합니다.

우리의 자녀가 성장하면 모태 신앙을 가진 사람들이 됩니다. 그래서 염려스럽습니다. 그들이 성경 지식만 축적하는 것이 아니라 어릴 적부터 섬기고 순종하는 것을 연습하여, 장성한 후에는 어느 교회에 가든지 환영받고 새로 믿는 사람들에게 본이 되는 그리스도인이 되기를 바랍니다.

귀가 여린 그리스도인

○○○

오래된 이야기입니다. 한 자매가 저에게 전화를 걸어 어떤 자매가 정신에 이상이 있는 것 같다고 말했습니다. 증거를 조목조목 드는데 여간 신빙성이 있는 것이 아닙니다. 남에게 관심을 갖는 자매가 고마워서 내가 도울 수 있는 방법이 있으면 연락하라고 하고 전화를 끊었습니다.

그 후 정신에 이상이 있다는 자매에게 전화할 일이 생겼습니다. 이야기를 나누다가 조심스럽게 자매의 상황에 대해 물었습니다. 설명을 하는데 그 자매가 왜 정신이 이상한 사람으로 보이게끔 행동했는지 충분히 납득할 만한 이유가 있었습니다.

그때 언뜻 드는 생각이 있었습니다. "아, 내가 무척 귀가 여리구나!" 정신 이상이라는 자매는 평소에 많은 사람을 섬기며 신실한 삶을 사는 사람이었습니다. 두 자매의 평소 삶을 비교했다면 정신 이상이라는 말에 귀조차 기울이지 말아야 했습니다.

제삼자의 말에 귀를 기울여서 오래된 친구와 사이가 멀어지는 경우가 있습니다. 성도들이 소문에 귀를 기울이는 바람에 목사님이 교회를 떠나기도 합니다. 그리스도인이 귀가 여린 탓입니다.

부정적인 말에 휩쓸려서 실족하지 않으려면 이것을 기억해야 합니다.

첫째, 양쪽의 이야기를 다 들으십시오. 일방적으로 한쪽의 이야기만 듣고 섣부른 판단을 내리지 않기를 바랍니다.

둘째, 두 사람의 말이 엇갈리면 평소 신실한 사람의 말을 믿어 주십시오. 인격적으로 검증되지 않은 사람의 말을 믿고 평소 인격적으로 하자가 없이 사는 사람을 의심하거나 비난에 동조하는 것을 보면 참 안타깝습니다.

셋째, 더 이상 부정적인 말을 하지 않도록 막으십시오. 계속 들으면 동의를 하지 않아도 자신도 모르게 그 대상에 대해 부정적으로 변하게 됩니다.

넷째, 억울하게 비난을 당하는 사람이 있으면 적극적으로 옹호해 주십시오. 어떤 단체에서 총무를 하던 사람이 공금을 유용했다는 혐의로 억울한 누명을 썼습니다. 그때 사정을 잘 아는 회장이 변호를 해주지 않고 중립을 지킨다며 침묵을 지켰습니다. 그때 총무는 자신을 비난하는 사람들보다 침묵하는 회장이 더 미웠다고 했습니다. 얼마 후 그가 암으로 세상을 떠났는데 죽는 날까지 회장에 대한 서운함을 삭이지 못했습니다.

중립을 지킨다고 침묵하는 것이 비난에 동조하는 것이 될 수 있다는 것을 꼭 기억하기를 바랍니다.

설교 말씀으로 삶이 바뀌려면
ㅇㅇㅇ

우리 교회가 휴스턴에서 좋은 소문이 나고 있는 것 같습니다. 가장 큰 이유는 우리 교회에 나와서 삶이 변하는 사람들이 많기 때문입니다. 삶을 변하게 하는 것은 하나님의 말씀입니다.

신앙생활을 오래 했으면서도 삶이 변하지 않는 이유는 설교에 은혜를 받지 못 하기 때문인 경우가 많습니다. 은혜를 받지 못 하는 것은 수동적으로 설교에 임하기 때문입니다. 자신은 아무런 노력도 하지 않고 설교자가 자신을 감동시키고 변화시켜 줄 것을 기대하는 것입니다. 그런 사람도 성령님의 강권적인 역사에 의해 은혜를 체험하는 경우도 있지만 흔하지는 않습니다. 매주일 설교에 은혜를 받으려면 자신이 적극적으로 임해야합니다.

적극적으로 임하기 위해서는 하나님이 그날 설교자를 통해 자신에게 말씀해 주실 것을 기대해야 합니다. 설교자가 아무리 인격적인 하자가 있어도 단 위에서 설교하는 동안에는 하나님의 대변인입니다. 구약 시대에 하나님이 이스라엘 백성에게 예언자를 통해 말씀하셨듯이 신약 시대에는 설교자를 통해 성도들에게 말씀하십니다.

설교자는 하나님의 스피커입니다. 스피커의 성능에 따라 맑은 소리가 나기도 하고 찌그러진 소리가 나기도 하지만 말씀을 주시는 분은 하나님입니다. 그 사실을 믿고 설교에 임하십시오. 설교자의 인격과 그의 메시지를 혼동하면 설교에 은혜를 받지 못합니다.

주님이 설교자를 통해 주시는 음성을 듣기 원하면 반복해서 이러한 질문을 던져야 합니다. "이것이 오늘 저에게 주시는 말씀입니까?", "이것이 저를 위한 메시지입니까?" 음성을 들을 때까지 이렇게 계속 질문을 하면서 설교를 들어야 합니다.

설교가 끝날 때까지 하나님이 자신에게 주신 음성을 발견하지 못했다면 설교 후 침묵 기도 시간에 하나님께 구체적으로 물어봐야 합니다. "하나님, 저에게 도움이 되는 메시지를 하나 고른다면 무엇입니까?" 이러한 기도에도 특별히 주시는 음성이 없으면 자신이 생활에 적용할 것을 말씀 가운데 하나를 선택합니다. 그리고 일주일 동안 한 번 이상 삶에 적용해 봅니다.

이렇게 매주일 설교에서 자신을 위한 말씀을 하나씩 뽑아 적용한다면 삶이 변하지 않을 수 없을 것입니다.

숨은 죄를 발견하는 법

○○○

수요일 오전 스태프 모임에서는 책을 한 권 선정해 다 같이 읽고 와서 한 사람이 발표하고 나머지가 그 내용으로 토의를 합니다. 그때 오스왈드 샌더스(Oswald Sanders)가 쓴 《영적인 지도력》(요단, 2017)이라는 책을 공부한 적이 있습니다.

책 말미에는 의식하지 못하면서 넘어지기 쉬운 죄가 나옵니다. 이러한 죄는 파괴력이 큽니다. 죄를 지으면서도 자신이 죄를 짓고 있다는 것을 모르기 때문입니다. 깨달았을 때는 이미 자신과 이웃이 돌이키지 못할 정도로 파괴되어 있기가 쉽습니다.

그 죄는 교만, 질투심, 이기심입니다. 이러한 죄는 깨닫기도 힘들고 제거하기도 힘듭니다. 감염되기 쉬운데 감염된 줄도 모르기 때문에 치명적인 결과를 가져올 수 있습니다. 어떻게 하면 늦기 전에 이 죄들을 깨달을 수 있을까요? 몇 가지 점검 방법이 있습니다.

먼저 교만을 발견하려면 직장이나 교회에서 불공평한 처우를 받고 있다고 느낀다면 그 이유를 살펴보십시오. 자신보다 못났거나 능력이 떨어지는 사람이 자신의 자리나 사역을 차지하기 때문이라고 느낀다면 교만해서 그럴 가능성이 큽니다. 또 하나님 앞에서 스스로 인정하는 약점을 남이 지적할 때 어떻게 반응하는지를 보십시오. 인정하지 않고 변명하든지 상대방을 역으로 공격하면 십중팔구는 교만에 빠져 있는 것입니다.

마음속 질투심도 쉽게 발견할 수 있습니다. 이웃이 새로운 일을 시도하려 할 때 어떻게 반응합니까? 그 사람의 동기를 의심하면 십중팔구 질투하고 있다는 표시입니다. 또 협조를 요청해 왔을 때 어떻게 반응합니까? 요청에 응하기보다 협조하지 말아야 할 이유를 찾고 있다면 질투하고 있는 것이 틀림없습니다.

자기중심적인지 아닌지도 쉽게 발견할 수 있습니다. 사람들이 제삼자를 칭찬할 때 어떤 식으로 반응합니까? 그 사람을 비하하는 말을 하든지 화제를 다른 곳으로 돌려 칭찬을 끊으면 이기적이고 자기중심적인 것이 거의 틀림없습니다.

이런 방법을 통해 자신이 의식하지 못하는 사이에 죄에 빠져 이웃과 자신을 파괴하지 않는지를 살피기를 바랍니다.

마음이 푸근한 사람이 되고 싶습니다
ooo

목회자는 미운 사람이 없어야 한다고 생각합니다. 이웃을 자기 몸처럼 사랑하라고 명하신 예수님의 몸인 교회를 이끌어가는 사람인데 미워하는 사람이 있으면 되겠습니까? 저는 미운 사람이 없다고 생각했습니다. 새벽에 기도할 때 주기도문을 묵상할 때가 많은데, 주기도문에는 "우리가 우리에게 죄지은 자를 사하여 준 것같이 우리의 죄를 사하여 주시고"라는 대목은 그냥 넘어갔습니다. 미운 사람이 없으니까 용서를 구할 필요가 없다고 생각했기 때문입니다.

그런데 요즘 깨달은 것이 있습니다. 나도 미워하는 사람이 있다는 것입니다. 못마땅하고 피하고 싶은 사람이 있습니다. 싫어하는 것은 미워하는 것의 소극적인 표현에 지나지 않기에, 그런 식이면 미운 사람이 꽤 있습니다.

교인으로서 목회자가 싫어하거나 미워하면 참 비참하겠다는 생각이 듭니다. 보통 사람이 아닌 영적인 아버지라고 할 수 있는 담임 목사에게 미움을 받는다면 얼마나 처참하겠습니까? 그래서 누구나 받아들일 수 있는, 마음이 푸근한 사람이 되기로 결심했습니다. 야단도 치고 질책도 하지만, 그럼에도 담임 목사가 절대 자신을 싫어하거나 미워하지는 않을 것이라고 확신할 수 있는 사람이 되고 싶습니다.

미국 목회자들을 보면 표정이 평안해서 겉으로 보기에도 목사 같습니다. 그러나 저를 포함하여 한국 목회자들은 표정이 상당히 경직되어 있습니다. 긴장 가운데 살고 마음의 여유가 없기 때문이 아닌가 싶습니다. 그러므로 누구나 경계를 풀고 의지할 수 있는 사람이 되려면 마음이 먼저 푸근해져야 한다고 생각합니다.

예배에서 이러한 소원을 공포하고 그 후 실천해 보려고 노력했지만 쉽지가 않습니다. 겉으로 보이는 말이나 태도에만 신경을 쓰다보니 마음을 다스리는 일에 소홀했던 것을 깨달았습니다. 그러나 여러분이 이것을 위해 기도해 주고 저도 스스로 노력하면 하나님이 1년 후에는 훨씬 푸근한 사람으로 만들어 주실 것이라고 믿습니다. 그래서 주위 사람들이 저를 보면서 예수님의 모습을 희미하게나마 볼 수 있게 되기를 소원합니다.

얼굴을 잘 기억하는 이유
○○○

얼마 전 목장 모임 시간에 한 사람이 간증을 했습니다. 간증 끝에 저에 대한 말을 덧붙였습니다. '생명의 삶'이 개강되고 2-3주밖에 안 되었는데 반에 있는 사람들의 이름과 얼굴을 다 기억하고 있다며 신기해했습니다.

그는 반장으로 섬기고 있었습니다 생명의 삶 시간에는 수강생들이 명찰을 가슴에 달고 있다가 공부가 끝나면 통에 명찰을 넣고 반장은 통에 넣은 명찰을 갖고 출석을 점검합니다. 그런데 수업 초기에 무슨 일이 있어서 출석한 사람과 출석하지 않는 사람들의 명찰이 뒤섞인 적이 있었습니다. 그때 제가 출석한 사람의 명찰을 정확히 가려내 주니까 그것이 인상에 남았던 모양입니다.

제가 수강생들의 이름을 하나 하나 기억하고 있는 것은 기억하고자 노력하기 때문입니다. 학기 초에 수강생들에게 기도 제목을 제출하도록 하여 그것을 갖고 적어도 1주일에 한 번 이상 기도합니다. 그때 얼굴과 이름을 기억하려고 노력합니다. 웬일인지 얼굴이 머리에 떠오르지 않으면 믿음의 기도가 되지 않기 때문입니다. 의식적으로 노력을 하니 보통 3주쯤 지나면 이름과 얼굴을 다 기억하게 됩니다.

목장 방문을 했을 때도 자기 이름을 기억하고 있다는 사실에 놀라는 사람들이 있습니다. 교인이 많아서 기억하지 못하리라고 생각했다가 이름뿐 아니라 개인 신상까지 기억을 하니 신기한 모양입니다. 그것도 평소에 교인들을 위해 기도하기 때문입니다. 매해 초에 제출하는 가족의 기도 제목을 놓고 기도하고, 주일에 제출하는 헌신 기도 제목을 놓고 기도합니다. 그때도 얼굴이 생각나지 않으면 컴퓨터에 들어가서 얼굴을 확인하고 기도합니다.

얼굴을 기억하는 데는 국제 가정교회 사역원에서 개발한 가정교회 360 행정 시스템을 설치한 것이 크게 도움이 됩니다. 방문자가 있으면 새교우 사역부원이 사진을 찍어서 즉시 컴퓨터에 입력을 합니다. 저는 방문자와 면담이 끝난 후 그분에 대한 정보를 즉시 컴퓨터에 입력합니다. 그리고 그 주 동안 매일 방문자를 위해 기도합니다. 새벽에 기도할 때 휴대용 컴퓨터를 갖고 다니는데 얼굴이 기억나지 않으면 사진을 찾아 확인하고 기도하기 위해서입니다. 그렇게 하니 교회에 새로 온 사람도 1주일이면 이름과 얼굴을 기억합니다.

이렇게 노력을 하는데도 요즘에는 나이가 들어서인지 얼굴을 보고도 갑자기 이름이 기억나지 않아서 당황할 때가 많습니다. 그래도 계속 노력할 것입니다.

싫어하는 두 가지

○○○

제가 싫어하는 것 두 가지가 있습니다. 설교 시간에 조는 사람과 약속 시간에 늦는 사람입니다.

설교 중에 조는 사람을 싫어하는 데는 두 가지 이유가 있습니다. 첫 번째는 일종의 모욕감을 느끼기 때문입니다. 저는 설교 중에 조는 것이 "말도 안 되는 소리를 해서 들어줄 수가 없다!"라는 적대감을 몸으로 전달하는 것같이 느껴집니다. 본인이야 몸이 피곤하거나 설교가 귀에 들어오지 않아서겠지만 제가 받는 느낌이 그렇다는 것입니다. 두 번째는 게으르게 보이기 때문입니다. 다른 사람이 깨어 일할 때 자는 사람은 게으른 사람입니다. 남들은 경청하고 있는데 꾸벅꾸벅 조는 것을 보면 무슨 일을 하든지 열심히 하지 않을 것 같아 보입니다.

그래서 목회자 세미나 때도 이런 부탁을 합니다. "졸음과 싸우는 모습을 보면 제가 너무 힘이 듭니다. 졸리면 뒤쪽으로 가 서서 강의를 듣든지, 화장실에 가서 세수를 하고 오든지, 물을 마시고 오십시오. 수업 중간에도 괜찮습니다."

또 약속 시간에 늦는 사람을 싫어하는 데도 두 가지 이유가 있습니다. 첫 번째는 무례하다고 느끼기 때문입니다. 개인적으로 약속을 하고 늦게 나타나서 상대방을 기다리게 하는 것은 무례한 행위라고 생각합니다. 강의나 예배와 같은 공적 모임도 그렇습니다. 한참 예배나 강의가 진행 중인데 도중에 분위기를 깨고 들어오면 무례하게 느껴집니다. 두 번째는 교만하게 느껴지기 때문입니다. 강의나 예배 시간은 공적으로 약속한 시간입니다. 그럼에도 그것을 무시하는 것은 그 약속이 자신에게 해당하지 않는 것으로 생각하는 것 같아서 교만하게 느껴집니다.

어떤 사람이 홈페이지에 올린 글입니다. 은행에서 일하는 한 사람이 아들에게 들려준 충고인데, 첫째는 이것이라고 합니다. "약속 시간에 늦는 사람과는 동업하지 마라. 시간 약속을 지키지 않는 사람은 모든 약속을 지키지 않는다."

금년에 저를 위해서 기도해 주실 제목은 제가 마음이 푸근한 사람이 되게 해 달라는 것입니다. 이런 기도를 부탁한 것은 말할 필요도 없이 마음이 푸근하지 못하기 때문입니다. 그러나 올해 말쯤 되면 여러분의 기도 덕분에 마음이 푸근해져서 싫은 사람이 없어지기를 바랍니다. 그러나 그때까지 저를 돕는 의미에서 설교 시간에 졸지 말고 예배나 강의 시간에 늦지 말아 주기를 바랍니다.

건강 자체가 중요한 것이 아니다
○○○

　요즘 유행하는 단어가 '웰빙'입니다. 제가 어릴 적만 해도 먹고 사는 것이 큰 문제였는데 이제는 먹고 사는 것이 문제가 되지 않는 것 같습니다. 건강하고 행복하게 사는 것이 인생의 목표가 되었습니다.
　'웰빙'이란 건강뿐 아니라 좀 더 포괄적인 것을 의미합니다. 그러나 실제로는 건강이 가장 중요한 부분을 차지하는 것 같습니다. 웰빙에 대한 광고나 기사를 보면 건강과 관련된 것이 가장 많이 등장하기 때문입니다.
　그러나 웰빙에 관한 관심이 고조되는 것을 보면서 가끔은 사람들이 왜 이렇게 건강하기를 원하는지 의아할 때가 있습니다. 아주 오래전 TV 기자가 보디빌딩 챔피언을 인터뷰한 것을 본 기억이 납니다. "근육을 발달시켜서 어디에 씁니까?" 기자가 물으니까 보디빌딩 챔피언이 대답을 못하고 우물쭈물했습니다. 근육을 발달시키는 데 전력투구하여 상을 타기는 했지만 발달시킨 근육을 어디에 쓸 것인지에 대해서는 생각해 본 적이 없는 것이었습니다.
　건강 자체를 인생의 목표로 삼고 사는 사람들을 대할 때 그 인터뷰에 등장했던 보디빌딩 챔피언이 떠오릅니다. 건강한 몸을 유지하기 위해 좋다는 것은 다 먹고 유익하다는 것은 다 하는데, 건강한 몸으로 해야 할 분명한 일이 있는지 묻고 싶습니다. 장수하고 싶은 사람에 대해서도 비슷한 감정을 느낍니다. '건강하게 오래 사는 것'이 목표인 사람들이 많은데, 은퇴 연령이 낮아져서 오래 살수록 직업 없는 기간이 길어질 텐데, 그때 해야 할 중요한 일들을 갖고 있는지 염려가 됩니다.

저는 건강 자체가 중요하지 않다고 생각합니다. 건강한 몸으로 무엇을 하느냐가 중요하다고 생각합니다. 일하기 위해 건강이 필요한 것이지 건강 자체가 중요한 것이 아닙니다. 장수도 그렇습니다. 하던 일을 잘 마무리할 정도로 오래 사는 것이 중요하지 장수 자체에 의미가 있다고 생각하지 않습니다.

저는 청소년 시절에 50세까지만 살고 죽었으면 좋겠다고 생각했습니다. 50세면 할 일이 다 끝날 것 같았기 때문입니다. 그런데 환갑을 넘겼습니다. 은퇴 연령이 67세니까 그때까지는 건강하게 살겠습니다. 그러나 은퇴 후에 하나님이 특별히 시키실 일이 없으면 더 오래 살도록 두지 말고 즉시 데려가 주셨으면 좋겠습니다.

몸에 맞지 않는 옷을 입은 것 같습니다

◦◦◦

목회자 가운데는 교회를 개척할 때 가족 2-3명이 예배를 드리면서 머릿속에는 1,000명의 교인이 되었을 때의 모습을 그리는 사람이 있습니다. 1,000명에 맞는 조직을 구상하고 사역자가 생기면 구상했던 부서에 채워 넣으면서 교회를 키워 갑니다. 그들은 꿈을 꾸는 사람들입니다. 비전을 가진 사람들입니다. 우리는 주위에서 이런 사람들이 교회를 크게 성장시키고 큰 사역을 하는 것을 봅니다.

그러나 다른 유형의 목회자들이 있습니다. 교회 개척도 꿈이나 비전이 있어서라기보다는 주님의 필요 때문에 시작합니다. 조직도 없이 시작하고, 필요가 생기고 사역할 만한 사람이 생기면 부서를 만들어 가면서 교회를 키워 갑니다.

두 가지 유형이 다 장점이 있고 단점이 있습니다. 전자는 큰일을 할 수 있지만 동역자에게 상처를 주거나 사람을 이용한다는 평가를 듣기가 쉽습니다. 성공의 욕구가 강하기 때문입니다. 후자는 사람들과의 관계는 좋을 수가 있지만 사역의 열매가 없을 수 있습니다. 사역의 목표가 불분명하기 때문입니다.

하나님 나라에서는 두 가지 타입이 다 필요합니다. 큰 꿈을 꾸면서 앞서가는 사람도 필요하고, 남을 격려하면서 같이 걷는 사람도 필요합니다. 양 무리에 앞서가면서 길을 닦고 갈 길을 제시하는 사람도 필요하고, 양 무리의 뒤에 가면서 처지는 양들이 없도록 독촉하며 몰아가는 사람도 필요합니다.

저는 두 번째 유형에 속한다고 생각합니다. 그런데 저를 첫 번째 유형이라고 말하는 사람들이 있습니다. 저에게 비전이 없다고 생각하는데 비전이 있다고 하고, 리더십이 없다고 생각하는데 리더십이 있다고 말합니다. 왜 그렇게 평가할까? 의아해하다가 요즘 이런 결론을 내렸습니다. 주님의 음성을 듣고 그의 소원을 이루려다 보니 비전이 있는 사람이 되었고, 주님께 기도하면서 지혜를 구하다 보니 리더십이 있는 사람이 되었다는 것입니다.

요즘 제가 리더십의 전문가가 되었습니다. 리더십에 관한 책을 내고 목회자 컨퍼런스에서 리더십에 관한 강의를 하고 있습니다. 이러한 활동을 하면서도 몸에 맞지 않는 옷을 입은 것처럼 어색합니다. 그러나 "이렇게 하니까 하나님이 사용하시더라", "저렇게 하니까 성도들이 좇아와 주더라"는 식의 조언은 해주어야 할 것 같아서 부지런히 하고 있습니다.

하나님의 음성에 귀를 기울이고 절대적으로 순종하면 누구나 다 리더가 될 수 있다는 산 증거가 저인 것 같습니다.

쓰지 않으면 좋은 표현

○○○

우리 교회 성도들은 회중 기도를 잘합니다. 기도가 매끈하다는 의미가 아니라 진심이 담겼다는 뜻입니다. 이상한 어조를 사용하거나 상투적인 기독교 용어를 사용하지 않고 대화하듯이 자연스럽게 기도를 합니다. 또 중언부언도 하지 않습니다. 기도는 성도들으라고 하는 것이 아니고 하나님께 드리는 것이기 때문에 설득의 필요가 없습니다. 필요만 아뢰면 됩니다. 보통 집사들은 3분 20초 이내에 끝내고 성도들은 3분 이내에 끝냅니다(집사들이 주일 회중 기도를 인도할 때에는 봉헌 기도도 같이 하기 때문에 20초를 더 드립니다). 대표 기도를 하는 자매님들 중 많은 사람들이 할 말을 다 하면서도, 넘지도 모자라지도 않게 딱 3분 안에 기도를 끝내는 것을 보면 감탄스럽습니다.

그런데 회중 기도를 할 때 쓰지 않았으면 하는 표현들이 있습니다.

봉헌 기도할 때 "바치기를 원하지만 바치지를 못하는 손길을 기억하시고"라는 표현이 한 예입니다. 하나님이 원하시는 것은 많은 헌금이 아니라 정성 어린 헌금입니다. 여유가 없으면 1달러를 바쳐도 좋고 25전을 바쳐도 좋습니다. 희생과 정성을 담아 바치기만 하면 됩니다. 바치기를 원하지만 바치지 못한다는 것은 말이 안 됩니다.

"지금은 시작하는 시간이오니"라는 표현도 특별한 경우가 아니면 삼가해 주었으면 좋겠습니다. 이렇게 말하면 그 전에 있었던 것은 예배가 아니고 기도 후에 있는 것만 예배라는 인상을 줍니다. 다른 교회에서 부흥 집회를 인도하다 보면 초반에 찬양 시간을 갖고 다음에 대표 기도를 하는 사람이 이런 식으로 기도하는데, 그렇게 말하면 그 전에 드린 찬양은 예배가 아니고 준비에 지나지 않는다는 메시지를 전달합니다. 주일 예배에는 광고조차도 예배입니다. 예배의 핵심 중의 하나는 사귐입니다. 우리가 예배를 시작하면서 갖는 광고 시간 및 모든 행사는 성도의 사귐입니다. 그 다음 순서는 하나님과의 사귐입니다. 그러므로 "지금은 첫 시간이오니"라고 말해서 그 전에 있던 순서를 무효화하지 말기 바랍니다.

기도할 때 하나님을 지칭하여 "당신"이라고 부르는 것도 삼가해 주시기 바랍니다. '당신'이라는 표현은 그 자리에 없는 어른을 지칭할 때 사용합니다. 예를 들어 아버지가 안 계신 자리에서 그가 한 일을 말할 때 이렇게 말합니다. "당신께서 손수 하셨습니다." 그러나 아버지 면전에서 아버지를 "당신"이라고 부르면 아버지를 모욕하는 것입니다. 시편에 하나님을 향해 "당신"이라고 표현한 부분이 있지만, 이것은 영어의 "you"에 해당하는 단어를 번역하면서 '너'라고 할 수 없어서 '당신'이라고 번역한 것입니다. '당신' 대신에 '아버지'라고 표현하기를 바랍니다. 예를 들면 "당신 앞에 나왔습니다" 대신에 "아버지 앞에 나왔습니다"라고 말해야 합니다.

아내가 사랑스럽습니다

ㅇㅇㅇ

얼마 전 집에 돌아와 보니 집안이 무척 더웠습니다. 온도 조절기 눈금이 상당히 높게 맞추어져 있었습니다. 언제부터인가 빨래가 집 밖에 널리기 시작했습니다. 아내가 빨래를 햇볕에 한 번 말렸다가 드라이어에 넣는 모양입니다. 요즘은 제 뒤를 쫓아다니면서 부지런히 전기 불을 끕니다. 아내가 직장 생활을 더 이상 못하게 되니까 생활비를 줄여야 한다는 강박감이 생겨서 그러는 모양입니다. 그렇다고 전기세가 얼마나 절약이 되는지, 또 이런 식으로 해야 생활이 되는 것인지는 잘 모르지만 아내의 이런 모습이 사랑스럽습니다.

아내는 제가 목회에 전념할 수 있도록 세금 보고를 비롯하여 가계 일체를 도맡아서 하고 있습니다. 저는 제 와이셔츠 사이즈도, 구두 사이즈도 잘 모릅니다. 아내가 다 알아서 사다가 입히고 신기기 때문입니다. 집에서 설거지 한 번을 안 시킵니다.

이런 말은 자랑하자는 것이 아니라 이런 좋은 아내와 살면서도 불만이 있다는 것을 말하고자 하는 것입니다. 불만의 원인은 사랑의 언어 차이 때문입니다. 저에게는 인정해 주는 것이 사랑의 언어입니다. 그러나 아내에게는 돌보아 주는 것이 사랑의 언어입니다. 그래서 아내는 저를 잘 돌보아 주지만 제 사역을 인정해 주는 데 약합니다. 저는 칭찬은 잘하지만 다른 집 남편처럼 집수리를 한다든지 구체적으로 돕지는 못합니다. 그래서 아내 앞에서는 남편으로서 자신감을 가질 수가 없습니다. 은퇴해서 집에 있는 남편에게 밥해주는 것을 힘들어하는 아내들이 있다는 말을 들으면, "집안일 할 줄 모르는 나는 은퇴하면 아내에게 찬밥 신세가 되겠구나!" 하는 생각이 들며 자괴감에 빠집니다.

자격지심은 반발이나 불만으로 나타났습니다. '목회와 사역을 귀하게 여기는 아내라면 집안일에 쓸모가 없어도 얼마든지 나를 자랑스러워할 수 있을 텐데!' 그러다가 어떤 계기를 통해 이 불만이 아내와의 관계에 악영향을 미치고 있다는 사실을 깨닫게 되었습니다. 그러나 "부족한 면을 보지 말고 좋은 면을 봐야지"라며 마음을 다스려도 불만이 사라지지 않았습니다.

결국 하나님께 매달려 기도하는 수밖에 없다는 결론을 내리고 간절히 기도했습니다. 기도하면서도 "사람의 마음이 뜻대로 되는 것이 아닌데 과연 내 마음이 바뀔까?" 의심했습니다. 그러나 놀랍게도 신실하신 하나님이 얼마 안 지나 진정으로 감사하는 마음을 심어 주셨습니다. 그 후로는 아내가 얼마나 사랑스러운지 모릅니다.

행복한 부부가 되는 비결은 간단합니다. 서로 감사하며 사는 것입니다. 그리고 감사하는 마음은 하나님이 주십니다. 하나님은 우리에게 좋은 것을 주시는 정말 좋으신 분입니다.

적극적으로 예배드리십시오

믿음이 자라는 데 예배가 차지하는 비중은 굉장히 큽니다. 믿음이 자라는 사람들은 대부분 예배 때 은혜를 받는 사람들입니다. 반대로 믿음이 뒷걸음질치는 사람들은 예배 때 은혜를 받지 못하는 사람들입니다. 자신의 신앙생활을 돌아보면, 믿음이 자라던 시기가 예배 때 은혜를 받던 시기와 일치하고, 믿음이 정체되었던 시기가 예배 때 은혜를 받지 못했던 시기와 일치되는 것을 발견하게 될 것입니다.

믿음이 성장하고 있기 때문에 예배가 은혜로운지 아니면 예배가 은혜로워서 믿음이 성장하는 것인지, 이것에 대해 답하기는 곤란합니다. 그러나 예배와 믿음이 자라는 것 사이에 밀접한 관계가 있는 것만은 분명합니다.

예배에서 은혜를 받느냐, 못 받느냐는 예배 자체에도 달려 있지만 더 크게는 예배드리는 본인에게 달렸습니다. 은혜를 받는데도 은혜를 못 받는 사람이 있고, 남들이 별로 은혜를 받지 못하는 예배에서 크게 은혜를 받는 사람들이 있는 것을 보면 알 수가 있습니다. 예배에서 은혜를 받으려면 수동적이 아니라 적극적으로 예배를 드려야 합니다. 적극적으로 예배드리는 방법 다섯 가지를 알려드리니 잘 지켜 예배 가운데 은혜를 누리기를 권합니다.

첫째, 일찍 도착해서 예배를 준비하십시오. 준비된 마음으로 예배에 임하는 것과 허겁지겁 도착하여 예배드리는 것은 받는 은혜에 큰 차이가 있습니다.

둘째, 통성 기도를 할 때는 크게 소리 내어 하십시오. 담임 목사나 옆 사람의 기도 소리에 방해받지 않는 비결은 남의 목소리가 들리지 않을 정도로 자신의 목소리를 높이는 것입니다.

　셋째, 찬송이나 찬양을 부를 때는 크게 부르십시오. 곡조가 틀려도 상관이 없습니다. 가사에 집중하여 찬양 시를 쓴 감동을 자신도 느껴 보려고 노력하십시오. 찬양을 하는 도중에 다른 생각을 하고 있는 자신을 발견하면 의지적으로 다시 가사에 집중하여 가사를 자신의 고백이 되게 하십시오.

　넷째, 대표 기도를 할 때 동의하는 부분이 있으면 크게 "아멘!" 하십시오. '아멘'이란 올려진 기도에 동의한다는 의미입니다. '남이 어떻게 생각할까' 염려하지 말고 큰 소리로 외치십시오.

　다섯째, 헌금할 때는 기쁜 마음으로 하십시오. 직장을 주시고 사업체를 주신 하나님께 구체적으로 감사하십시오. 십일조를 바치는 사람들은 하나님이 주신 물질의 90%를 사용하라고 허락하셨음을 상기하며 감사하십시오.

돕지 못하는 안타까움

ooo

　저는 주일 새벽에도 주중과 같은 시간에 교회에 나가 그날 예배를 위하여 기도합니다. 교회에 올 때 운전하면서는 설교 리허설을 하는데, 리허설에 집중하다 보면 운전은 생각 없이 거의 자동적으로 합니다. 지난 겨울 어느 새벽, 빨간 신호등 앞에서 신호가 바뀌기를 기다리고 있는데 누군가 창문을 두드렸습니다. 인적이 없는 깜깜한 새벽이고 리허설에 집중하고 있던 중이라 얼마나 깜짝 놀랐는지 모릅니다. 얼핏 보니까 남미 계통 사람이 자동차 창문을 열라고 손짓하는 것이었습니다.

창문을 조금 내리고 왜 그러냐고 물었더니 남미 억양으로 말하는데 뭐라고 하는지 알아들을 수가 없었습니다. 'Long Point', 'gas', 'pay'라는 단어를 종합해 보아 가솔린 값을 줄 테니 Long Point 거리까지 데려다 달라는 것 같았습니다. Long Point라면 사실 못 데려다 줄 만한 거리는 아니었습니다. 그러나 차도 없고 인적도 없는 깜깜한 새벽에 차를 태워 주었다가 강도를 당했다는 신문 보도가 머리를 스쳤습니다. 그 순간 갈등하다가 신호등이 파란불로 바뀌는 것을 보고 거절의 의미로 머리를 흔들고는 그 자리를 떴습니다.

교회에 와서 기도를 하면서 여간 마음이 불편한 것이 아니었습니다. 예수님이 주신 선한 사마리아인 비유가 생각났습니다. 어떤 사람이 강도를 만나서 길에 피 흘리고 넘어져 있을 때 그것을 보고 그냥 지나갔던 제사장과 레위인이 저 같은 종교 지도자였다는 사실이 기억났습니다. 그럼에도 "하나님, 다시는 안 그러겠습니다"라고 고백할 수 없었습니다. 같은 경우에도 다르게 행동할 자신이 없었기 때문입니다.

《레미제라블》이라는 소설이 있습니다. 주인공인 장발장은 오랜 감옥 생활 후에 석방되었습니다. 그러나 잠잘 곳을 찾을 수 없었습니다. 그때 한 신부가 잠자리를 제공하고 음식을 대접했습니다. 이러한 사랑에도 장발장은 밤에 일어나 식탁에 놓였던 은촛대를 훔쳐 도망칩니다. 그러다가 수상쩍게 여긴 경찰에게 체포되었고 그의 품에서 은촛대도 발각되었습니다. 경찰이 장발장을 신부에게 데려와 대질시켰을 때 신부는 그 촛대가 장발장이 훔친 것이 아니라 자신이 선물로 준 것이라 말합니다. 그 덕분에 장발장은 풀려나고 그 사랑에 감격해서 다음부터 선을 베푸는 사람이 됩니다.

어릴 적에 이 소설을 읽으면서 그 신부 같은 사람이 되어야겠다고 결심을 했습니다. 그러나 지금 현실은 그 신부 같은 삶을 허락하지 않는 것 같습니다. 세상이 훨씬 더 악해졌기 때문입니다. 어떻게 하면 예수님이 말씀하신 것처럼 뱀과 같이 슬기롭고 비둘기와 같이 순진할 수 있는지가 저에게는 큰 과제입니다.

나는 초원지기 목사

○○○

가정교회를 시작할 때 저에게 섭섭함을 느낀 성도들이 있었습니다. 제가 "저는 여러분의 목사가 아닙니다. 목자가 여러분의 목사입니다. 저는 목자의 목사입니다"라고 선언했기 때문입니다. 이렇게 선포한 것은 성도들을 섭섭하게 하려는 것이 아니라 목자들의 권위를 세워 주려는 것이었습니다. 그렇게 해야 성도들이 목자를 자신의 목사로 알고 그의 리더십을 존중해 줄 것이기 때문입니다.

그런데 이번에는 성도들이 아니라 목자들이 섭섭해 할 수 있는 말을 하겠습니다. "저는 목자들의 목사가 아닙니다. 목자들의 목사는 초원지기입니다. 저는 초원지기의 목사입니다." 이런 원칙을 세운 것은 목자들을 돕기 위함입니다. 목자가 140명이면 배우자까지

합쳐서 거의 200명입니다. 담임 목사 혼자 돌보기에는 인원이 너무 많습니다. 그래서 목자 사역을 3년 이상 하고 정식 목자로 안수 받고 1회 이상 목장 분가 경험이 있는 분을 초원지기로 세워서 목자를 돌보아 주는 사역을 맡기게 되었습니다.

초원지기들은 세 달에 한 번 저와 만나 목장 사역을 의논할 것입니다. 그리고 초원지기가 자문을 청하면 즉시 그들의 사역을 도울 것입니다.

초원지기로 3년 이상 섬기고 분가를 3번 이상 했거나 초원지기가 된 후 한 번 더 분가한 사람은 목장 사역을 그만두고 초원지기 사역에만 집중할 수 있게 해주려고 합니다. 능력과 경험을 갖춘 목장 사역의 베테랑이 되었다고 인정해 주는 것입니다. 대행 목자로 세워지는 사람들은 우리 교회에 와서 예수를 믿게 된 사람들로 대부분 신앙 경력이 짧습니다. 그런 사람들은 초원지기의 도움이 좀 더 많이 필요합니다.

목장을 맡지 않으면 초원지기가 더 적극적으로 목자들을 도울 수 있습니다. 초원 식구의 목장 모임에 참석해 진행을 관찰하고 목자를 코치해 줄 수도 있습니다. 목장 식구가 없어서 힘들어하는 목장에서는 목장 식구가 되어서 목장 부흥을 도울 수도 있습니다. 목장 식구가 많아졌는데 대행 목자 후보가 없어서 분가를 못하는 목장이 있으면 일정 기간을 같이 생활하다가 일부를 데리고 나와서 분가할 수도 있습니다. 언제나 목자 집에서만 모일 수밖에 없는 목장에서는 초원지기가 가끔 자기 집에 초청하여 목자의 부담을 덜어줄 수도 있습니다.

초원지기가 목자들을 돌보지만 그렇다고 저와 목자의 관계가 단절되는 것은 아닙니다. 목장 방문, 총 목자 모임, 초원 순방을 통해 개인적으로 계속 교제할 것입니다. 무엇보다도 목회 일기를 읽고 필요한 코멘트를 계속하여 직접 목자들을 도울 것입니다.

중요한 일을 구별하는 지혜

○○○

우리는 해야 할 일을 다 하며 살 수 없는 바쁜 시대를 살고 있습니다. 그러므로 개인도, 단체도 모든 일을 다 하려 하지 말고 중요한 일을 골라서 해야 합니다. 중요한 일은 분야에 따라 다릅니다. 사업에서는 신용이 중요합니다. 직장 생활에서는 관계가 중요합니다. 자녀를 키우는 데는 올바른 가치관이 중요합니다. 신앙생활에서는 경건이 중요합니다.

중요하게 생각했던 것이 썩 중요하지 않을 수도 있습니다. 저는 신학교에 다닐 때 좋은 성적이 중요하다고 생각했습니다. 그래서 공부를 열심히 했고 결과적으로 성적도 좋았습니다. 그러나 졸업을 하고 보니 성적이 별 의미 없다는 것을 알게 됐습니다. 교회에서 목사님을 초빙할 때 어느 신학교를 나왔느냐만 묻지 성적을 묻는 법은 거의 없습니다.

그러므로 개인이나 단체는 중요한 것에 집중하고 중요한 것 중에서도 가장 중요한 것에 집중해야 합니다. 예를 들어 담임 목사에게 가장 중요한 것은 중보기도와 말씀 사역입니다. 그래서 저는 누가 수술을 받을 때도 찾아가기 보다는 교회에서 기도해 줍니다.

수술은 아침에 하는 경우가 많은데 찾아가서 기도해 주자면 하루 150명씩 돌아가며 기도해 주는 새벽 중보기도를 하지 못하기 때문입니다. 또 주말에는 결혼 주례나 장례 집례가 아니면 모든 초청을 다 거절합니다. 주일 예배와 말씀 준비에 집중해야 하기 때문입니다.

그럼 교회가 해야 할 가장 중요한 것은 무엇일까요? 말할 것도 없이 주님께서 대 사명으로 주신 영혼 구원하여 제자로 만드는 사역입니다(마 28:19-20). 그래서 우리 교회에서는 가정교회를 가장 중요하게 생각합니다. 영혼 구원의 전초기지 노릇을 하기 때문입니다. 또 '생명의 삶'을 중시합니다. 이것을 통해 불신자들이 하나님을 만나기 때문입니다.

다음으로 교회가 해야 할 중요한 사역은 무엇일까요? 선교일까요? 자녀 교육일까요? 자선 봉사일까요? 교회마다 다르겠지만 우리 교회에서는 가정교회 전파 사역이라고 생각합니다.

중요한 것은 하나님 나라 관점으로 결정해야 합니다. 앞으로 그렇게 할 교회가 생기겠지만, 아직은 우리만큼 가정교회 전파 사역을 할 만한 교회가 없습니다. 그러므로 우리 교회가 이 사역을 소홀히 하면 가정교회 운동은 치명타를 입을 것입니다. 그래서 저는 가정교회 전파에 필요한 초청은 무리를 해서라도 응합니다. 가장 중요한 것에 집중하려고 가정교회에 대한 집회가 아니면 다른 초청을 거절하고 있습니다.

말 안 듣는 노인

○○○

손녀딸이 태어났을 때 손녀딸은 귀엽지만 공식적으로 할아버지가 된 것이 무척 억울했습니다. 그러나 이제는 체념했습니다. 며느리가 임신을 하고 딸도 또 임신을 했기 때문입니다. 앞으로 1년 안에 한 명이 아닌 무려 세 명의 할아버지가 될 것입니다.

이왕이면 멋진 할아버지가 되고 싶습니다. 그래서 노인들을 유심히 관찰하게 됩니다. 그런데 노인들이 남의 말에 주의를 기울이지 않는 것을 종종 봅니다. 어떤 사람이 자기 사정을 말하면 슬며시 화제를 자신에게 돌립니다. 누군가 "내가 어제 속이 너무 아파서 병원에 다녀왔어"라고 말하면 "의사가 뭐라고 그래?" 혹은 "갔다 와서 좀 나아졌어?"라고 묻는 대신에 "나도 2주 전부터 속이 더 부룩해서 병원에 갔더니 어쩌고저쩌고…." 하면서 자신에게 대화의 초점을 옮기는 것입니다. 그것을 보며 나이가 들면서 남의 말에 좀더 귀를 기울여야겠다고 결심하게 됩니다.

남의 말을 잘 들어주는 것은 사랑의 표현이자 사역입니다. 안 믿던 사람이 가정교회를 처음 방문한 후 계속해서 참석하게 되는 이유 중 하나는 목장 식구들이 자신의 말을 잘 들어주기 때문입니다. 처음 만나서 두세 시간 이야기를 해도 경청하며 들어주니 다음에 다시 오게 되는 것입니다.

상대방의 말을 사랑으로 들어줄 때 상대방에게 내적 치유가 일어납니다. 성경공부에 익숙한 사람들이 목장 모임에 처음 참석하면 세상적인 이야기만 나누다가 헤어지는 것 같아서 얻는 것이 없다고 생각하기도 하는데, 그것은 마음속 깊은 이야기를 나누면서 내적 치유가 이루어지고 있다는 사실을 모르기 때문입니다.

 인간은 이기적이기 때문에 남에게 관심을 갖는 것이 어렵습니다. 자신에게 도움이 되는 내용이 아니면 남의 말을 진정으로 들어 주기가 어렵습니다. 그러므로 잘 듣도록 노력해야 합니다. 아무리 단순하게 사는 것 같은 사람도 깊숙이 알고 보면 상당히 재미있게 살고 있습니다. 상대방의 말을 경청하고 그가 느끼는 감정을 같이 느껴 보려고 노력하다 보면 모든 사람이 소설 같은 삶을 살고 있다는 것을 발견할 것입니다.

 나이가 들면서 남의 말을 경청하는 것이 점점 힘들어집니다. 집중력과 인내가 떨어지기 때문인 것 같습니다. 저도 남의 말을 중간에 가로채거나 아예 끊는 경우가 잦아집니다. 아름다운 노인이 되려면 남에게 좀 더 관심을 갖고 남의 말을 경청해야겠습니다.

시선이 흔들리지 말아야
○○○

우리 교인들 가운데 교회 생활의 행복을 고백하는 사람들이 많습니다. 방문하는 사람들도 성도들의 표정이 밝고 교회에 에너지가 넘친다고 말합니다. 이런 말을 들을 때 담임 목사로서 큰 기쁨과 보람을 느낍니다. 저는 평신도로 있을 때 교회 생활이 기쁘지 않고 갈등 가운데 지냈기 때문에 목사가 된 후 사역 목표를 교인들의 입에서 행복하다는 고백이 나오게 하는 것으로 삼았습니다.

교인으로서 행복한 교회 생활을 갈구하지 않는 사람은 없을 것입니다. 그러나 행복을 고백하는 교인은 많지 않습니다. 성도들을 행복하게 해주고 싶지 않은 목회자는 없을 것입니다. 그러나 교인들 입에서 행복을 고백하게 하는 목회자는 많지 않습니다.

그 이유는 성도들이 어떻게 해야 교회 생활이 행복해지는지 모르고 목회자들이 어떻게 해야 교인들을 행복하게 하는지를 모르기 때문입니다. 한 가지 확실히 알아야 하는 것은 행복을 추구할 때 행복 자체가 목적이 되면 안 된다는 사실입니다. 행복은 하나님께 순종했을 때 받는 보상입니다. 결혼 생활이 불행이나 이혼으로 끝나는 것은 행복이 결혼의 목표가 되었기 때문입니다. 교회의 행복도 마찬가지입니다. 행복이 목표가 되면 행복을 맛보지 못합니다. 주님이 원하시는 일을 할 때 상급으로 행복을 누리는 것입니다.

하나님이 교회를 세우신 목적은 영혼을 구원하여 제자를 삼는 것입니다(마 28:19-20). 이러한 교회 존재 목적을 깨닫고 이것을 위해 일할 때 하나님이 행복을 상급으로 주십니다. 우리 교회 성도들 입에서 행복의 고백이 나오는 이유는 담임 목사인 저로부터 시작하여 모든 성도가 일심동체가 되어 주님의 소원인 영혼을 구원하여 제자 만드는 일에 전념하기 때문입니다. 이러한 주님의 지상 명령을 무시하고 다른 일에 신경을 쓰고 에너지를 쏟았다면 행복하다는 고백 대신에 불평불만이 가득 찼을 것입니다.

저는 가정교회 전파 사역을 하면서 많은 목회자를 만납니다. 그런데 앞서 말한 것처럼 목회에서 기쁨을 누리는 사람은 많지 않습니다. 목회에 눌려서 힘들어하는 사람이 대부분입니다. 그것은 영혼을 구원하여 제자를 삼으라고 하신 주님의 명령을 무시하고 지엽적인 것에 목회의 에너지를 쏟고 있기 때문입니다.

 우리 교회가 지속적으로 행복을 고백하는 교회가 되기 위해서는 영혼을 구원하여 제자를 삼는다는 교회의 존재 목적에서 시선이 흔들리지 말아야 합니다. 아무리 좋은 프로그램이나 활동도 이 목적을 흐리게 하면 과감하게 거부해야 할 것입니다.

신앙생활의 아이러니

◦◦◦

사람은 종달새 타입이 있고 올빼미 타입이 있습니다. 종달새 타입은 아침에 에너지가 생기는 사람들입니다. 올빼미 타입은 밤에 에너지가 솟는 사람들입니다. 후자인 올빼미 타입은 낮에는 정신이 멍하다가도 해가 떨어지면 정신이 바짝 납니다. 그래서 밤늦게까지 활동하다가 아침에 늦게 일어납니다.

 저는 올빼미 타입입니다. 그런 제가 매일 새벽 4시 30분에 일어나는 것은 기적 중의 기적입니다. 그렇다고 저녁에 일찍 자느냐 하면 그렇지도 못합니다. 화요일에는 생명의 삶, 수요일에는 수요기도회, 금요일에는 목장 방문, 주일에는 3부 예배 설교, 그리고 공식 프로그램이 없는 월요일에도 돌아가며 갖는 초원 식구들과의 만남 등 각종 행사가 있기 때문입니다. 그래서 수면 시간이 부족해 항상 입이 헐어 있든지 혓바늘이 솟아 있습니다. 그런데 신기한 것은 아프지 않다는 것입니다. 새벽기도를 시작하기 전에는 잠을 충분히 잤지만 1년에 한두 번은 감기로 고생했고 가끔씩 복통에 시달리기도 했습니다. 그런데 요즘에는 피곤하기는 하지만 아파서 드러눕지는 않습니다. 이것이 예수 믿는 사람들이 누리는 아이러니가 아닌가 생각합니다.

이러한 아이러니는 신앙생활 곳곳에서 맛봅니다. 예를 들어 십일조를 생활비에서 빼면 가계에 적자가 나야 하는데 오히려 생활에 여유가 생깁니다. 교회 사역에 힘을 쏟다 보면 자녀들과 많은 시간을 보내지 못하는데 자녀들이 더 잘 자라 줍니다.

신앙생활에서 성공하려면 이러한 아이러니를 이해해야 합니다. 예수님이 말씀하셨습니다. "너희 가운데서 누구든지 으뜸이 되고자 하는 사람은 모든 사람의 종이 되어야 한다"(막 10:44), "누구든지 자기를 높이면 낮아질 것이요, 자기를 낮추면 높아질 것이다"(눅 14:11), "그러나, 첫째가 된 사람들이 꼴찌가 되고, 꼴찌가 된 사람들이 첫째가 되는 경우가 많을 것이다"(마 19:30), "내 은혜가 네게 족하다. 내 능력은 약한 데서 완전하게 된다"(고후 12:9).

이러한 아이러니는 전지전능하신 하나님이 우리의 아버지이기 때문에 가능합니다. 될 수 없는 일을 되게 하시고, 이룰 수 없는 일을 이루시는 하나님의 능력이 역사하기 때문입니다. 이러한 아이러니를 경험하며 사는 것이 예수를 믿는 즐거움입니다. 이러한 아이러니를 이해하지 못하고 상식적이고 안전한 선택만 하는 사람은 하나님의 능력을 체험하지 못하고 신앙생활의 재미도 맛보지 못합니다.

치유 기도는 힘들다

○○○

치유는 제 은사가 아닙니다. 그럼에도 제 기도를 통해 종종 치유의 역사가 나타납니다. "예수님이 매를 맞아 상함으로 우리가 나음을 얻었다"(벧전 2:24)는 말씀을 붙들고 기도하니까 신실하신 하나님이 응답하시는 것 같습니다.

은사가 아니어서 그런지 치유 기도가 쉽지는 않습니다. 치유 기도를 해주고 나면 피곤을 느낄 때가 많습니다. 짧게 해주어도 마찬가지입니다. 마가복음에 보면 하혈로 고생하던 여인이 지나가시는 예수님의 옷깃을 만지고 난 다음에 나음을 얻었다는 기록이 있는데, 마가는 그 사건을 이렇게 적었습니다.

"예수께서는 곧 자기에게서 능력이 나간 것을 몸으로 느끼시고, 무리 가운데서 돌아서서 '누가 내 옷에 손을 대었느냐?' 하고 물으셨다"(막 5:30).

예수님이 그분의 능력이 나간 것을 어떻게 아셨을까요? 여인이 예수님의 옷을 만지는 순간 예수님으로부터 힘이 빠져나갔기 때문이라고 생각합니다. 이것을 감지하시지 않으셨나 싶습니다. 질병을 치유하실 때 예수님도 에너지 소모와 피곤을 느끼셨을 거라고 상상해 봅니다.

치유 기도를 하기 전에 저는 마음의 준비를 해야 합니다. 기대 없이 기도할 때는 치유의 능력이 나타나지 않기 때문입니다. 그래서 갑자기 찾아와 기도를 해 달라고 하면 거절하며 나중에 다시 오라고 합니다. 기분 나쁘지 않게 하려고 건성으로 기도해서 보낼 수도 있지만 그렇게 하는 것을 스스로 용납할 수 없기 때문입니다. 하나님에 대한 불경이요 기도받는 사람에 대한 기만이라고 생각합니다.

주일 예배 헌신 시간에 헌신대 앞으로 걸어 나온 사람들을 위해 치유 기도를 해줄 때는 문제가 없습니다. 주일 새벽에 교회에서 예배를 위해 기도할 때 마음의 준비를 하기 때문입니다. 그러나 그때는 길게 기도하지 못한다는 단점이 있습니다. 그래서 긴 기도가 필요한 성도들에게는 시간 약속을 하고 사무실로 오라고 합니다. 저도 준비하지만 본인도 준비하고 오게 합니다. 하나님께 마음에 떠오르는 모든 죄를 고백하고 용서받고 오라고 합니다.

"그러므로 여러분은 서로 죄를 고백하고, 서로를 위하여 기도하십시오. 그러면 여러분은 낫게 될 것입니다. 의인이 간절히 비는 기도는 큰 효력을 냅니다"(약 5:16).

기도를 통해 치유받으면 재발하지 않도록 관리에 신경을 써야 합니다. 폐암이 치료되었으면 담배를 끊어야 하고, 혈압이 떨어졌으면 음식 조절을 해야 하듯이 기도로 치유를 받았으면 후속 관리를 잘해야 하는 것입니다.

방언에 대해

○○○

우리 교회에 방언을 받은 사람들이 점점 늘어나고 있습니다. 어떤 사람은 모여서 기도하다가, 어떤 사람은 혼자 기도하다가 방언을 받습니다. 이번 세 겹 줄 기도회(3명씩 짝이 되어 기도하는 특별 기도회)를 통해 방언을 받은 사람도 꽤 있습니다. 자연스러운 영성을 추구하는 우리 교회에서 이렇게 방언하는 사람들이 늘어나는 것을 보면 기쁨을 느낍니다.

성경에는 두 가지의 방언이 나옵니다. 한 가지는 전혀 배우지 않은 외국어를 말하는 것이고(행 2:1-6), 다른 하나는 억양이나 발음이 외국어처럼 들리지만 언어 구조를 갖지 않은 것입니다. 하나님이 기도를 돕기 위해 주시는 기도 방언입니다(고전 14:14-15).

방언은 성령의 은사 가운데 가장 작은 은사입니다(고전 12:28). 은사는 공동체에 도움을 주기 위해 받는 것인데(고전 12:7), 방언은 통역하지 않으면 이웃에게 도움을 주지 못하고 개인의 기도 생활에만 도움이 되기 때문입니다. 그래서 사도 바울도 방언보다는 남에게 도움을 줄 수 있는 예언의 은사를 사모하라고 했고(고전 14:5), 궁극적으로는 가장 중요한 사랑의 은사를 사모하라고 권합니다(고전 12:31-13:1).

방언이라고 다 성령님께 받는 것은 아닙니다. 이단 종파인 모르몬교 사람들 가운데도 방언을 하는 사람들이 있고, 19세기 북미 인디언들 틈에서도 방언 현상이 불길처럼 퍼진 적이 있습니다. 결국 주신 방언이 성령님이 주신 것인지는 열매를 보면 압니다. 방언과 더불어 하나님을 더 사랑하고 이웃을 더 섬기게 되면 성령 방언을 받은 것이고, 방언을 받은 후에 주위 사람들과 갈등을 일으키고 교회에 문제를 일으키면 성령님께 받은 것이 아닙니다.

방언은 가장 작은 은사이지만 무시해서는 안 됩니다. 사도 바울도 더 큰 은사를 사모하라고 하면서 동시에 방언을 무시하지 말라고 당부했습니다(고전 14:39).

제 경험에 의하면 믿음이 성숙한 사람이 방언을 받는 경우는 드뭄니다. 섬김이나 사랑을 비롯해 더 큰 은사를 이미 행사하고 있으므로 하나님이 주실 필요를 안 느끼시는 것 같습니다. 방언을 하고 싶은 갈망이 생기면 기간을 정하여 간구하는 것이 좋습니다. 그러나 기간을 정해서 간구해도 안 주시면 하나님의 결정에 순복하고 이미 받은 은사로 만족하고 감사하며 주님과 이웃을 섬겨야 합니다. 그러지 않고 방언을 받은 사람을 끊임없이 부러워하거나 방언을 못한다고 자신을 비하해서는 안 됩니다.

솔직도 아니고, 정직도 아니고

◦◦◦

가끔 인터넷 신문을 보다가 섬뜩한 느낌을 받을 때가 있습니다. 기사에 단 댓글 표현이 너무 원색적이고 자극적이기 때문입니다. 떠오르는 느낌을 여과 없이 표출하기 때문이 아닌가 생각됩니다.

많은 사람들이 떠오르는 생각이나 느낌을 적나라하게 표현하는 것이 솔직하고 정직한 것이라고 생각하는 것 같습니다. 그러나 아닙니다. 진정으로 솔직하고 정직한 사람은 자신의 있는 그대로의 모습을 보여 주는 사람입니다. 그렇다면 여과 없이 내뱉는 말이 자신의 모습을 그대로 보여 주는 것인가요?

우리의 머릿속에는 많은 생각과 느낌이 난무합니다. 서로 상치하는 생각이 오락가락합니다. 부정적인 감정과 긍정적인 감정이 공존합니다. 이러한 생각이나 느낌 중에서 진정 자신의 것이라고 할 수 있는 가장 큰 것이 있습니다. 그것을 골라서 표현하고 전달할 때 우리는 주위 사람들에게 자신이 진정으로 어떤 사람인지를 보여 줄 수가 있습니다.

연극을 할 때 무대 배경을 만듭니다. 나무를 엮고 종이를 바르고 페인트를 칠해서 무대 위에 설치합니다. 무대 장치는 앞에서 보면 아름답지만 뒤에서 보면 지저분합니다. 그렇다고 무대 장치를 흉하다고 말하지는 않습니다. 무대 장치의 가치는 앞모습으로 평가되지, 뒷모습으로 평가되지 않기 때문입니다. 마찬가지로 인간의 인격도 머릿속에 떠오르는 생각이 아니라 겉으로 표현된 말에 의해 결정됩니다.

마음에 떠오르는 생각이나 느낌을 정제하지 않고 내뱉어서 주위 사람들에게 상처를 주는 사람들이 있습니다. 이런 사람들은 자신이 솔직하다는 자부심까지 갖고 있습니다. 그러나 이것은 솔직한 것이 아닙니다. 무례한 것입니다. 이런 사람들은 예절 바른 사람들을 위선자라고 경멸합니다. 그러나 예절 바른 사람들은 위선자가 아니라 이웃을 배려하는 따뜻한 사람들입니다.

무례한 언행을 솔직하다고 생각하는 착각에서 벗어나십시오. 예절을 지키는 것을 위선이라고 생각하는 착각에서도 벗어나기를 바랍니다. 머릿속에 떠오르는 생각을 즉시 내뱉지 마십시오. 한마디 쏘아 주거나 한바탕 퍼붓고 싶을 때는 마음속으로 열을 셉시다. 그래서 상대방에게 상처를 줄 수 있는 말 같으면 한 번 더 생각하고 말하기 바랍니다.

골고루 헌신된 교회

○○○

제가 전에 섬기던 교회의 한 형제는 청년의 때 대학생 선교단체에서 열심히 섬겼습니다. 대학을 마친 후 대부분 그렇듯이 직장을 잡아 결혼했고 슬하에 자녀 둘을 두었습니다. 그런데 그의 교회 생활은 행복하지 못했습니다. 충분히 헌신된 삶을 살지 못하고 있다는 가책 때문이었습니다.

다 그렇지는 않지만, 선교단체에서 요구하는 헌신된 삶은 미혼이나 풀타임 사역자에게 가능하지, 가정을 갖고 직장 생활을 하는 사람이 하기에 불가능합니다. 그래서 선교단체 풀타임 사역자로 헌신하거나 목회에 뛰어든 사람은 상관이 없지만, 평신도로 머물러 있는 사람들은 가책에서 벗어나기가 힘듭니다. 자포자기하여 주일 예배 한 번 드리는 미지근한 교회 생활을 하는 경우가 많습니다.

미혼 때도, 결혼한 후에도, 자녀를 갖고서도, 중년이 되어서도, 나이가 들어 은퇴한 후에도, 가책에 사로잡힐 필요 없이 즐겁게 영위할 수 있는 헌신된 삶의 모델은 없을까? 이것이 가정교회를 시작하게 된 이유 중 하나입니다.

우리 교회 성도들은 모두 헌신된 삶을 살고 있다고 봅니다. 거의 모든 교인이 가정교회에서 한 가지 사역을 맡고 있기 때문입니다. 그중 다수는 연합교회(각 가정교회가 합쳐서 이루어진 연합체) 사역까지 하나씩 맡고 있습니다. 300명이 넘는 사람이 목자와 목녀로 임명받아 목회자와 같은 삶을 살고 있습니다. 교회 전체가 헌신되었다는 말은 과장이 아닙니다.

가정교회가 추구하는 것 중 하나가 자연스러운 영성과 생활화된 헌신입니다. 별나 보이는 영성이 아니라 자연스러운 영성, 프로그램에 의존한 헌신이 아니라 생활화된 헌신을 추구하는 것입니다. 그것이 우리 교회에서 이루어지고 있다고 생각합니다. 방언, 치유, 예언의 은사가 자연스럽게 나타나고 있습니다. 기도를 많이 한다고 소문난 사람은 없지만 교인 전체가 골고루 기도합니다. 전도 프로그램은 없지만 전도가 계속해서 이루어지고 있습니다. 예산의 얼마를 선교비로 쓴다는 인위적인 목표는 없었지만 예산의 3분의 1 이상을 선교에 쓰고 있습니다. 모든 것이 자연스럽게 이루어지고 있는 것입니다.

전통적인 제자 훈련을 잘 시키는 교회에는 엘리트라 부를 만한, 탁월한 평신도 사역자들이 있습니다. 우리 교회에 그런 탁월한 사역자는 없습니다. 그러나 교인 전체가 골고루 헌신되어 있습니다. 저는 교회가 열정적인 소수 지도자들과 미적지근한 성도들로 이루어지기보다 우리처럼 모두 적당히 헌신된 교인으로 이루어진 것이 더 좋습니다.

설교학에서 C학점을 받은 이유

○○○

제가 설교학에서 C학점을 받았다고 하면, 믿기지 않는다는 사람들이 있습니다. 제 설교가 잘못된 것이 아니라 C학점을 준 교수가 잘못되었다는 사람들도 있습니다. 저를 좋아하기 때문에 격려하는 말로 알고 고맙게 생각합니다.

저는 설교자의 의무가 성경 본문을 쓴 사람의 의도를 잘 전달하는 것이라고 믿습니다. 그런데 제가 배운 설교학 교수는 '좋은' 설교를 만드는 것에 치중했습니다. 저는 기말고사 전까지 시험과 숙제에서 제법 좋은 성적을 유지하고 있었습니다. 기말고사에서 성경 말씀을 주고 즉석에서 설교를 만들라고 했고, 주어진 본문은 열왕기하 말씀이었습니다. 그 내용은 단순히 역사적인 사실을 기록한 것이라 저자의 의도를 좇아 설교문을 만들면 심오함이 결여된, 유치한 설교가 될 가능성이 컸습니다.

평소 소신대로 저자의 의도를 찾아서 단순한 설교를 만들 것인지, 아니면 더 나은 성적을 위해 교수님의 마음에 드는 매끈하고 심오한 설교를 만들 것인지를 갈등하다가 제 신념을 좇기로 하고 전자를 택했습니다. 결과는 C학점이었습니다.

얼마 전 한국에 있는 어떤 교수가 권위 있는 기독교 잡지에 제 설교를 '큐티식 설교'라고 단정지으며 폄하하는 평론을 실었습니다. 설교를 못 한다고 하면 괜찮은데, 설교 본문과 동떨어진 설교를 한다고 하니 억울했습니다. C학점까지 감수하면서 본문에 충실하려고 애쓰는데 말입니다.

그러나 그 사람의 비평에도 일리가 있다 싶어 제 설교를 조금 수정하기로 했습니다. 그래서 이전에는 목장 성경공부 시간에 설교 본문을 다루니까 본문을 전혀 다루지 않고 적용에만 집중했는데 요즘은 본문 자체도 좀 다룹니다. 그래서 몇 년 전에 시편을 기초로 한 설교와 요즘 시편을 기초로 한 설교 사이에 약간 차이가 있는 것을 감지한 성도들도 있을 것입니다.

  그러나 잘하는 설교인지 못하는 설교인지, 최종적인 평가는 설교의 열매에 달려 있다고 생각합니다. 아무리 내용이 심오하고 기술적으로 완벽하더라도 듣는 이들의 삶에 변화를 가져오지 못하면 못하는 설교이고, 내용이나 기술적인 면에서 미흡하더라도 삶의 변화를 가져오면 잘하는 설교라고 생각합니다. 비록 설교학에서 C학점을 받았지만 제 설교를 듣고 삶이 변했다는 사람들이 나타나니 저는 C학점을 받은 것이 부끄럽지 않습니다.

마음이 우울한 이유
ㅇㅇㅇ

지난 주일 모임을 마치고 집으로 돌아가면서 기쁘기보다는 마음이 우울했습니다. 영접한 것보다 더 많은 사람들이 '영접 확인'을 했기 때문입니다.

  '영접 확인'이란 과거에 예수님을 영접했다는 것을 모임에서 확인한다는 뜻입니다. 또 이런 사람이 많아졌다는 것은 이미 구원받은 사람들이 우리 교회에 몰려들고 있다는 뜻입니다. 물론 이 지역 교회에 다니던 사람들 등록을 철저히 막기 때문에 참석자는 거의 모두 한국이나 타지에서 이주해 온 사람들입니다. 그럼에도 마음이 답답한 것은 불신자에게 집중하겠다는 의지가 약해지고 있는 것 같기 때문입니다.

  한국의 기독교 인구가 17%라는 통계가 나왔습니다. 그렇다면 주님이 오늘 밤에 재림하신다면 몇 명이 천국에 가고 몇 명이 지옥에 갈까요? 인구 100만 명의 도시라면 17만 명만 천국에 가고 나머지 83만 명이 지옥에 갑니다. 그런데 대부분의 교회가 지옥에 가는 83만 명에는 관심이 없습니다. 천국에 갈 17만 명에만 온통 관심이 집중되어 있습니다. 천국에 갈 사람들을 모아 성경공부를 시키고 제자 훈련을 하고 QT를 합니다.

그러다가 어차피 천국에 갈 사람들이 모여 교인 수가 늘어나면 부흥한다고 기뻐하고 다른 교회로 옮기면 서운해합니다. 하나님이 찾으시는 안 믿는 영혼에는 관심이 없습니다.

지옥에 갈 83만 명에 속한 사람을 천국에 갈 17만 명에 속한 사람으로 만들고, 그 후 자신의 교회에 머물러 있어도 좋고 다른 교회에 가도 기뻐하는 것이 가정교회의 정신입니다. 천국 시민을 만드는 것이 중요하지, 어느 교회 다니는지는 중요하지 않기 때문입니다. 그런데 이 정신이 흐려지고 있는 것 같아서 마음이 답답합니다.

믿는 사람들을 모아 부흥시키는 교회들도 처음에는 좋은 의도로 시작합니다. '교회로 인해 상처받고 방황하는 사람들을 품어 주는 것이 교회의 의무가 아닌가?', '교회에 건성으로 다니는 사람들을 훈련시켜 제자로 만들면 좋은 것 아니야?' 하지만 결국에는 믿는 사람을 모아 그 숫자나 자랑하는 쓸모없는 교회가 되고 맙니다. 모여드는 이들을 관리하다 보면 안 믿는 사람들을 위해 쏟을 에너지가 고갈되기 때문입니다. 그런데 우리가 그런 교회처럼 되는 것이 아닌가 싶어 우울해집니다.

목장 부흥이 안 되어도 좋습니다. 목장 분가를 못 해도 좋습니다.

지옥을 향해 가고 있는 가정을 1-2년마다 한 가정씩 천국에 가게 한다면 그것으로 충분합니다.

행복지수는 기대치에 달려 있다
ㅇㅇㅇ

세계 각국이 행복지수를 측정한 결과를 본 적이 있었습니다. 결과는 의외였습니다. 경제적으로 부유한 나라 국민들의 행복지수가 높고, 경제적으로 낙후한 나라 국민들의 행복지수가 낮을 줄 알았는데 그렇지 않았기 때문입니다. 오히려 부자 나라 국민들의 행복지수가 낮고 가난한 나라 국민들의 행복지수는 높았습니다. 행복지수가 가장 높은 나라는 세계에서 가장 못 사는 나라 중 하나로 꼽히는 방글라데시였습니다.

제가 다닌 신학교는 부자들이 밀집해서 사는 지역에 있었습니다. 그곳이 황무지일 때 신학교에서 싸게 땅을 구입하여 건물을 지었는데, 세월이 지나 그 지역이 점점 개발되면서 이제는 유대인 부자들이 모여 사는 곳이 되었습니다. 신학교 언덕에서 내려다보면 집집마다 수영장과 테니스 코트가 있는 것을 볼 수 있었습니다. 그런데 놀랍게도 그 지역이 전국에서 자살률이 가장 높은 곳 중 하나라고 합니다.

행복은 인생의 기대치에 달려 있다고 생각합니다. 많은 것을 기대하는 사람은 불행하고, 적은 것을 기대하는 사람은 행복합니다. C. S. 루이스는 인생의 행복은 인생을 호텔로 보느냐, 포로수용소로 보느냐에 달려 있다고 말했습니다. 인생을 호텔로 생각하면 너무나 불편한 곳이지만 인생을 포로수용소로 생각하면 너무나 편한 곳입니다.

저는 행복지수가 높은 편입니다. 6·25 전쟁 당시 고생했던 기억이 생생하기 때문입니다. 일곱 살이라는 어린 나이지만 먹을 것이 없어서 꽁보리밥이나 조밥을 먹었던 기억, 한 방에 열 명이 끼어서 자던 기억이 생생합니다. 그래서 어떤 음식을 먹어도 굶지 않고 먹을 수 있는 것 자체가 감사하고 잠자리에 들 때도 폭탄이 떨어질 것을 염려하지 않고 잘 수 있다는 것이 감사합니다. 그런 의미에서 우리 자녀들은 부모만큼 행복하지는 못합니다. 많은 것을 소유하기는 했지만 가난하고 배고파 본 경험이 없기 때문에 소유에 대한 감사가 적기 때문입니다.

영적으로도 감사하면서 신앙생활을 하는 사람, 불평하면서 신앙생활을 하는 사람이 있는데, 그 차이는 기대치에서 오는 것입니다. 자신이 누리는 축복이나 사역의 기회를 은혜로 생각하는 사람은 감사하고, 그것을 권리로 생각하는 사람은 불평하면서 신앙생활을 하는 것과 같습니다.

우리 집사님

○○○

우리 교회에서 가정교회가 잘 정착할 수 있었던 것은 초기부터 집사님들이 적극적으로 협조해 주셨기 때문입니다. 가정교회 정착에 어려움을 겪는 교회를 보면 지도자들의 반대가 큰 요인입니다. 교인들이 다 좋아해도 영향력 있는 지도자 한 사람이 끝까지 반대하면 가정교회 정착은 실패로 끝나고 맙니다.

우리 교회 집사님들은 가정교회 정착에 적극적일 뿐 아니라 신앙생활에서도 본이 되어 주셨습니다. 지도자들이 교인들, 특히 젊은이들에게 존경받지 못하는 경우가 많은데, 우리 교회의 젊은이들이 집사님 되는 것을 목표로 삼고 있는 것을 볼 때 참 기쁩니다.

자랑스러운 우리 집사님과 집사회를 소개합니다. 침례교회의 집사회는 타 교단의 당회에 해당합니다. 그러나 우리 집사회는 결정 기관이라기보다 섬김의 기관이고, 집사님들은 다스리기보다 섬기는 사람들입니다. 이러한 섬김의 한 예가 한 달씩 돌아가면서 맡는 안내 위원입니다. 집사님들은 자기 차례가 되면 한 달 동안 주일 아침에 남보다 일찍 와서 교회 문을 열고 예배를 위한 준비를 하며 예배 후에는 제일 늦게까지 남아 문단속을 하고 돌아갑니다. 보통 교회에서는 사찰을 고용하여 이 일을 시키지만 우리 교회에서는 섬김의 본을 보이기 위해 집사님들이 돌아가면서 이 일을 맡습니다.

집사회에서는 의견을 제출한 사람이 집행하는 관행이 있습니다. 보통 교회에서는 결의는 당회에서 하고, 집행은 제직회나 다른 부서가 합니다. 결정 기관과 집행 기관이 다르면 결정하는 사람들은 책임감 없이 결정할 수 있고 집행하는 사람들은 마지못해 수행할 수 있습니다. 그러나 우리 집사회에서는 결정한 사람과 집행하는 사람이 같기 때문에 실천 가능성이 있는 의견이 제시되고 결정된 의견은 반드시 수행됩니다.

집사님들은 집사회의 목적이 사람의 지혜를 모으는 것이 아니라 하나님의 뜻을 찾는 것이라고 믿습니다. 그래서 자기 의견을 고집하느라고 다른 집사님들과 언성을 높이거나 다투는 일이 없습니다. 집사는 직분이지 은사가 아닙니다. 직분에 의해 사역을 맡기는 교회가 대부분입니다. 예를 들어 장로가 되면 은사와 상관없이 부서장이나 책임자로 임명받습니다. 그러나 우리 교회는 직분 중심이 아니라 은사 중심입니다. 그래서 집사이면서 사역 부장이 아닐 수 있고, 사역 부장이면서 집사가 아닐 수도 있습니다.

이런 아름다운 집사회 전통이 새로운 집사들에 의해 계속 이어지기를 바랍니다.

침묵을 연습하라

○○○

애플 회사에서 아이팟(iPod)이라는 제품을 출시해서 대단한 이슈가 되었습니다. 아이팟은 수천 개의 곡을 저장하여 언제 어디서든지 들을 수 있는 디지털 소형 기기입니다. 웬만한 젊은이들은 거의 다 귀에 이어폰을 꽂고 일을 하든지 걸어 다닙니다. 아이팟의 등장은 CD 플레이어나 확성기 제조 공장이 문을 닫을 정도로 여파가 대단한 사건이었습니다.

현대인들, 특히 젊은이들은 소리에 중독된 것 같습니다. 소리가 없으면 불안해합니다. 자동차에 타도 일단 라디오를 켜고 봅니다. 이어폰을 귀에 꽂고 삽니다. 침묵을 두려워하지 않나 싶기도 합니다.

그러나 우리 삶에는 침묵이 필요합니다. 신앙생활에서는 특히 더 그렇습니다. 하나님이 세미하게 말씀하시기 때문입니다. 하나님의 음성은 영을 통해 감지됩니다. 영의 움직임은 직관과 비슷하여 침묵하지 않으면 감지하기가 어렵습니다.

그런데 많은 교회에서 예배 시간에 한 번도 침묵의 기회를 주지 않습니다. 통성 기도가 아닌 묵상 기도 시간에도 배경 음악을 틀어 줍니다. 침묵을 두려워하는 현대인의 성향에 맞추기 위함이 아닌가 싶습니다.

우리 교회 예배에서는 설교 후에 침묵의 시간을 갖습니다. 침묵 가운데 메시지를 되새기며 하나님이 말씀하시는 것에 귀를 기울이는 것입니다. 성찬식 때도 침묵의 시간을 넣습니다. 침묵 가운데 하나님이 베풀어 주신 감사할 내용을 상기합니다.

우리는 침묵을 연습해야 합니다. 말씀을 생각하며 조용히 묵상하는 시간을 가져야 합니다. 기도할 때도 자기가 하고 싶은 말만 다 하고 끝내지 말고 "하나님, 더 하실 말씀이 있으십니까?" 하며 기다리는 시간을 가져야 합니다. 하나님이 말씀하신다고 생각하면 민감하게 반응할 준비를 하고 기다려야 합니다.

'경건의 삶'을 수강하면 '침묵의 훈련'을 공부합니다. 리차드 포스터(Richard Foster)의 《영적 훈련과 성장》(생명의말씀사, 2009)에 제시되어 있는 여러 가지 방법을 공부하고 연습해 봅니다. 그러나 공부로는 충분하지 않습니다. 평소에 실천해야 합니다.

쉽게 실천해 볼 수 있는 것이 자동차 운전을 할 때 라디오를 끄는 것입니다. 삶의 여러 영역에서 소리를 제거하거나 줄일 때 자신과 삶을 관조하게 되고 하나님의 음성을 듣게 될 것입니다.

지휘자가 없는 이유

○○○

우리 교회에는 왜 성가대 지휘자가 없냐고 묻는 사람들이 있습니다. 그 이유는 반주자 지도로 은혜로운 찬양을 드리고 있는데 과연 전문 지휘자를 모셔야 할 필요가 있느냐는 생각 때문입니다. 우리 교회를 방문하는 사람들이 찬양이 은혜롭다는 평을 많이 해주십니다. 찬양 전에 있는 진심이 담긴 간증, 찬양하는 대원들의 밝은 표정, 진정으로 부르는 찬양 가사가 감동을 줍니다.

가정교회로 전환하면서 성가대를 없애는 교회가 있습니다. 영혼 구원하여 제자를 만드는 데 방해가 되기 때문입니다. 영혼 구원하는 교회가 되자면 안 믿는 사람과 같이 앉아 예배를 드려야 하고, 예배 후에 식사도 같이 해야 하는데 전통적인 교회에서는 예배 직후에 성가대 연습이 있습니다. 그래서 부득이하게 성가대를 없앨 수밖에 없는 것입니다.

그러나 가정교회로 전환했다고 반드시 성가대를 없앨 필요는 없습니다. 우리 교회가 한 예입니다. 가정교회로 전환 후 초원 모임과 목장 교사 모임이 생겼는데, 주일 예배 후에 모일 수밖에 없었습니다. 그래서 성가대 연습 시간을 수요일로 옮겨 달라고 요청했습니다.

보통 지휘자 같으면 펄쩍 뛰었겠지만, 당시 지휘자였던 형제는 영혼 구원에 마음이 뜨거운 목자였기에 저의 제안을 기꺼이 받아들여 주었습니다. 명칭도 찬양대로 바꾸었습니다. 인원이 줄어도 상관없다는 의지의 표현이었습니다. 매주일 새로운 곡을 하자면 연습을 많이 해야 하는 부담이 있으니까, 한 곡을 연습하여 한 주는

1부에서, 다음 주는 2부에서 찬양을 드리기로 했습니다.

  수요 기도회 이후로 연습 시간을 바꾼 후 찬양대 숫자가 반 이하로 줄었습니다. 주일에 교회 오는 김에 성가대로 봉사하는 사람들이 많았기 때문입니다. 그러나 주중 하루 저녁을 희생하며 연습하고 드리는 찬양이라서 그런지 적은 인원이지만 은혜가 되었습니다. 그 후 평일에 시간을 내서 연습에 참여하는 사람들이 하나둘 늘어났고 찬양대원 수가 현재에 이르게 되었습니다.

  하나님은 찬양을 기뻐하시지만 영혼 구원을 더 기뻐하십니다. 그러므로 찬양 프로그램이 영혼 구원에 지장을 주어서는 안 됩니다. 지휘를 전공한 사람은 자신의 기량을 발휘해 보고 싶은 욕망 때문에 영혼 구원과 상관없는 음악 프로그램을 개발해서 영혼 구원에 쏟아야 할 에너지를 낭비할 수 있습니다. 그래서 전문 지휘자를 두는 것을 주저하게 됩니다. 무엇보다 전문 지휘자가 있다고 지금보다 더 은혜로운 찬양을 드릴까 하는 의문이 있어 더 그렇습니다.

믿는 사람도 사고를 당한다

○○○

오래전에 영화 한 편을 보았습니다. 수준 높은 작품은 아니지만 미국 기독 고등학교가 배경이라고 하기에 목사 입장에서 의무감을 느껴 보게 되었습니다. 요즘 기독교인들이 등장하는 영화가 그렇듯이 그 영화에서도 기독인들은 독선적인 위선자로 나오고 불량 학생이나 동성애자는 상식이 통하는 마음 따뜻한 사람들로 그려지고 있습니다.

영화 중에 이런 장면이 나옵니다. 믿음 좋은 주인공 여학생이 차 사고를 당합니다. 이 여학생은 몸이 다치지 않은 것에 대해 하나님께 감사드립니다. 그때 한 친구가 비아냥댑니다. "하나님이 살아 있다면 아예 차 사고가 나지 않았어야지, 다치지 않게만 해주느냐?"

기독교를 비방하는 사람들뿐 아니라 믿는 우리들도 유사한 생각을 할 때가 있습니다. '사고를 아예 안 당하게 해주시고, 병에 아예 안 걸리게 해주시고, 역경이 아예 안 생기게 해주셨으면 얼마나 좋을까?'

하나님은 그렇게 못하실 것이 없습니다. 그러나 그렇게 안 하십니다. 종종 말씀 드리지만 인생은 1생이 아니고 3생입니다. 모태에서 9개월이 1생, 이 세상에서의 약 90년이 2생, 그리고 죽음 후에 누리는 영생이 3생입니다. 하나님께 영원한 3생이 제일 중요합니다. 그래서 하나님은 2생을, 3생을 누릴 수 있는 합당한 사람이 되도록 훈련하는 장으로 사용하십니다.

세상은 죄로 인해 파괴되었기 때문에 사고나 재난이 있기 마련입니다. 하나님은 그분의 자녀들이 이 세상에서 그런 것들을 경험하며 그분의 목적을 이루어 가게 하십니다(롬 8:28). 새로운 삶을 사는 계기로 삼기도 하고 예수님을 닮게 만드는 도구로도 사용하십니다. 그러나 감당하지 못할 정도의 시험은 절대 허락하지 않으십니다. 감당하지 못할 것 같으면 피할 길을 주십니다(고전 10:13).

앞서 언급한 영화의 "하나님이 존재한다면 안 다치게 해줄 것이 아니라 사고가 아예 안 나게 해주어야지!" 비아냥대는 장면에서 속이 상했지만 실제 상황에서는 하나님이 이미 많은 사고에서 지켜 주셨고 그때는 특별한 이유가 있어서 사고를 허락하셨을 것이라는 생각을 했습니다.

저도 성도들에게 큰 사고와 재난이 닥치면 하나님이 왜 그런 일이 생기게 하셨는지 의아할 때가 있습니다. 그러나 그때도 하나님의 능력과 지혜에 대한 신뢰를 저버리지 않는 것이 믿음이라고 생각합니다.

주일에는 봐 주세요

○○○

교회에 나오기 시작하는 사람들 가운데 '배추 장사' 혹은 '음치'라는 용어로 저를 묘사하는 경우가 종종 있습니다. 이런 표현은 친근하게 느껴진다는 뜻이라 재미있습니다. 그러나 신경이 쓰일 때가 있습니다. "쌀쌀해 보인다", "찬바람이 도는 것 같다"라고 말할 때입니다. 오래전 어떤 사람이 교회 홈페이지에 다음과 같은 글을 올렸습니다.

"강대상 앞에 서 계신 목사님의 모습은 너무도 인자한데, 복도나 다른 장소에서 마주치면 웃지 않기로 작정이라도 한 사람처럼 보입니다. 이 느낌을 지울 수가 없어서 평생 처음으로 더듬거리면서 키보드를 칩니다."

요즘 비슷한 말을 하는 분들이 있어서 그때 올렸던 댓글을 여기에 옮깁니다.

"자매님, 섭섭했지요? 복도에서 만나면 웃지 않기로 작정한 사람

같아 보인다고 했는데 사실입니다. 복도에서 마주치는 사람마다 웃고 인사를 나누면 목적지에 도달할 수가 없습니다. 그래서 주일 교회 안에서는 교인들과 눈이 마주치지 않도록 앞에 오는 사람들 머리 바로 위에 시선을 맞추고 빨리빨리 걷습니다. 친교실에 가서 누구를 찾을 때도 내가 찾는 사람 외에 다른 얼굴들은 다 무시합니다. 그러므로 모른 척한다는 비난을 들어도 어쩔 수 없습니다.

또 주일에 얼굴이 굳어 보이는 데는 이유가 있습니다. 긴장하기 때문입니다. 예배를 인도하고 설교해야 한다는 부담 때문에 온종일 긴장해 지냅니다. 피곤도 한 몫 합니다. 주일 아침에도 평소처럼 새벽 5시에 교회에 나가서 기도를 드립니다. 새벽부터 스케줄이 시작되니 두 번의 예배 사회와 설교를 마치고 나면 피곤을 느낄 수밖에 없습니다. 저녁 3부 예배를 드리기 전에 집에 가서 잠깐 쉬었다 오려고 가다 보면 운전대를 잡은 채 나도 모르게 깜박 졸 때도 있습니다. 그래서 안전을 위해 20분 동안 사무실에 누워서 눈을 감고 쉬었다 출발해야 합니다.

그러다가 강단 위에서 설교할 때 표정이 인자해 보이는 것은 몸과 마음의 긴장을 풀기 때문입니다. 설교하기 전까지는 모든 것이 저에게 달린 것처럼 긴장하지만, 일단 강단에 서면 오로지 성령님께 의지하려고 합니다. 성령님께 모든 것을 맡기니까 표정이 편하고 여유 있어 보일 수밖에 없는 것입니다.

이런 내막이 있으니 주일에 제 표정이 굳어 보이거나 무표정해 보여도 좀 이해해 주기를 바랍니다. 대신에 평일에 교회 사무실로 찾아오십시오. 방긋방긋 웃으면서 맞아 드리겠습니다."

어찌 내가 이런 삶을

◦◦◦

저는 지금 도저히 꿈도 꿀 수 없었던 행복한 삶을 살고 있습니다. 또 제 그릇에 넘치게 쓰임을 받고 있습니다. 하나님이 하셨습니다. 사도 바울이 하나님의 능력은 약한 데서 완전해진다고 했는데(고후 12:9) 그 말씀을 저를 통해 증명해 보여 주셨습니다.

하나님은 저의 단점이 장점이 되도록, 약점이 강점으로 되도록 일하셨습니다. 저는 급격한 상황 변화에 순발력 있게 대응하지를 못합니다. 전투 소대장이면 무능한 소대장이었을 것이라고 종종 생각합니다. 그러나 하나님은 이런 성품을 사용하셔서 미리 준비하고 계획하는 사람이 되게 하셨습니다. 변화에 둔감한 못난 사람을 일관성 있게 목회 하는 사람으로 소문나게 하셨습니다.

저는 잘하는 것도 있지만 못하는 것이 더 많습니다. 남의 도움 없이는 살 수 없습니다. 그러다 보니 내가 할 수 없는 것을 해줄 수 있는 동역자를 찾게 되었고 모든 것을 위임하지 않을 수 없었습니다. 위임에 철저하다 보니 교회가 잘되게 되었습니다.

저는 잔정이 별로 없습니다. 하나님은 아기자기하지 못한 저를 오히려 편애하지 않는 좋은 목사라는 평을 듣게 해주셨습니다. 성격이 소심하고 내성적이라서 사람이 많은데 가거나 남 앞에 나서는 것을 싫어합니다. 그러다 보니 단체에서 직분 맡는 것을 기피하는데, 이런 것으로 인해 감투에 욕심이 없는 목사라고 칭찬을 듣게 하셨습니다.

저는 철이 늦게 났습니다. 그래서 엉뚱한 짓을 곧잘 합니다. 해군 소위로 갓 임관받은 후 단체로 해군 본부를 방문하여, 전자 장교의 운명을 좌우하는 하늘 같은 통신감에게 신고를 할 때도 그에게 농담을 던졌습니다. 하나님은 이러한 철없음을 사용하여 창의적인 목회를 한다는 말을 듣게 하셨습니다.

하나님이 아니면 저의 단점과 약점으로 인해 괴로워하며 꼴 보기 싫은 사람으로 살았을 것입니다. 그러나 하나님은 단점과 약점까지 활용하셔서 저를 세상에 필요한 사람으로 만들어 주셨습니다.

탁월한 조각가는 진흙이든, 화강암이든, 대리석이든 어떤 재료로도 아름다운 작품을 만들어 냅니다. 우리 삶을 그분의 손에 맡기고 절대적으로 순종하면 하나님은 우리의 단점과 약점도 선용하여 우리를 쓸모 있는 인생으로 만들어 주실 것입니다.

불신자는 섬기고, 기신자는 키우자

○○○

가정교회의 핵심 가치 중 하나는 섬김입니다. 주님은 세상에 오신 목적이 섬김을 받으려는 것이 아니라 섬기기 위해서라고 말씀하셨습니다. 또 으뜸이 되고자 하는 사람은 모든 사람의 종이 되어야 한다고도 말씀하셨습니다. 요즘 교회가 병약해진 이유 중 하나는 섬기는 리더 대신에 다스리는 리더를 세웠기 때문입니다. 따라서 섬김의 리더십을 회복하는 것이 가정교회의 핵심 가치 중 하나입니다.

섬김은 영적 권위를 부여해 줍니다. 덩치 큰 자녀가 몸집이 작은 엄마 앞에서 꼼짝을 못하는 이유는 엄마가 섬겨 주기 때문입니다.

연령, 학력, 사회 신분이 목장 식구보다 뒤지는 목자와 목녀들이 사역을 잘 감당하는 이유는 섬김에 기초한 권위를 갖고 있기 때문입니다. 처음 가정교회로 전환한 후 6개월 동안 목자와 목녀 집에서만 목장 모임을 가지라고 한 것도 섬김을 통해 권위를 세우라는 뜻이었습니다.

믿지 않는 사람들 가운데 목자와 목녀의 섬김을 이용하는 사람들이 있습니다. 그래도 섬겨 주어야 합니다. 예수님께 관심을 갖게 하기 위해서는 섬김을 통해 예수님의 사랑을 맛보게 하고 감동을 주는 수밖에 없기 때문입니다. 또 예수님을 영접하고도 이기적인 모습에 머물러 있는 사람들이 있습니다. 그래도 섬겨 주어야 합니다. 한결같은 섬김이 서서히 변화의 의지를 심어 주고 언젠가는 스스로 섬기는 사람으로 변하기 때문입니다.

그러나 섬겨 주는 대신에 도전해야 할 사람들이 있습니다. 교회 생활을 오래 한 사람들입니다. 어떤 교회가 가정교회로 전환할 때 이런 일이 있었다고 합니다. 직분까지 받은 사람이 목자와 목녀가 되는 것을 거절하고 신앙 경력이 짧은 그들의 목자와 목녀에게 "목자와 목녀는 섬기는 사람이라며? 그러면 나를 잘 섬겨 봐!"라고 했다는 것입니다. 그런 사람은 엄하게 다루어야 합니다. 섬김을 거부하거나 도전해야 합니다. 기분이 나빠서 교회를 떠나겠다면 그렇게 하라고 버려두어야 합니다.

교회의 존재 목적은 영혼 구원하여 제자를 만드는 것입니다. 교회에 오래 다닌 사람을 계속 일방적으로 섬겨 주기만 하면 그들은 영적인 어린이로 머물러 있게 됩니다. 결국 제자를 만드는 데 실패하고 있는 것입니다.

목장 사역의 기초는 섬김입니다. 그러나 섬김은 지혜로워야 합니다. 가정교회를 통해 영혼 구원하고 제자를 만드는 것, 두 가지 다 성취되어야 합니다. 언제 섬겨 주고 도전해야 할지 분별할 수 있는 것이 지혜입니다.

영과 진리로 드리는 예배

○○○

주님은 영과 진리로 예배하라고 하셨습니다(요 4:24). 그런 예배를 드리기 위해 끊임없이 예배 순서를 바꾸고 있습니다. 여기에는 몇 가지 원칙이 있습니다. 첫째, 성도들이 구경꾼이 되지 않고 참여자가 되게 한다. 둘째, 다양한 예배 체험을 하게 한다. 셋째, 내게 은혜가 되지 않든지 건성으로 하게 되는 순서는 바꾼다.

첫째와 둘째 원칙에 의해 침묵의 기도 시간이 도입되었습니다. 그런데 요즘 이 시간을 건성으로 때우는 느낌이 들어 세 번째 원칙을 발동시킵니다.

어떤 사람이 그리스도인을 '하나님이 일하시도록 맡기는 사람'이라는 재미난 정의를 내렸습니다. 맞습니다. 우리는 그리스도인이 하나님을 위해 무슨 일을 하는 사람이라고 생각하기 쉽습니다. 하지만 1차적으로 우리는 하나님의 은혜를 누리는 사람입니다. 신앙생활에서 주역은 하나님이고, 우리는 그의 능력의 손길을 체험하는 수혜자입니다. 이렇게 볼 때 예배 순서 가운데 하나님이 직접 우리를 만져 주시는 순서가 없는 것이 아쉽습니다.

그래서 앞으로 침묵의 기도 시간을 하나님의 임재를 체험하는 시간으로 만들려고 합니다. 이것은 우리에게 낯선 개념이 아닙니다. '생명의 삶' 성령 체험 시간에 성령님이 우리에게 임하시기를 기다리는데, 이런 시간을 매주일 갖는다고 생각하면 됩니다.

하나님의 임재 가운데 평안이 있고 자유가 있습니다. 이런 은혜를 맛보기 위래 우리는 먼저 하나님과 우리 사이를 막는 죄를 제거해야 합니다. 침묵의 기도 시간에 이 작업을 하겠습니다. 그 다음 찬양 시간에 마음속에 숨어 있는 염려, 두려움, 미움, 불신, 교만 등을 하나씩 꺼내어 하나님의 손에 맡기면서, 하나님의 영이 우리를 만져 주실 것을 기다리겠습니다. 그때 "내 평화를 너희에게 준다"(요 14:27)라고 하신 그리스도가 약속하신 평화를 맛보게 될 것입니다. 영적, 정신적, 육체적인 치유가 있을 것입니다. 성령님의 은사가 나타날 것입니다. 악한 영의 사슬에서 자유해질 것입니다.

헌신 찬양 시간에 노래하지 않고 조용히 성령의 만지심을 기다리고 싶은 사람은 그렇게 하기를 바랍니다. 찬양하는 이들도 하나님이 만져 주실 것을 기대하며 눈을 감고 기도하는 마음으로 노래하기를 바랍니다. 가사는 제가 불러 드리겠습니다. 헌신할 사람들은 이전처럼 앞에 나와서 헌신하면 됩니다. 성령님의 만지심이 지속되기 원하는 사람들은 축도가 끝난 다음에도 퇴장하지 말고 그 자리에 앉아서 하나님의 임재 가운데 계속 머물러 있기를 바랍니다.

지옥은 보내는 곳이 아니라 가는 곳

○○○

"하나님이 사랑이라고 하는데 어떻게 인간을 지옥에 보낼 수가 있습니까?" 안 믿는 사람들이 흔히 던지는 질문입니다. 그런 이유로 자신이 그리스도인이라고 하는 사람 가운데 지옥을 부인하는 사람들도 있습니다. 어떤 사람들은 악한 사람이 죽은 후에 지옥에 가는 것이 아니라 존재가 사라진다고 말합니다. 또 다른 사람들은 악한 사람이 죽은 후에 지옥에 가는 것이 아니라 연옥에 가서 재생의 기회를 부여받는다고 말합니다.

그러나 예수님은 악인들이 죽은 후에 무(無)로 돌아간다고 하지 않으셨고, 재생의 기회가 주어진다고 하지도 않으셨고, 지옥에 빠져 영원한 고통을 받는다고 말씀하셨습니다.

천국은 하나님의 자비와 사랑과 용서가 지배하는 곳입니다. 그러므로 하나님이 우리 마음을 지배하면 우리 마음이 천국이 되고, 우리 가정을 지배하면 우리 가정이 천국이 되고, 우리 목장을 지배하면 우리 목장이 천국이 됩니다. 죽은 후에 가는 천국은 이 세상에서 맛보는 하나님의 통치가 완성되는 곳입니다.

반면 지옥은 하나님과의 관계가 단절된 곳입니다. 하나님의 따뜻함과 용서와 자비와 완전히 단절된 상태는 괴로울 수밖에 없습니다. 이 세상이 아무리 악하다고 해도 아직은 하나님의 은총 아래 있습니다. 이러한 은총과 완전히 단절된 상태가 지옥입니다. 살면서 깊은 절망에 빠져 본 사람은 지옥의 맛을 조금 보았을 것입니다. 그런 절망과 고통이 완성되는 곳이 지옥입니다.

주님이 지옥을 불붙는 곳으로 묘사하셨지만, 그것은 그저 상징일 것입니다. 왜냐하면 지옥을 춥고 어두운 곳으로 묘사하기도 하셨기 때문입니다(마 22:13). 결국 지옥이란 불 못에 빠진 것처럼 고통스러운 곳이라는 것입니다.

그래서 하나님이 악인을 지옥에 보내신다는 것은 엄격한 의미에서 맞지가 않습니다. 악인은 스스로 지옥을 선택한 것입니다. 하나님은 인간을 창조할 때부터 인간의 선택을 존중해 주셨습니다. 따라서 하나님은 이 세상에서 하나님을 싫어하거나 거부한 사람을 억지로 그분의 통치 밑에 끌어다 놓을 수는 없습니다.

죽을 것 같은 고통 가운데 있으면서도 하나님께 돌아오기를 거부하는 사람들을 보면, 하나님에 대한 인간의 혐오감과 증오감이 얼마나 큰지를 감지할 수 있습니다. 그런 사람들은 죽어도 하나님이 억지로 천국에 데려갈 수 없습니다. 그가 천국에서 맛보는 고통은 지옥에서 맛보는 고통보다 더 크기 때문입니다. 지옥은 하나님을 거부하는 인간이 스스로 선택하여 가는 곳입니다.

동성애에 관하여

○○○

버락 오바마가 대통령으로 취임하면서 기독교인들 가운데 우려를 표시하는 사람들이 있습니다. 동성 결혼을 지지한다고 선언했기 때문입니다. 그리스도인은 동성애자를 어떻게 대할 것인가? 사랑해야 합니다. 교만한 자를 사랑하고 포악한 사람을 사랑하듯이 사랑해야 합니다. 그러나 교만이나 포악한 것이 죄인 것처럼 동성애도 죄라는 것은 말해 주어야 합니다.

성경은 정해진 원칙을 벗어난 것을 죄라고 정의합니다. 성관계는 하나님 앞에서 서약하고 부부가 되기로 결심한 남녀에게만 허용된 즐거움입니다. 그래서 배우자가 아닌 다른 사람과 성관계를 가지는 것은 간음입니다. 결혼을 하지 않은 사람들끼리 성관계를 가지는 것은 음란이라고 합니다. 동성 간의 육체적 관계도 하나님이 허락하신 범주에서 벗어나기 때문에 죄입니다(롬 1:22-27).

동성애자가 선천적이라고 말하는 사람도 있고 환경의 영향이라고 말하는 사람도 있습니다. 아마 두 가지 다 한 몫을 할 것입니다. 그러므로 동성애 성향을 가진 것 자체는 죄가 아닙니다. 그러나 그러한 성향을 행동으로 옮기는 것은 죄입니다. 혈기가 많은 것이 죄는 아니지만 혈기가 폭행으로 이어지면 죄가 되는 것과 같습니다.

동성애는 어쩔 수 없는 성향이니까 자유롭게 표현할 수 있어야 한다고 하는 것은 미혼 남녀가 성적 욕구가 생기면 성관계를 갖고 남의 배우자라도 사랑하는 마음이 생기면 잠자리를 가져도 괜찮다고 하는 것과 같습니다.

성기능을 상실한 배우자를 가진 아내나 남편이 하나님의 도움으로 성적 욕구를 자제할 수 있듯이, 동성에게 끌리는 욕구도 하나님의 도움으로 자제할 수 있다고 생각합니다. 게다가 동성애자는 하나님의 치유를 통해 동성애에서 벗어나 이성과 결혼하여 행복한 가정을 꾸릴 수도 있습니다.

오바마 대통령 선서식 때, 릭 워렌 목사님이 개회 기도를 맡았는데 동성애 지지자들은 동성 결혼을 반대하는 사람에게 기도를 시킨다고 항의했습니다.

  그리스도인이 동성 결혼을 반대하는 것은 동성애자를 배척해서가 아니라 가정을 지키기 위해서입니다. 남자와 여자의 차이가 없다는 주장으로 인해 남성다움과 여성다움을 잃어버리고 그 결과 건강한 아버지와 아름다운 어머니의 상이 사라지고 있습니다. 어린이들의 성적 가치관이 혼란스러워지고 건강한 자아상이 상실되고 있습니다. 동성 결혼을 법적으로 허용하면 혼란이 가중되고 사회의 기본 구성체인 가정이 무너지고 궁극적으로는 문명의 붕괴를 가져올 수도 있을 것입니다.

소비자 같은 그리스도인

○○○

한국 기독교가 위기에 처했다고 말하는 사람이 많습니다. 그 이유 중 하나는 소비자 같은 그리스도인이 점점 늘어나고 있기 때문입니다. 그들의 특징은 자신이 얻는 유익이 있을 때만 교회에 나오고 희생은 절대 거부한다는 것입니다. 대형 교회에는 이런 소비자 같은 교인이 많습니다. 자신에게 유익이 되는 프로그램이 있으면 그 교회에 있지만 다른 교회에 더 좋은 프로그램, 특히 자녀에게 도움이 되는 프로그램을 제공한다고 하면 뒤도 돌아보지 않고 교회를 옮깁니다.

  그들의 교회 생활은 신앙생활이라기보다 취미 생활이라고 보아야 합니다. 진정한 신앙생활에는 자기 부인과 자기희생이 있어야 하는데 그것이 결핍되어 있기 때문입니다.

그런 그리스도인들을 키운 책임은 목회자에게 있습니다. 교회 성장의 욕심 때문에 믿든 안 믿든 모든 사람을 다 환영했고 모여든 사람들이 흩어지지 않고 계속 교회에 남아 있도록 수많은 프로그램을 만들어 운영했으며 이들이 혹시라도 교회를 떠나면 어쩌나 하는 두려움 때문에 희생이나 헌신을 요구하지 않은 것입니다.

그러나 주님이 원하시는 교회는 교인을 양산해 내는 것이 아니라 주님이 교회를 세우신 목적, 즉 영혼 구원하여 제자 만드는 사명을 감당하는 교회라고 생각합니다. 우리 교회는 교회의 존재 목적에 사역의 초점을 맞추었기 때문에 교회에 첫 발을 내딛으면서부터 희생과 섬김을 요구합니다. 생명의 삶을 수강할 때도 스스로 등록비를 내고 자비로 재료를 준비하여 돌아가며 수강생들의 저녁 식사를 대접하게 합니다. 그때 섬김에 방해가 안 되도록 목자와 목녀가 와서 요리를 돕는 것도 금합니다.

이렇게 할 때 그들이 제자의 삶을 살게 될 뿐 아니라 삶의 행복을 고백하는 것을 봅니다. 왜 그럴까요? 예수님이 세상에 오신 목적은 섬김을 받으려는 것이 아니라 섬기기 위해서라고 말씀하셨습니다(마 20:28). 예수님이 세상에 오신 목적이 섬김이라면, 그것은 우리가 세상에 태어난 목적이기도 합니다. 세상에 태어난 바로 그 목적을 위해 사니까 삶의 보람과 행복을 맛보는 것입니다. 목회자가 진정으로 성도들을 행복하게 만들기 원한다면, 교회가 자신의 필요를 채워 주기를 바라는 교인이 아니라 교회를 통해 이웃과 하나님을 섬기는 진짜 그리스도인을 키워야 할 것입니다.

영원에 대한 동경

○○○

작년에 바이러스에 감염되어 컴퓨터가 완전히 망가졌습니다. 그때 '자신에게 돌아오는 유익도 없는데 왜 바이러스를 퍼뜨려 남의 컴퓨터를 망칠까?'라는 의문이 들었습니다. 결론은, 인간은 자신이 세상에 태어났다가 흔적도 없이 사라지는 것을 참지 못한다는 것이었습니다. 어떤 형태로든 자신이 이 세상에서 살고 있다는 흔적을 남기고 싶어 하는 것입니다.

몇 년 전, 독일을 방문했을 때 젊었을 적 열광했던 영화 〈황태자의 첫 사랑〉(The Student Prince)의 배경이 되었던 하이델버그를 방문했습니다. 그때 수백 년 된 포도주 저장소를 방문했는데, 지하 동굴을 한참 걸어가다가 벽에 '아무개 다녀가다'라는 내용의 한글로 새겨진 낙서를 보고 깜짝 놀랐던 기억이 납니다.

인간에게는 세상에 자신의 흔적을 남기고 싶은 욕구가 있는 것 같습니다. 좋은 사례가 세계 기록을 모은 '기네스북'입니다. 이 책에 보면 별별 기록이 다 나옵니다. 세상에서 제일 키가 큰 사람, 제일 오래 산 사람, 제일 오래 키스한 남녀, 한 자동차에 가장 많이 들어간 사람 수 등 별별 기록이 다 실려 있습니다.

그러나 사실 이런 것은 호기심을 자극하는 것 외에는 쓸모없는 기록입니다. 그럼에도 '많은 사람들이 기네스북에 이름을 올려 보려고 별짓을 다 합니다. 한국의 한 마을에서 세계에서 가장 긴 낙서벽을 만들어 기네스북에 올리겠다고 하는 사람의 인터뷰를 본 적이 있습니다. 그것도 이 세상에 흔적을 남기고 싶은 욕구 때문이라고 생각합니다.

기네스북에 올린 기록은 본인 외에는 기억하는 사람이 거의 없을 것입니다. 또 수립된 기록은 누군가에 의해 깨집니다. 우리가 세상에 살았다는 진정한 흔적을 남기고 싶으면 영원히 남을 것, 즉 영혼 구원을 위하여 일하는 것이 최선입니다. 구원받은 영혼은 영원한 천국에 갈 뿐 아니라 그의 후손을 통해 믿음이 대대로 전승되기 때문입니다. 이렇게 확실히 흔적을 남기는 방법은 세상에 없습니다.

이 세상에서 살다가 흔적 없이 사라지는 것을 참을 수 없는 것은, 인간이 영원하신 하나님의 형상을 따라 지어졌기 때문일 것입니다. 영원에 대한 갈구가 가슴속에 담겨 있는 것입니다. 그래서 자신의 몸에서 태어난 후손을 통해 대를 이어 보려는 욕구도 있고, 위대한 일을 해서 세상에 흔적을 남길 수 없다면 컴퓨터 바이러스라도 만들어 이 세상에 자신의 흔적을 남기고 싶은 욕구가 있는 게 아닌가 생각합니다.

왜 악습이 즉시 사라지지 않는가
○○○

저는 30세에 예수님을 영접했습니다. 예수님을 영접하고 난 후 처음 1년은 참 좋았습니다. 새로운 피조물이 되었다는 것을 실감하며 흥분 가운데 살았습니다.

그러나 약 1년이 지나 흥분이 가라앉았을 때, 죄와 악습이 그대로 남아 있는 것을 발견했습니다. 그때 느낀 실망은 굉장했습니다. '내가 진정으로 구원받았는가?', '하나님의 자녀가 되었는가?' 하는 의심까지 들었습니다. 이러한 갈등이 스트레스가 되었는지 앓아서 누웠습니다.

그때 성숙한 믿음을 가진 한 사람이 문병을 왔습니다. 저는 제 고민과 갈등을 솔직하게 털어놓았습니다. 그는 성경을 펼치고 '자란다'는 단어가 포함된 여러 구절을 찾아 보여 주었습니다. 믿음에서 자라고 사랑에서 자라고 소망에서 자라고…. 자랄 필요가 있다는 것은 현재는 미성숙하고 불완전하다는 것을 의미하지 않느냐? 그러므로 아직도 의심할 수 있고 미워할 수 있고 낙심할 수 있다고 말해 주었습니다. 이 말을 들으면서 예수님을 영접해서 구원받고 나면 즉시 천사처럼 될 것이라는 막연한 기대가 얼마나 비성경적이고 비현실적인지를 깨닫게 되었습니다.

죄와 악습과의 싸움은 지금까지도 계속되고 있습니다. 승리할 때가 많아지기는 했지만 패배할 때도 여전히 많습니다. 패배가 반복되면 스스로 내가 진정한 그리스도인인지 물을 정도로 낙심하기도 합니다. 그때마다 하나님은 저를 위로하시고 다시 일으켜 세워 주십니다.

왜 전지전능하신 하나님이 악한 습성으로부터 즉시 자유케 해 주지 않으시는가? 교만해지지 않게 하기 위한 것 같습니다. 죄와의 싸움에서 패배한 경험이 없다면 저는 무척 교만하고 건방진 사람이 되었을 것입니다. 패배 가운데 하나님의 은혜를 절감하면서 죄에 넘어진 사람들을 정죄하는 대신 연민의 마음을 갖게 되었습니다.

패배가 우리를 겸손하게 한다고 해서 아예 싸울 생각을 안 하거나 패배를 당연한 것으로 생각해서는 안 됩니다. 승리하든 패배하든 최선을 다해 싸우지 않으면 죄나 악습 가운데 사는 것을 당연하게 생각하게 되고, 승리했을 때 맛보는 하나님의 은혜와 패배했을 때 맛보는 하나님의 용서도 누리지 못할 것입니다. 또 죄와 악습에 매여 있는 동안 진정한 자유와 기쁨도 맛보지 못할 것입니다.

죄 중에서도 가장 큰 죄는 교만입니다. 하나님은 죄와 악습과의 싸움에서 우리가 승리하기를 간절히 바라시지만, 승리해서 교만해질 것 같으면 차라리 패배해서 겸손해지는 쪽을 선호하시는 것 같습니다.

삼위일체가 왜 중요한가

○○○

여호와의 증인은 삼위일체를 부정하기 때문에 이단이라고 말하면 거부감을 느끼는 사람들이 있습니다. 별것 아닌 것으로 보이는 교리의 차이를 갖고 남들을 배척한다고 여기기 때문입니다. 또 회교 국가에서 전도할 때 가장 큰 걸림돌이 되는 것이 삼위일체 교리입니다. 유일신을 믿는 회교도들에게는 하나님이 세 분이라는 것처럼 들리기 때문입니다.

사실 삼위일체 하나님은 인간의 이해와 사고를 초월하기 때문에 인간의 언어로 정확하게 표현할 수 없습니다. 그럼에도 왜 삼위일체 교리가 중요할까?

하나님의 본질과 상관이 있기 때문입니다. '하나님은 사랑이시다'라고 우리는 믿습니다. 그런데 하나님이 수학적인 한 명이라면 이 명제가 성립되지 않습니다. 사랑은 대상이 있어야 합니다. 하나님이 독불장군이라면 그분 자신이 사랑의 대상이라는 것인데, 자신이 대상인 사랑은 진정한 사랑이 아닙니다. '하나님은 사랑이시다'라는 명제는 하나님이 삼위일체라는 것을 깨달을 때 비로소 진정한 의미를 갖습니다.

하나님은 한 분이지만 성부(聖父), 성자(聖者), 성령(聖靈) 삼위로 이루어졌습니다. 인간인 저도 하나지만 분명히 구별되는 영혼과 육신, 적어도 둘로 이루어져 있습니다.

삼위일체 교리의 핵심은 사랑입니다. 성부, 성자, 성령 하나님은 사랑으로 엮여 있습니다. 성부 하나님과 성자 하나님의 사랑은 마치 아버지와 아들의 사랑과 같아서 성부, 성자라는 호칭을 붙였습니다. 성령 하나님은 이 사랑의 관계 속에서 매개체 역할을 하십니다.

삼위의 하나님 사랑은 섬김의 사랑입니다. 성부 하나님은 성자 하나님이 영광받기를 원하고, 성자 하나님은 성부 하나님이 영광받기를 원하고, 성령 하나님은 성부, 성자 하나님이 영광받기를 소원합니다. 이렇게 자신이 아니라 상대방에게 초점을 맞춘 신적인 사랑을 '아가페 사랑'이라고 합니다.

성령 하나님은 자신에게 관심이 쏟아지는 것을 원하지 않고 오로지 성부 하나님과 성자 하나님이 영광받으시는 것을 원하십니다. 자신이 드러나는 것을 원하지 않으시기에 어떤 이는 성령 하나님을 '수줍은 하나님'이라고 표현했습니다. 신앙생활의 핵심에서 성령 하나님을 놓는 사람들이 있는데, 성령 하나님이 과연 그것을 원하실지 모르겠습니다.

  삼위일체 하나님이 그 사랑 안에 들어와 살자고 우리를 초청하십니다. 그리고 사랑으로 엮인 삼위일체 하나님과 같은 공동체를 만들라고 교회를 세우셨습니다.

전도의 장벽을 허물라

○○○

많은 목자와 목녀들이 전도 대상자를 찾지 못합니다. 한인 인구가 얼마 되지 않는 휴스턴이니 그것은 당연합니다. 그런데 어떤 전도 전문가가 이런 말을 했습니다. "구원은 하나님의 주권적인 역사이기 때문에 하나님이 보내 주지 않으시면 전도 대상자를 만날 수 없다." 하나님이 영혼을 붙여 줄 만한 사람에게 불신자를 만나게 해주시고, 그렇지 않은 사람에게는 만나지 못하게 하신다는 것입니다.

  그것이 사실이라면 전도 대상자를 찾을 수 없는 것은 그만큼 준비가 안 된 거라고 결론을 내릴 수밖에 없습니다. 그러므로 전도 대상자를 만나기 위해서는 우선 하나님이 마음놓고 영혼을 맡길 수 있는 사람이 되어야 합니다. 그리고 안 믿는 사람을 보내 달라고 기도해야 합니다.

  한국 가정교회 교인들도 전도 대상자가 없다고 아우성입니다. 주위 사람들 대여섯 명 중 하나는 불신자일 텐데 너무 이상합니다. 전도 대상자가 없는 것이 아니라 철저히 장벽을 쌓고 불신자들의 접근을 막고 있기 때문에 하나님이 보내고 싶으셔도 보내실 수 없는 거라고 생각합니다.

그들이 쌓는 장벽 중 하나가 목장의 도움이 필요한 사람은 거절하고 목장에 도움이 될 사람만 환영하는 것입니다. 교회의 도움이 필요한 사람보다 교회에 도움이 될 사람을 환영하는 전통적인 교회의 사고를 그대로 답습한 것입니다. 그러나 이보다 더 큰 장벽은 전도 대상자를 자신과 비슷한 사람으로 제한하는 것입니다. 나이가 비슷하고 직업이 비슷하고 사회적인 신분이 비슷한 사람만 찾고 이런 조건에서 벗어나는 사람은 전도 대상으로 고려조차 하지 않습니다.

주님이 마음놓고 불신자를 맡길 수 있는 사람이 되기 위해 이 장벽을 무너뜨려야 합니다. 젊은 사람은 연세가 많은 사람을 삼촌이나 부모처럼 모시면 됩니다. 연세가 많은 사람은 젊은 사람을 동생이나 자식처럼 돌보아 주면 됩니다. 직장생활을 하는 사람이 사업하는 사람을 섬겨 주면 되고, 사업 하는 사람은 직장생활을 하는 사람을 도와주면 됩니다.

사도 바울은 말합니다.

"유대 사람도 그리스 사람도 없으며, 종도 자유인도 없으며, 남자와 여자가 없습니다. 여러분 모두가 그리스도 예수 안에서 하나이기 때문입니다"(갈 3:28).

마음의 장벽을 무너뜨리고 하나님이 보내 주시는 사람이면 누구든지 섬기겠다는 각오를 보여야 하나님이 마음놓고 구원받을 사람을 보내 주실 거라고 생각합니다.

하늘을 바라보아야

◦◦◦

우울증으로 고생하는 사람들이 많습니다. 그 병에 주기적으로 시달리거나 지속적으로 사로잡혀 있는 사람들이 있습니다. 어떻게 하면 우울증에서 벗어날 수 있을까요? 단순한 답은 없습니다. 우울증의 원인이 다양하기 때문입니다.

그러나 확실한 해법이 있는데 시선을 하늘에 두는 것입니다. 우울증을 겪어 본 사람들은 알겠지만, 우울증에 시달릴 때 시선과 관심이 어디에 가 있습니까? 자신과 환경입니다. 하나님은 인간을 이웃과 하나님을 사랑하며 살도록 만드셨는데, 시선을 자신에게 집중시키니까 우울증에 빠지는 것입니다. 하늘을 보고 살도록 만드셨는데 땅에만 묻혀 사니까 우울증에 시달리는 것입니다. 따라서 우울증에서 벗어나기 위해서는 시선을 하늘로 돌려야 합니다.

하늘에 시선을 둔다는 것은 무엇이든 하나님의 관점으로 본다는 뜻입니다. 그것을 위해 아침 큐티 시간이 절대적으로 필요합니다. 말씀을 읽고 기도하면서 주위에서 일어나는 일을 하나님 관점으로 보는 습관을 들여야 합니다.

하늘에 시선을 둔다는 것은 남에게 관심을 쏟는다는 뜻입니다. 방법 중의 하나는 중보기도에 전념하는 것입니다. 우울증에 초점을 맞추어 기도하다 보면 점점 더 우울해집니다. 이웃에게 시선을 돌리고 그들을 위해 하나님께 간구할 때 여기서 빠져나올 수 있습니다. 특히 불신 영혼과 선교사들을 위해 기도해야 합니다.

하늘에 시선을 둔다는 것은 하나님이 원하시는 일을 한다는 뜻입니다. 우울증으로 인해 에너지가 다 고갈되었다고 할지 모르지만 하나님의 일은 에너지가 넘쳐서 하는 것이 아닙니다. 하나님의 일을 할 때 에너지가 생깁니다. 이것은 영적인 원칙입니다. 구원의 확신이 흔들릴 때 전도를 하면 구원의 확신이 생기는 것과 마찬가지인 원리입니다.

하나님은 인간을 그분의 형상대로 지으셨습니다. 그분이 영이시기 때문에 인간은 영적인 존재로 영적인 삶을 살게끔 만들어졌습니다. 이러한 섭리를 어기고 세상에만 묻혀 살 때 문제가 생깁니다. 이웃과 하나님을 사랑하면서 살게끔 만들어졌는데 자신만을 위해 사니까 문제가 생길 수밖에 없는 것입니다.

우울증에서 벗어나기 위한 도움은 궁극적으로 하나님으로부터 와야 합니다. 그러므로 하나님께 도움을 청하기 바랍니다. 반드시 응답하실 것입니다. 그리고 현재 자신이 할 수 있는 가장 작은 일을 보여 주시면 즉시 순종하고 실행하기를 바랍니다. 이런 작은 일에 순종함으로 서서히 우울증에서 벗어나게 될 것입니다.

종이 된다는 것

○○○

최근 한국에서 잘 알려진 대형 교회 두 군데에서 은퇴를 앞둔 담임 목사 후임으로 미주에서 목회하는 1.5세 목회자를 청빙했습니다. 갑작스럽게 그 사실을 알게 된 미주 교회 성도들은 충격을 받고 당혹스러워하고 있다는 기사를 접했습니다.

대형 교회에서 담임 목사가 은퇴를 하면 그 교회에서 부목사로 섬기다가 나가서 교회를 개척하든지, 다른 곳에서 담임 목회를 하던 사람을 후임으로 초청하는 경우가 종종 있습니다. 그리고 초청을 받은 목회자들은 대부분 초청에 응하는 것 같습니다. 은퇴하신 목사님에 대한 의리와 모교회(母敎會)에 대한 정 때문에 그렇게 할 거라 생각하지만 갑자기 담임 목사를 잃은 성도들이 얼마나 당황스러울까 싶어 안쓰러운 마음이 듭니다.

개인적으로 저는 더 크고 좋은 교회에서 청빙이 온다고 해도 현재 섬기는 곳에서 할 일이 끝나기 전에는 떠나면 안 된다고 생각합니다. 제가 교육 목사로 섬길 때 큰 교회를 담임하시다가 은퇴를 앞둔 유명한 목사님이 저를 후임으로 삼고 싶으니 이력서를 보내 달라고 직접 연락하셨습니다. 그러나 저는 그 요청을 거절했습니다. 제가 섬기던 교회가 저를 필요로 한다고 생각했기 때문입니다. 이렇게 한 것이 더 좋은 인상을 주었던 모양입니다. 담임 목사도 아닌 교육 목사가 섬기는 교회 때문에 담임 목회 초청을 거절한 것이 기특했던 것입니다. 그래서 더 적극적으로 섭외하셨지만 끝내 거절했습니다.

그러다가 몇 년 후 휴스턴 서울교회에서 초청이 왔을 때는 주저 없이 응했습니다. 섬기던 교회에서 제가 떠나야 할 상황이 생겼기 때문입니다. 지내고 보니 하나님이 섬기는 교회에 충성하고자 큰 교회 초청을 거절한 저를 기특하게 보시고 준비된 때에 휴스턴 서울교회처럼 좋은 교회를 허락하신 것 같습니다.

종은 어디서 무슨 일을 하고 싶다고 말하지 않습니다. 주인이 보내는 곳에서 주인이 시키는 일을 할 뿐입니다. 하나님의 종은 어디서 무슨 사역을 하고 싶은지 말하지 않습니다. 하나님이 필요하신 곳에서 하나님이 필요하신 일을 할 뿐입니다.

우리는 모두 주님의 종이고 군사입니다. 군사는 아무리 전세가 불리해도 사령관이 후퇴 명령을 내리지 않는 한 그 자리를 떠나지 않습니다. 주님의 종은 사역이 아무리 힘들고 어려워도 주님의 명령이 떨어지기 전에는 사역을 놓지 말아야 합니다. 더 크고 좋은 사역의 기회가 열리더라도, 가라는 명령이 떨어지기 전에는 사역지를 떠나지 않는 것입니다. 주님의 종은 주님이 원하시는 곳에서, 주님이 원하시는 일을, 주님이 원하시는 방법으로 하는 것을 사역의 유일한 목표로 삼아야 합니다.

무서운 꿈

○○○

며칠 전 꿈을 꾸었습니다. 주일 아침에 교회로 가고 있는데 설교해야 한다는 것을 잊어버리고 있었다는 것을 깨달았습니다. 마음이 다급해졌습니다. 즉석에서 설교를 만들어 보려고 하는데, 머릿속이 하얘지고 성경 구절도, 전할 말도 안 떠올랐습니다. 긴장이 고조되기 시작했습니다. 그때 사무실 컴퓨터 속에 이런 때를 대비해 비상 설교를 준비해 놓았다는 것이 기억났습니다. 빨리 사무실로 가야 하는데, 교회 가는 길이 아닌 엉뚱한 곳을 운전하고 있었습니다. 조급한 마음이 더 커지기 시작했습니다. 이 길로 갔다가 저 길로 갔다가 좌충우돌해 보지만 눈에 익은 길은 안 보이고 시계를 보니 예배가 시작된 지 이미 15분이 지났습니다. '어쩌나, 어쩌나' 조바심이 극에 달했을 때 잠에서 깼습니다. 그러나 꿈이 너무 생생해서 꿈을 꾸고 있었다는 것을 깨닫고 안도의 숨을 쉬기까지 한참 걸렸습니다.

어릴 적 무서운 꿈은, 악당이 나를 쫓아오는데 발걸음이 떼어지지 않는다든지, 코앞까지 다가온 괴물을 향해 방아쇠를 당겨도 총알이 안 나가는 꿈이었습니다. 청소년 때는 하늘을 나는 꿈을 종종 꾸었는데, 하늘을 시원하게 날 때도 있지만, 아무리 날려고 노력해도 점점 땅으로 떨어지거나 전선에 걸려서 허우적대는 꿈을 꾸었습니다.

성인이 되어 꾸는 무서운 꿈은 주로 학교와 상관이 있었습니다. 배경은 대학교나 신학원입니다. 전부 시험에 대한 것인데 세부 상황이 조금씩 변합니다. 학교에 가고 있는 중에 갑자기 오늘 시험이 있다는 것을 깨닫는다든지, 시험을 치를 교실을 찾는데 건물도 교실도 찾을 수 없다든지, 기말 고사 날인데 수업 시간에 한 번도 안 들어갔다는 것을 깨닫고 결국 졸업을 못하게 되었다는 절망감에 빠지는 내용이었습니다. 그런 꿈에서 깨어나서 내가 더 이상 학생이 아니고, 시험을 치를 필요도 없다는 것을 확인하고 난 후 느끼는 안도감이나 기쁨은 말할 수 없습니다.

우리가 죽어서 천국에 가면 비슷한 느낌을 갖지 않을까 싶습니다. 우리를 염려하게 하고 두렵게 하고 절망하게 했던 이 세상의 모든 일이 악몽에 지나지 않고 이제는 그런 것으로 인하여 더 이상 압박감을 느끼거나 고통받을 필요도 없다는 것을 깨닫고 깊은 안도감과 자유를 맛보지 않을까 생각합니다.

하나님이 항상 같이 계셨는데 자신이 혼자라고 생각하며 외로워했고, 하나님이 언제나 축복의 길로 인도하셨는데 과정이 힘들다고 불평했던 것을 비로소 깨달으면서 하나님 앞에서 부끄럽고 죄송스러워질 것 같다는 생각도 듭니다.

하나님의 뜻을 분별하는 법

○○○

하나님의 뜻을 분별하는 가장 좋은 지침서는 성경입니다. 예를 들어 술집을 싼값에 넘겨주겠다고 하는데 인수할지, 말지는 고민할 필요가 없습니다. 술집을 하는 것은 성경에 나온 하나님의 뜻에 분명히 어긋나기 때문입니다.

그러나 많은 사람들이 고심하는 것은 이런 선택이 아니라 두 가지 선택이 모두 다 성경에 어긋나지 않는 경우입니다. 예를 들어 '직장 두 곳에 갈 수 있는데 어느 쪽을 선택할 것인가?', '지금 사귀고 있는 이성 친구와 결혼할 것인가?' 같은 것들입니다.

이런 경우에는 자신이 진정 원하는 것을 선택하는 것이 하나님의 뜻이라고 생각합니다. 인생의 목적은 섬김입니다. 이웃과 하나님을 잘 섬기기 위해서는 자신이 잘하고 좋아하는 것을 해야 합니다. 직장이나 사업에 대한 선택이라면 내가 10년, 20년 후까지 그 일을 즐겁게 할 것인지를 생각해 보고, 결혼에 대한 선택이라면 내가 그 사람과 10년, 20년을 같이 살아도 행복할지를 기준으로 삼고 선택하는 것입니다.

두 개 중 특별히 더 좋아하는 것이 없으면 사역이라는 관점에 비추어 결정하는 것이 좋습니다. 성도들의 사역 영역인 가정과 교회와 직장, 세 개를 놓고 어떤 선택을 할 때 더 효율적으로 사역할 수 있겠는지를 생각하는 것입니다. 예를 들어 두 개의 직장에 갈 수 있다고 합시다. 현재 경제적인 압박감을 강하게 느끼고 있다면 보수를 더 많이 주는 쪽을 선택하는 것이 좋습니다. 하지만 가정에 좀더 노력을 기울여야 할 상황이면 가족과 좀더 많은 시간을 보낼 수 있는 직장을 선택하는 것이 좋습니다. 또 중요한 교회 사역을 하고 있다면 사역을 위해 좀더 많은 시간을 낼 수 있는 직장을 선택하는 것이 좋을 것입니다.

그리고 일단 선택했으면 뒤돌아보지 않는 것이 좋습니다. 하나님은 선택 자체보다 선택의 동기를 보십니다. 하나님께 영광을 돌리는 것을 목표로 하고 내린 결정이라면, 혹 판단력이 부족해서 잘못된 선택을 했더라도 좋은 결과가 나오게 해주실 것입니다. 중간에 궤도 수정을 하여 바로잡아 주시든지, 지혜롭지 못한 결정을 통해서도 선한 결과를 내게 해주십니다. 그러므로 결정을 내릴 때는 하나님의 뜻을 신중하게 찾아야 합니다. 하지만 일단 결정을 내린 다음에는 뒤돌아보지 말고 하나님을 의지하고 앞으로 나가십시오.

편함이라는 죄

○○○

어떤 사람이 자신이 다니는 교회에 새로 부임한 목사를 많은 교인이 좋아하는데 몇몇 장로로 인하여 사임하게 되었다면서 어떻게 하면 좋은지에 대해 이메일로 물었습니다.

그 교회 홈페이지에 들어가 보니 게시판에 목사를 지지하는 글과 반대하는 글이 많이 올려져 있었습니다. 지지하는 사람들은 목사의 인격과 열정을 인정하며 그로 인해 삶이 변하는 사람들이 생기고 있다는 사실을 언급했고, 반대하는 사람들은 목사가 소그룹을 시작하여 교인들을 둘로 가르고 그가 신학적으로 문제가 있다며 교인들의 우상이 되고 있다고 비난했습니다.

결론적으로 저는 목사를 반대하는 궁극적인 이유는 그들이 편한 신앙생활을 포기하고 싶지 않기 때문이라고 생각합니다. 전통적인 교회 생활은 참 편합니다. 주일에 교회에서 예배드리고 친한 교인들끼리 모여 친교를 나누며 교회 행사를 통해 보람을 맛보면 됩니다. 그런데 새로 부임한 목사가 희생과 헌신을 요구해서 그들의 편함이 사라지니까 거부하고 반발하는 것입니다.

그래서 이런 내용의 답신을 보냈습니다.

"교인들이 아무리 지지해도 장로님 한두 명이 악을 쓰고 반대하면 이길 도리가 없습니다. 이길 수 없는 싸움을 싸우려 할 때 교회는 박살이 나고 세상 사람들에게 교회에 대한 부정적인 인식을 심어 주어 영혼 구원이 더 힘들어집니다. 교인 다수가 목사님을 지지한다면 차라리 목사님을 모시고 나와 새로운 교회를 시작하십시오. 전에는 교회를 사임하는 목사가 그 지역을 떠나야 한다고 믿었지만, 편함을 추구하는 지도자들에 의해 열정 있는 목사가 쫓겨나는 것을 보니 그것이 능사가 아니라는 생각이 듭니다. 분쟁을 피하려는 성도들의 충정을 생각해서 장로님들이 새 교회 창립을 돕든지 분립 개척 형식을 취해 주면 얼마나 덕이 될까 생각해 봅니다."

지도자가 가장 경계해야 할 것은 '편함'이라는 생각이 듭니다.

'편함'은 사명자의 길을 막고 주님의 섭리를 방해할 수 있기 때문입니다. 예언자 사무엘은 백성을 위하여 '기도하지 않는 죄'를 범하지 않겠다고 했는데(삼상 12:23), 지도자들은 '편해지려는 죄'를 범하지 않겠다고 결심해야 할 것입니다.

저도 나이가 들면서 편해지고 싶은 욕구가 생깁니다. 그래서 의지적으로 싸웁니다. 해 보지 않은 것을 해 보려 하고, 가 보지 않은 곳에 가 보려 하고, 무슨 일이든 새로운 방식을 시도해 보려 합니다. 우리 모두 주님이 부르시는 그날까지 편함에 사로잡히지 않을 수 있으면 좋겠습니다.

선심 쓰는 것이 아닙니다

○○○

우리 교회 교역자가 목장 식구들이 담소하면서 진솔하게 삶을 나누는 모습을 보면서 이런 생각을 했다고 합니다. '만일 목장 모임이 없었으면 이들이 금요일 저녁에 무엇을 하고 있었을까? 분명 술집에 가서 술을 마시든지, DVD를 빌려다가 소파에 누워서 보고 있었을 것이다.'

맞습니다. 안 믿는 사람들은 황금 주말이라고 하는 시간을 어떻게 보냅니까? 술에 취해 앉아 있거나 소파에 누워 밤늦게까지 TV나 DVD를 시청하거나 컴퓨터 앞에 앉아서 웹사이트를 뒤지거나 클럽에서 미친 듯이 춤을 추는 것이 고작입니다. 따라서 마음과 마음이 만나는 대화를 나누고 더불어 웃고 울 수 있는 목장 모임이야

말로 황금 주말을 보내는 최선의 방법이라고 생각합니다. 그런데 목장 모임에 참석하는 것을 마치 선심 쓰는 것처럼 부담스러워하는 사람들이 있습니다.

또 어떤 사람들은 직장과 가정을 희생시킬 수 없다고 교회 봉사를 거부합니다. 그러나 가정과 직장만 위해 사는 삶의 종말은 무엇입니까? 가족을 돌보았다는 것 외에는 아무것도 남길 것이 없을 것입니다.

우리는 세상에 흔적을 남기고 싶은 원초적인 욕구가 있습니다. 이 욕구를 채울 수 있는 방법은 영혼을 구원하여 제자 만드는 삶입니다. 자신을 통하여 영원히 존재하는 영혼 구원을 이루고 구원받은 사람들의 자손이 거룩한 백성이 되는 것보다 더 확실한 흔적을 남길 수 있는 방법은 없습니다.

다양한 사역을 많이 하는 것으로 유명한 어떤 미국 교회에서 개최한 세미나에 참석했던 사람이 들려준 이야기입니다. 질의응답 시간에 참석자 한 사람이 담임 목사에게 딴죽을 거는 듯한 질문을 했다고 합니다. "밥벌이하기도 바쁜 사람들에게 교회 사역을 요구하는 것은 삶의 짐을 덜어 주어야 할 교회가 짐을 더 얹어 주는 것 아닙니까?" 그때 목사님이 정색하고 이렇게 대답했습니다. "교회 사역을 하게 하는 것은 짐을 지우는 것이 아닙니다. 의미 없는 삶을 살다가 흔적 없이 사라질 사람들에게 영원한 것을 위해 일할 수 있는 기회를 주는 것입니다."

주님의 일을 할 때 주님에게 선심 쓰듯이 해서는 안 됩니다. 주님의 사역은 부담이 아니라 특권이라는 사실을 깨닫고 감사하는 마음으로 해야 합니다.

진정으로 성숙한 사람

○○○

어떤 사람이 '성숙도'를 불확실성을 수용하는 능력으로 정의했습니다. 우리는 젊을 때 모든 것을 흑백 논리로 구분합니다. 옳든지 그르든지, 잘하든지 못하든지 둘 중 하나입니다. 그러나 나이가 들어 인생의 경륜이 쌓이면 인생이 그렇게 단순하지 않다는 것을 깨닫습니다. 선한 사람에게 악한 면이 있고, 악한 사람에게 선한 면이 있다는 것을 알게 되는 것입니다. 바른 의견에도 틀린 점이 있고, 틀린 의견에도 바른 면이 있다는 것을 깨닫습니다. 그래서 판단에 여유를 갖게 되는 것이 성숙의 증거입니다.

사도 바울은 섣부르게 남을 비판하지 말라고 합니다. 첫 번째 이유는 동기를 충분히 알지 못하기 때문이요(고전 4:5), 두 번째 이유는 징벌할 분이 하나님이기 때문이라고 합니다(롬 14:10). 그 명령을 실천에 옮기기 위해 성숙해야 하고 또 그 명령에 순종함으로 성숙해집니다.

남을 수용하지 못하는 미성숙한 사람이 완전주의자입니다. 그들은 남의 불완전뿐 아니라 자신의 불완전도 수용하지 못합니다. 그래서 항상 불평과 긴장 가운데 삽니다. 미성숙한 완전주의자는 범죄자가 될 수 있습니다. 좋은 예가 2차 대전을 일으킨 히틀러입니다. 그는 지구 위에 완전한 사회를 이루기 원했습니다. 그는 지상에서 가장 우수한 종족이라고 믿는 게르만 족이 지배 종족이 되어야 한다고 생각했습니다. 그래서 북구 백인들 간의 결혼을 장려했습니다. 동시에 열등한 종족을 제거해야 한다고 생각해서 유대인을 열등한 종족으로 치부하고 집단 학살을 했습니다. 미성숙한 완전주의가 가져오는 파괴의 극단적인 예입니다. 완전주의는 자신과 이웃을 파괴합니다.

완전해지라는 말이 성경에 있지 않느냐고 반문하는 사람도 있습니다. 맞습니다. 주님은 "하늘에 계신 너희 아버지께서 완전하신 것 같이, 너희도 완전하여라"(마 5:48)고 말씀하셨습니다. 그러나 주님이 완전하라고 하신 것은 편파적이지 말라는 의미입니다. 선한 사람 밭이나 악한 사람 밭이나 동일하게 비를 내리시는 하나님처럼 선한 사람뿐 아니라 악한 사람도 사랑해야 한다는 뜻입니다.

완전을 추구하는 것 자체는 나쁜 것이 아닙니다. 우리는 주님의 완전한 모습을 닮도록 끊임없이 노력해야 합니다. 또 주님의 사역도 완전을 추구하며 임해야 합니다. 사도 바울처럼 "선한 싸움을 다 싸웠다"(딤후 4:7-8)라고 말할 수 있을 정도로 흠 없이 살려고 애써야 합니다. 동시에 아무리 노력해도 우리 모두는 완전해질 수 없다는 것을 인정해야 합니다. 그래서 자신과 이웃에게 관대해야 합니다. 이것이 진정한 성숙입니다.

끝까지 존경받는 평신도 지도자

○○○

많은 교회에서 당회나 안수 집사회가 교회 발전의 주체가 되기보다는 장애물이 되고 있는 것을 발견합니다. 장로나 안수 집사들이 교인들에게 존경의 대상보다는 빈축의 대상이 되고 있습니다. 어떻게 하면 교회 평신도 지도자들이 교회 부흥의 원동력이 되고 교인들에게 존경받는 지도자로 머무를 수 있을까? 이제 평신도와 목회자로서 오랫동안 사역하면서 얻은 결론을 나누고자 합니다.

첫째, 존경받는 평신도 지도자가 되려면 사역 현장에서 뛰어야 합니다. 우리 집사님들이 성도들에게 존경받고 선망의 대상이 되는 이유는 현장에서 뛰기 때문입니다. 솔선수범하여 사역 현장에서 궂은일을 마다하지 않기 때문에 교인들의 존경을 받는 것입니다. 그러므로 사역 최전방에서 물러나 남을 지도하는 역할만 하고 싶다는 생각이 들면 위기로 받아들여야 합니다. 성도들에게 말만 하고 몸을 아끼는 사람으로 인식되어 존경심을 잃을 바에야 차라리 사역에서 완전히 물러나는 것이 낫습니다.

둘째, 동역자들의 기를 살려 주어야 합니다. 지도자의 가장 큰 역할 중 하나는 동기부여를 해주는 것입니다. 동기부여는 기를 살려 줄 때 이루어집니다. 사람은 경험하지 못하거나 익숙하지 못한 일을 접했을 때 거부 반응을 보이게 됩니다. 이런 성향은 나이가 들수록 더 커집니다. 나이가 든 후에도 존경받는 리더로 남고 싶다면, 젊은이들이 열정을 갖고 무엇을 해 보려고 할 때 사소한 것을 문제 삼지 말고 적극적으로 밀어 주어야 합니다.

셋째, 담임 목회자의 적극적인 협조자가 되어야 합니다. 교회가 어려움을 겪는 가장 큰 이유는 담임 목회자와 평신도 지도자의 갈등 때문입니다. 갈등의 궁극적인 책임은 담임 목사에게 있습니다. 그러나 담임 목사가 부족하더라도 성경에 명기되어 있는 죄를 짓지 않는 한 그를 존중해 주고 의견에 100% 동의할 수 없더라도 적극적으로 지지해 주면 목사는 점점 괜찮은 사람으로 변하고 사역의 열매도 점점 커질 것입니다. 제 사역에 열매가 있었던 것은 우리 교회 집사님들이 이런 자세로 저를 대해 주었기 때문입니다.

담임 목사의 실수나 잘못을 지적해 주는 것을 사명으로 아는 장로나 안수 집사들이 종종 있습니다. 그러나 목회자를 비판하고 제동을 걸 사람들은 얼마든지 있습니다. 반대로 목사의 측근이 되어 동역하는 평신도 지도자들은 담임 목회자를 보호하고 지원해 주어야 합니다. 그때 평안 가운데 사역이 이루어지고 자신들은 존경받는 평신도 지도자가 될 것입니다.

남편에게 사랑받는 비결
ooo

우리 교회에는 사이 좋은 부부가 많습니다. 아내에게 일방적인 헌신을 보이는 남편을 보며 '저런 남편을 둔 아내는 얼마나 좋을까?' 부러워하는 아내들도 있습니다. 그러나 가만히 있으면서 남편의 사랑을 받는 것 같아 보이는 아내들도, 사실은 사랑받기 위해 노력하고 있다는 것을 발견합니다. 이들의 공통점은 남편의 자존감을 세워 주는 것입니다.

자존감을 세워 주는 가장 효과적인 방법은 남편의 사랑의 언어를 알아서 이를 충족시켜 주는 것입니다. 스킨십이 사랑의 언어인 경우에는 만족할 만한 성생활을, 칭찬인 경우에는 적절한 칭찬을, 선물인 경우에는 배려가 들어간 선물을, 돌봄인 경우에는 일상생활에서 필요에 대한 만족을, 대화인 경우에는 남편의 말에 장단을 맞추며 들어주는 것을 해줍니다. 사랑받는 아내가 되기 위해 완전한 여성이 될 필요는 없습니다. 남편들은 자신에게 가장 중요한 사랑의 필요가 충족되면 다른 점이 다소 부족해도 별로 개의치 않기 때문입니다.

동서양 역사를 보면 여성에 빠져서 사직을 무너뜨리는 군주들이 있습니다. 사람들은 여성의 미모가 뛰어나서 그랬다고 생각하지만 단순히 미모에 빠져서 나라까지 망치지는 않습니다. 미모는 처음에 시선을 끌 수는 있지만 지속적으로 남성을 사로잡지는 못하기 때문입니다. 그런 여성들은 미모보다도 상대방의 사랑의 언어를 포착해서 공략했을 것입니다. 파스칼이 "클레오파트라의 코가 조금만 낮았어도 세계의 역사가 달라졌을 것이다"라고 클레오파트라의 미모가 역사의 주역을 움직인 것처럼 말했지만, 정작 당대 사가는 그녀가 뛰어난 미모의 소유자는 아니라고 주장했습니다. 그녀도 외모보다는 상대방의 사랑의 언어를 잘 파악하여 남성을 사로잡았을 것입니다.

성경에 아내들은 남편에게 순종하라고 나옵니다(엡 5:22). '순종'이라는 단어에 거부감을 느끼는 아내들이 있는데, 이 구절은 남편에게 사랑받는 아내가 되는 비결을 가르쳐 주는 중요한 구절입니다. 남편의 자존감을 다치게 하는 아내는 절대 남편의 사랑을 받을 수 없습니다. 순종을 통해 남편의 자존감을 세워 줄 때, 남편은 아내를 사랑할 수밖에 없을 것입니다.

남편에게 사랑받기를 원하는 아내들은 남편의 사랑의 언어를 발견하여 그것으로 더 사랑하기를 바랍니다. 이것을 못하겠으면 적어도 남편이 사랑해 주지 않는다고 불평하거나 남편에게 사랑받는 아내들을 부러워하지 마십시오.

뱀과 같이 슬기롭고 비둘기와 같이 순진해져라

○○○

저는 착한 주인공이 등장하고 따뜻한 내용을 담은 드라마를 즐겨 봅니다. 그런데 주인공이 착하다 보니 속이 답답할 때가 있습니다. 음흉한 사람이 중요한 정보를 캐내려 할 때 감추어야 하는 것을 순진하게 다 말해 버립니다. 그리고 사람이 없는 외딴 곳에서 악한 사람에게 "나는 너를 절대 용서하지 못해"라고 말합니다. 또 악한 사람이 코너에 몰리면 어떤 해코지를 할지 모르는데도 오라고 하면 한적한 곳으로 나갑니다.

그리스도인은 착하면서 동시에 지혜로워야 합니다. 예수님은 "뱀과 같이 슬기롭고, 비둘기와 같이 순진해져라"(마 10:16) 하고 말씀하셨습니다. 지혜로워야 할 것 중 하나는 하나님이 주신 계명이 개인에게 적용되는지, 공동체에 적용되는지 구별하는 것입니다. 하나님은 십계명을 주시면서 "살인하지 못한다"고 하셨습니다(출 20:13). 이것은 개인에게 적용되는 것입니다.

공동체에 이것을 적용하여 외적이 침범할 때 싸우기를 거부하는 것은 착한 것이 아니라 어리석은 것입니다. 그래서 저는 극단적인 반전 주의자들의 진정성을 의심합니다. 만일 권총 강도가 들어와서 사랑하는 아내나 딸을 눈앞에서 성폭행하려 할 때도 폭력을 거부하고 팔짱만 끼고 있을 수 있을까요?

사형 제도도 그렇습니다. 찬성이나 반대하는 입장 모두 성경을 근거로 계속 논의되어야 합니다. 그러나 십계명에 "살인하지 못한다"고 했기 때문에 안 된다는 논리는 펼치지 않으면 좋겠습니다.

이 계명은 개인의 사욕 때문에 사람을 죽여서는 안 된다는 것입니다. 하나님은 이스라엘 백성에게 공동체에 큰 해악을 끼치는 사람은 사형시키라는 명령도 십계명과 더불어 주셨습니다.

지도자에게는 비둘기 같은 순결과 뱀 같은 지혜의 균형이 필요합니다. 세상은 악하고 하나님의 백성은 악한 사람들 가운데 살고 있습니다. 따라서 지도자가 악을 모르고 악한 사람을 분별하지 못하면 공동체가 파괴됩니다.

예수님은 오른쪽 뺨을 때리면 왼쪽 뺨도 대라고 하셨습니다(마 5:39). 예수님이 가룟 유다의 배신을 알면서도 품으신 것처럼, 하나님의 백성은 손해를 보고 이용당해도 속아 줄 수 있어야 합니다. 그러나 속아 주는 것과 진짜 속는 것은 다릅니다. 알면서 속아 주는 것은 순결한 것이고, 진짜 속는 것은 어리석은 것입니다. 하나님의 백성은 뱀과 같이 슬기롭고, 비둘기와 같이 순진해야 합니다.

신앙생활은 습관과의 싸움

○○○

전통적인 제자 훈련과 가정교회 제자 훈련은 차이가 있습니다. 전자는 성경공부를 통해 제자를 만들려 하고, 후자는 삶을 나눔으로 제자를 만들려 하는 것입니다. 대부분의 목회자가 전자에 의존합니다. 제자를 만들고자 설교와 성경공부에 전폭적으로 의지합니다. 사람이 알면 변하고 깨달으면 바뀐다고 믿기 때문입니다. 이런 믿음은 17세기에 서구에서 시작된 계몽주의에 뿌리를 두고 있습니다.

계몽주의자들은 인간의 근본 문제를 무지로 보았습니다. 그러므로 계몽과 교육을 통해 무지가 사라질 때 이상적인 사회가 이루어질 거라고 믿었습니다. 그런데 그것이 허망한 꿈이라는 사실이 2차 대전으로 인해 처절하게 입증되었습니다. 철학의 꽃을 피웠고 문화 수준이 높다는 독일 사람들이 유대인 학살이라는 엄청난 악행을 저질렀기 때문입니다.

그러나 지식과 지성이 인간을 바꿀 수 없다는 것이 증명되었음에도 불구하고 많은 목회자가 성도의 삶을 바꾸는 도구로 성경공부를 의존합니다. 사실 성경공부는 예수님을 믿은 후 2-3년 동안 삶을 바꾸는 데는 도움이 되지만 그 후에는 소위 머리만 커지는 신앙인을 만들어 낼 뿐입니다. 오래된 그리스도인의 삶이 변하지 않는 것은 어떻게 살아야 하는지 몰라서가 아니라 옛 습관과의 싸움에서 실패하기 때문입니다.

예수님을 영접하고 하나님의 자녀로 거듭나도 잘못된 사고와 잘못된 감정과 잘못된 선택이 가득한 습관에서 벗어나기는 어렵습니다. 삶이 변하기 위해서는 이러한 악습이 주님이 원하시는 합당한 습관으로 대치되어야 합니다.

습관은 한 번의 결심과 헌신으로 바뀌지 않습니다. 말씀을 통한 깨달음이나 뜨거운 성령 체험은, 삶의 변화에 대한 동기부여는 해주지만 삶을 실제로 변화시키지는 못합니다. 삶이 변하기 위해서는 반복적으로 연습을 해야 합니다. 순종을 연습하고 용서를 연습하고 경건을 연습해야 합니다.

옛 습관이 새 습관으로 대치되도록 연습하는 장이 목장입니다. 목장 식구와 어울리는 가운데 변하는 것밖에는 해결책이 없습니다. 갈등 가운데 자신이 깨지면서 변화를 체험하는 것입니다. 목자나 목녀가 되어 삶이 극적으로 변하는 이유도 그것입니다. 싫은 사람을 안 만날 권리, 싫은 모임에 참석하지 않을 권리, 이웃에게 섬김받을 권리는 다 포기하고, 참고 이해하고 용납할 수밖에 없는 처지로 스스로 몰아넣었기 때문에 변하지 않을 수 없는 것입니다.

하나님께 섭섭한 적이 있는가
○○○

얼마 전 이메일 한 통을 받았습니다. 과장된 표현이 있지만 일부를 그대로 옮깁니다.

"목사님의 삶을 보면 어려서 6·25 전쟁을 겪고 전쟁으로 부모님을 잃고 고학으로 유학 와서 자리잡을 만할 때 목회자의 길을 걸어서 지금까지 오셨는데, 사모님이 투병하시게 되니 여러 가지 어려움을 겪으신다 싶습니다. 그런데도 꿋꿋하게 하나님의 소원을 풀기 위해 믿음으로 나가는 모습에 격려를 보내 드립니다. 그런데 목사님은 하나님께 섭섭한 점이 정말 없으신지요? 그렇지 않고 다 감사하다면, 어떻게 그렇게 감사한 마음을 갖게 되는지 솔직히 궁금합니다."

정직하게 이 질문을 스스로 던져 보았습니다. '하나님께 섭섭한 적이 있는가?' 결론은 '없다'입니다. 메일을 보낸 성도가 글에서 아내의 투병을 언급했는데, 세계에서 제일 좋은 암센터에서 치료받을 수 있어 감사하고 지난 15년간 건강하게 살게 해주신 것이 감사하고 아내를 위해 기도해 주는 수많은 분들이 있다는 것이 감사할 뿐입니다.

왜 내게 원망이나 섭섭함이 없는지 생각해 보면 복을 권리로 생각하지 않고 은혜로 여기기 때문입니다. 자신이 누리는 것을 권리라고 생각하는 사람은 가진 것을 잃거나 더 갖지 못할 때 하나님을 원망합니다. 그러나 자신이 소유한 것이 하나님의 은혜임을 깨달은 사람은 이미 주신 것만으로도 감사할 수밖에 없습니다.

하나님에 대한 원망이나 섭섭함이 없는 또 다른 이유는 하나님이 모든 것을 합력하여 선을 이루시는 것을 경험했기 때문입니다. 환경이나 성품에 대해 불만이 없었던 것은 아닙니다. 그러나 지내고 보니 하나님은 불만스러운 요인을 다 선으로 바꾸어 주셨습니다. 부모님이 일찍 돌아가셨기에 하나님 아버지의 사랑에 더 감격하게 되었고, 썩 행복하지 못한 어린 시절을 보냈기에 남의 아픔에 공감할 수 있는 사람이 될 수 있었습니다.

불만스러웠던 성품도 선으로 바꾸어 주셨습니다. 즉각적으로 사태에 대응하지 못하는 점 때문에 미리 계획하는 사람이 되었고, 숫자에 약한 점 때문에 세부적으로 잘 살피는 유능한 동역자를 두게 되었으며, 쌀쌀맞은 성격 때문에 누구에게나 공평한 리더라는 평을 듣게 되었습니다. 네, 저는 하나님에 대한 원망이나 섭섭함이 전혀 없습니다.

삶을 보면 사람이 보인다

○○○

서로 다투는 사람들의 이야기를 들어보면 양쪽이 현저하게 다를 때가 있습니다. 그때 저는 신뢰할 만한 삶을 사는 사람의 말을 믿습니다. 말의 신빙성은 삶이 증명하기 때문입니다. 그래서 존경할 만한 삶을 사는 사람의 충고에 귀를 기울이지만 그렇지 못한 사람의 의견이나 제안은 심각하게 고려하지 않습니다.

폴 존슨(Paul Johnson)이 쓴 《지식인의 두 얼굴》(을유문화사, 2005)이라는 책은 현대 사상과 지성을 대표한다는 사람들의 사생활을 적나라하게 고발하고 있습니다. 계몽 사상가 장 자크 루소, 소설가 헤밍웨이, 실존철학가 사르트르, 희곡작가 입센 등이 나오는데, 저자는 이 책을 통해 그들이 얼마나 자신이 주장하는 이론이나 사상과 모순되는 삶을 살았는지 소문이 아니라 출판된 기록에 근거하여 보여 줍니다.

예를 들어 자본론을 써서 공산주의의 기초를 닦은 칼 마르크스는 정부를 착취의 앞잡이로 비판하면서도 자신은 정부 보조금을 받아 생활했습니다. 부르주아 계급이 노동자들을 착취한다고 열을 올리면서도 자신은 여자 하인을 봉급을 주지 않고 부려먹었습니다.

그들은 왜 그렇게 모순된 삶을 살았을까요? 주창하는 이론이나 사상이 진리에 기초하지 않은 탁상공론이었기 때문입니다. 삶 가운데 검증되지 않은 것을 진리처럼 제시한 것입니다. 그래서 공산주의는 100년도 안 되어 무너졌습니다.

가르침과 삶의 괴리가 전혀 없는 유일한 분이 예수님입니다. 예수님의 삶은 그분의 가르침에 비추어 보아도 어떠한 모순이 없었습니다. 그래서 우리는 그분의 말씀이 진리임을 믿을 수 있습니다. 또 그 말씀대로 살 때 행복을 느끼기에 그분의 말씀이 진리임을 확인할 수 있습니다.

이론과 원리는 삶으로 검증되어야 합니다. 그러므로 사업에 대한 조언을 듣기 원하면 사업에 성공한 사람을 찾아가십시오. 건강에 대한 도움을 얻기 원하면 건강한 사람을 찾아가십시오. 부부 사이에 문제가 있을 때 행복한 부부를 찾아가십시오. 자녀 교육에 자문이 필요하면 자녀를 잘 키운 부모를 찾아가십시오.

반대로 해서 손해를 보는 사람들이 있습니다. 사업에 성공하지 못한 사람의 말에 귀를 기울이다 사업을 망칩니다. 부부 생활이 원만하지 못한 사람의 조언을 듣다가 부부 관계가 더 어려워집니다. 교회 생활을 잘 못하는 교인의 말대로 하다가 믿음이 희미해집니다.

이념이나 사상을 좇기 전에 그것을 주창하는 사람의 삶을 먼저 보기를 권합니다. 솔깃한 말에 귀를 기울이기 전에 말하는 사람의 삶을 먼저 보기를 바랍니다.

가정교회의 네 기둥과 세 축

◦◦◦

가정교회의 핵심이 되는 네 기둥과 세 축이 정확히 무엇을 의미하는지 설명하고자 합니다.

네 기둥이란 네 가지 원칙을 의미합니다. 첫째, 교회 존재의 목적입니다. 구원하여 제자 만드는 것을 교회 존재의 목적으로 삼습니다(마 28:19-20). 둘째, 제자 훈련 방법입니다. 가르치는 것이 아니라 예수님처럼 삶으로 보여 주어 제자를 만듭니다(막 3:14-15). 셋째, 성경적인 교회 사역의 분담입니다. 목회자는 기도하고 말씀을 전하고 리더십을 발휘하고 성도들을 온전케 하며 성도들은 목양을 하고 교회를 세웁니다(엡 4:11-12). 넷째, 종이 되는 리더십입니다(막 10:44). 남을 성공시켜 주는 것을 리더십의 목표로 삼습니다. 이 네 가지 원칙이 가정교회의 네 기둥으로, 컴퓨터로 치면 소프트웨어에 해당합니다.

그리고 컴퓨터의 하드웨어에 해당하는 것이 가정교회의 세 축입니다. 인간에게는 지정의(知情意)가 있습니다. 알고 느끼고 원하는 능력입니다. 진정한 회심이나 영적 성장을 위해서는 이 세 가지를 골고루 다루어 주어야 합니다. 대학생 선교단체는 주로 지적인 면에서 접근하기에 실천이 약한 지성인을 키워 내기 쉽습니다. 부흥 집회는 주로 정적인 면에서 접근하기에 구원은 받지만 삶이 변하지 않는 그리스도인을 만들어 내기 쉽습니다. 노동 운동이나 빈민 구제 등 사회 복음을 주장하는 사람들은 복음을 의지적인 면에서 접근하다 보니 신앙인보다는 사회운동가를 키워 내기 쉽습니다.

가정교회는 이 세 가지 면을 균형 있게 충족시킵니다. 전도가 효과적으로 이루어지는 이유가 이것입니다. VIP들은 목장 모임을 통한 섬김을 맛보면서 감동을 받아 교회에 대한 거부감과 예수 믿는 사람들에 대한 반감이 사라집니다. '생명의 삶'을 비롯한 공부를 통해 복음을 이해하고 신앙 성장에 필요한 정보를 공급받고, 연합 주일 예배를 통하여 의지적으로 결단하고 헌신하게 됩니다. '지정의'

가 목장 모임과 성경공부와 연합 예배를 통해 충족되기에 가정교회의 세 축이라고 부르는 것입니다.

믿음이 정상적으로 자라기 위해서는 지정의의 불균형을 경계해야 합니다. 균형을 놓치고 있지 않은지 점검하기 위해 다음 세 가지 질문해 보기를 바랍니다. 첫째, 나의 신앙생활은 감정 기복이 심하지 않은가?(정적 편중) 둘째, 나의 신앙생활은 설교를 듣는 것과 성경공부에 치중하고 있지 않은가?(지적 편중) 셋째, 나의 신앙생활의 핵심은 교회 봉사가 아닌가?(의지적 편중) 이를 통해 불균형을 발견하면 그것을 보완하여 신앙생활의 균형을 이루어 가기를 바랍니다.

조급함이 문제다

◦◦◦

제가 난폭 운전을 한다고 소문이 났습니다. 난폭 운전은 아니지만 사실 조급하게 운전을 하는 편입니다. 왼쪽 차선을 차지하고 천천히 운전하는 사람이 있으면 답답해서 오른쪽 차선으로라도 반드시 추월해야 하는 것을 보면 조급하게 운전하는 것이 맞습니다.

이런 말을 아들에게 했더니 시간을 정확하게 지키려는 강박감이 그런 결과를 가져오는 것 같다고 말했습니다. 생각해 보니 맞는 것 같습니다. 저는 약속 시간 지키는 것을 신조로 삼고 있습니다. 그런데 조금 일찍 도착할 수 있도록 여유 있게 출발하면 될 텐데, 정시에 도착하도록 출발하니까 과속을 하게 되는 것입니다. 조급함이 과속 운전의 원인입니다.

조급함은 운전뿐 아니라 인생의 많은 영역에서 문제를 일으키는 것 같습니다. 우리가 맛보는 실망과 분노가 조급함에서 올 때가 많습니다. 목자들이 가끔 목장 식구들에게 실망하고 섭섭해하는데, 전도한 사람이 얼른 예수를 영접하지 않고 영접한 사람이 얼른 변하지 않기 때문입니다. 조급함이 문제입니다.

젊은이들의 문제 중 하나도 조급함이 아닌가 싶습니다. 빨리 성공하고 싶은데 안 되니까 좌절하고 분노합니다. 그러다가 편법을 쓰고 속이고 불법 행위까지 저지르게 됩니다. 모든 것이 조급함이 문제입니다.

하나님은 전혀 조급해하지 않으십니다. 모세는 동족을 구원하려는 열망과 조급함에 이집트 군인을 죽였지만 동족을 돕기는커녕 도피자가 되고 말았습니다. 하나님은 느긋하게 40년을 더 기다리셨다가 모세를 불러 사용하셨습니다. 또 아브라함에게 자손이 하늘에 있는 별처럼 많아질 것이라고 약속하셨지만, 아브라함이 100세가 되어서야 비로소 첫 아들을 주셨습니다. 하나님은 예언자 사무엘을 통해 다윗을 왕으로 세우셨지만 실제로 다윗이 왕위에 오른 것은 한참이 지난 후였습니다. 그리고 예수님은 승천하시면서 곧 오겠다고 약속하셨지만 2,000년이 지난 지금도 안 오셨습니다. 하나님도, 예수님도 우리와 달리 느긋하십니다.

그러므로 우리가 하나님께 순종하는 삶을 살려면 조급함을 버리는 연습을 해야 합니다. 어떻게 조급함을 극복할 것인가? 아무리 바빠도 약속된 기도 시간을 지키는 것이 조급함을 극복하는 좋은 방법입니다. 해야 할 일이 많아 마음이 조급해지면 제일 먼저 희생되는 것이 기도 시간입니다. 그러나 이를 악물고 기도 시간을 채우는 연습을 하면 조급함이 사라집니다. 그래서 조급함이 사라지면 하나님의 때를 기다릴 줄 알게 되고 사역의 열매가 즉시 안 보여도 충성하게 됩니다.

과학에 어긋나는 진화론

○○○

과학자들 가운데 진화론에 대해 조금이라도 회의적이거나 비판적인 태도를 보이면 과학을 모르는 무식한 사람이라고 흥분하는 사람들이 있습니다. 과학은 자연법칙을 설명하는 도구입니다. 관찰과 실험에 의해 자연을 지배하는 원칙을 발견해 가는 것입니다. 그리고 발견된 원칙을 이론(theory)이라고 합니다.

이 이론의 사실 여부는 모든 자연 현상이 이 이론으로 설명되는지를 보면 됩니다. 설명되지 않는 현상이 있으면 이론을 수정해서 발전시켜야 합니다. 그런 과정을 반복하여 모든 현상을 설명할 수 있을 때 비로소 그 이론은 사실(truth)이 됩니다. 뉴턴의 만유인력의 법칙이나 아인슈타인의 상대성 원리가 그런 과정을 거쳐서 사실이자 진리로 증명되었습니다.

이론으로 설명되지 않거나 이론에 모순되는 현상이 남아 있으면 그것은 진리가 아닙니다. 이런 관점에서 볼 때 진화론은 이론이지 진리는 아닙니다. 예를 들어 소진화(microevolution)는 사실입니다. 생물체가 환경에 의해 모습이나 색깔이 변하는 것을 관찰할 수 있고 과학적으로 검증도 되었기 때문입니다. 그러나 한 종에 속한 생물이 다른 종으로 변한다는 대진화(macroevolution)는 이론일 뿐 사실이 아닙니다. 자연계에서 관찰할 수 없고 실험으로도 검증되지 않기 때문입니다. 늑대가 개처럼 변하는 소진화는 가능하지만 개가 고양이나 코끼리로 변하는 대진화는 불가능한 것입니다.

생물체들이 환경에 따라 소진화한다는 원리를 확대 적용하여 대진화라는 가정 위에 세운 것이 '다윈의 진화론'입니다. 진화에 의해 하등동물이 고등동물로 점차 변했다는 이론입니다. 즉, 아메바가 물고기가 되고, 물고기가 개구리가 되고, 개구리가 원숭이가 되고, 원숭이가 인간이 되었다는 것입니다. 그러나 이 이론은 이미 알려진 자연법칙과 상충됩니다.

자연 상태에서 만물은 퇴화하는 것이지 진화하지 않습니다(이 현상을 과학에서는 '엔트로피 증가'라고 말합니다). 예를 들어 과일을 접시 위에 두면 점점 썩을 뿐 싱싱해지지 않습니다. 진화론자들은 이 자연법칙을 극복하는 추진력이 있어서 진화가 가능하다고 주장합니다. 그러나 물리계에 존재하지 않는 이런 힘이 생물계에 저절로 존재할 수는 없습니다. 그런 힘이 있다 해도 그 기원은 하나님입니다. 하나님이 창조하시고 그 후 소진화에 의해 현재의 생물계가 형성되었다는 것이 생명체의 기원과 형성을 가장 합리적으로 설명한다고 생각합니다.

모든 종교가 똑같은가

○○○

요즘 현대 사회를 지배하는 것은 다원주의입니다. 기독교든, 회교든, 불교든, 유교든 궁극적으로 추구하는 것은 같으며 단지 목표에 도달하고자 하는 방법에 차이가 있을 뿐이라는 이론입니다. 그런 말을 하는 사람들은 종교를 피상적으로 알고 있지, 진실로 알지 못하는 것입니다. 진정으로 종교를 이해한다면 그렇게 말하지 못 할 것입니다. 왜냐하면 종교를 창시한 이들은 그렇게 말하지 않을 것이기 때문입니다.

마호메트가 기독교와 회교가 같다고 말했을까요? "기독교는 예언자인 인간 예수를 하나님의 아들이라고 주장하기 때문에 잘못된 신앙이다"라고 말했을 것입니다. 석가모니가 회교와 불교가 같다고 말했을까요? "신은 자신 안에 있고 자신이 신인데, 회교는 유일신을 믿어야만 구원을 얻는다고 주장하니까 잘못되었다"라고 말했을 것입니다. 공자는 불교와 유교가 같다고 말했을까요? "눈에 보이는 세상을 바로 살려 하지 않고 불교는 이 세상에서 해탈하려고 하니 문제가 있다"라고 평했을 것입니다.

예수님은 "예수께서 그에게 말씀하셨다. 나는 길이요, 진리요, 생명이다. 나를 거치지 않고서는, 아무도 아버지께로 갈 사람이 없다"(요 14:6)라고 말씀하셨습니다. 이렇게 말씀하신 분이 모든 종교가 같다고 하셨을까요? 당연히 아닙니다. 이것이 예수님이 하신 말씀이 아니고 후대 제자들이 조작한 것이라는 반론도 있지만 그것은 근거 없는 이론입니다. 예수님은 자신만 유일한 구세주임을 가르치셨고 그런 가르침은 성경 곳곳에 나타나 있습니다.

종교 창시자들은 아니라고 하는데, 제삼자가 똑같다고 말하는 것은 있을 수 없는 일입니다. 특히 예수를 믿는다고 하면서 그런 말을 하면 안 됩니다. 자신을 예수님보다 우월한 위치에 놓는 것이기 때문입니다.

다원주의를 신봉하는 사람은 자신이 특정 종교만 옳다고 하는 편협함에서 벗어나 있다는 자부심을 갖습니다. 예수님, 마호메트, 석가모니, 공자는 부분적으로 보았지만 자신은 포괄적으로 더 큰 그림을 본다는 것입니다. 얼마나 교만한 자세인지 모릅니다. 젊은 이들 가운데 어르신이 무슨 말을 하면 늙어서 시대를 모른다고 무시하는 이들이 있는데 그것과 비슷합니다. 그 교만에 빠진 사람들은 회개할 수도 없고 예수님을 삶의 주인으로 모시거나 구원받을 수도 없습니다.

하나님을 신뢰하는 법이 다릅니다
ㅇㅇㅇ

신앙생활의 핵심은 사랑으로 엮인 관계입니다. 하나님과의 사랑의 관계, 이웃과의 사랑의 관계가 신앙생활의 핵심입니다.

진정한 사랑은 존경심을 동반합니다. 그러나 사랑과 존경은 개인에 따라 다르게 표현됩니다. 어떤 가정에서는 자녀들이 아버지에게 손님을 대하듯 깍듯이 존댓말을 합니다. 그렇다고 사랑이 없는 것이 아닙니다. 또 어떤 가정에서는 자녀들이 아버지에게 친구처럼 말을 놓습니다. 그렇다고 존경심이 없는 것이 아닙니다. 사랑과 존경을 표현하는 방법이 다를 뿐입니다.

하나님과의 관계도 그렇습니다. 사랑과 경외가 공존해야 합니다. 그러나 어떤 사람은 친밀감이 더하고, 어떤 사람에게는 경외심이 더합니다. 그러다 보니 하나님에 대한 신뢰를 표현하는 방법도 다릅니다. 어떤 사람은 하나님의 능력에 의지하여 역경을 극복해 나가는 것이 신뢰의 표현이고, 어떤 사람은 하나님의 섭리를 믿고 역경을 수용하는 것이 신뢰의 표현입니다. 양쪽 다 하나님을 신뢰하지만 표현하는 방법이 다른 것입니다.

저는 가정교회가 성경적인 교회라면, 신약에 기록된 기적이 교회에서 재현되어야 한다고 믿습니다. 주님이 맹인의 눈을 뜨게 하셨고 귀머거리의 귀를 열어 주셨고 앉은뱅이를 일어나 걷게 하셨으니, 가정교회에서도 시각장애인이 앞을 보게 되고 청각장애인이 듣게 되고 하반신 마비된 사람이 걷게 되어야 한다고 믿습니다. 그래서 매일 새벽 이것을 위해 기도합니다. 이것이 하나님에 대한 저의 신뢰의 표현이기 때문입니다.

그러나 조니 에릭슨 타다(Joni Erickson Tada)라는 사람은 다릅니다. 그는 젊을 때 다이빙을 하다가 척추를 다쳤습니다. 전신마비가 되어 누구의 도움이 없으면 일상생활을 할 수 없습니다. 그런데 한 집회에서 그녀가 휠체어에 앉아 간증하는 것을 들었는데, 환하게 빛나는 얼굴을 보며 우리가 천국에서 입게 될 영광스러운 몸이 저런 모습이 아닐까 하는 생각이 들었습니다. 그녀는 자신의 치유를 위해 기도하지 않는다고 합니다. 자신의 장애를 수용하는 것이 하나님에 대한 신뢰의 표현이라고 생각하기 때문입니다. 그리고 간증과 글을 통해 역경에 처한 많은 사람들에게 삶의 용기를 심어 주고 있습니다.

우리의 믿음에는 양면이 다 있어야 합니다. 하나님을 신뢰하기 때문에 기적을 기대할 때도 있고, 하나님을 신뢰하기 때문에 주어진 상황을 수용할 때도 있어야 합니다. 다른 사람들이 약간 한쪽으로 치우쳐도, 그들은 하나님을 신뢰하지 못하는 것이고 자신만 하나님을 신뢰한다고 생각하거나 비판하지 말아야 합니다.

죽을 때 후회하는 다섯 가지

○○○

브로니 웨어(Bronnie Ware)라는 간호사가 《내가 원하는 삶을 살았더라면》(퍼플트리, 2013)이라는 제목의 책을 펴냈습니다. 그녀는 임종 직전의 환자들을 돌보는 일을 하고 있습니다. 수년 동안 환자들과의 대화를 통해 환자들이 죽기 전에 가장 많이 후회한다고 말하는 내용을 모아 책으로 만든 것입니다. 임종이 가까운 사람은 돈을 좀 더 많이 벌지 못했거나 좀더 좋은 집에서 살지 못했거나 골프 타율을 좀 더 낮추지 못한 것을 후회하지는 않는다고 합니다. 실제 그들이 후회하는 것은 다음과 같습니다.

첫째, 가치 있는 삶을 살지 못한 것을 후회합니다. 남의 기대에 맞추기 위한 삶, 세상이 성공했다고 인정해 주는 삶을 살다 보니 정작 자신이 살고 싶거나 가치 있다고 생각하는 삶을 살지 못한 것을 후회하는 것입니다.

둘째, 가족과 같이 시간을 더 많이 보내지 못한 것을 후회합니다. 특히 남자들이 일하느라 너무 바빠서 어린 자녀들과 놀아 주지 못하고 아내와 따뜻한 관계를 누리지 못한 것을 후회한다고 합니다.

셋째, 자신의 감정을 솔직히 표현하지 못하고 산 것을 후회합니다. 남의 비위를 거슬릴까 봐 솔직한 감정을 감추며 살았고 심지어는 분노도 병이 될 정도로 누르며 살았던 것을 후회하는 것입니다.

넷째, 옛 친구를 소홀히 여긴 것을 후회한다고 합니다. 삶을 마감하기 전에 옛 친구가 그리워 그들을 만나 보려고 하지만 연락처조차 없다는 것을 깨닫고 슬퍼하는 것입니다.

다섯째, 좀 더 적극적인 삶을 살지 못한 것을 후회합니다. 실패를 두려워하고 안정된 삶을 추구하다 보니 변화가 있고 모험적인 것을 기피하며 평범한 삶에 안주했던 것을 후회하는 것입니다.

이 책을 읽은 후 가정교회에 속해 있으면 임종 때 후회는 하지 않겠다고 생각했습니다. 앞서 나열한 다섯 가지를 다 만족시키기 때문입니다. 진정으로 가치 있는 삶을 살기 위해 노력하고, 수치스러운 비밀까지 노출하며, 부부와 자녀들의 문제를 공유해 해답을 같이 찾고, 어려움이 생겼을 때 쉽게 손을 내밀 수 있는 친구가 되어 줄 수 있기 때문입니다. 결국 후회 없는 삶의 해답은 가정교회가 아닐까 하는 생각이 듭니다.

포기가 아니라 지혜

○○○

요즘 중소 규모의 사업을 하는 사람들은 장사가 안 되어 죽겠다고 합니다. 불경기가 극심해서 매상이 작년의 반밖에 안 된다고 한숨을 쉽니다. 그래서 경기가 회복되기를 목을 빼고 기다립니다.

그러나 미국의 전반적인 경기는 불황에서 벗어나 회복세로 들어섰다는 것이 중론입니다. 증권 시장은 상승세를 보이고 실업률은 하강세를 보이고 있습니다. 휴스턴 한인 중소기업인들이 겪고 있는 불경기는 과도기를 겪는 것이 아니라 경제 구조가 바뀌면서 생기는 영구적인 현상 같습니다.

경제 구조가 바뀌면서 각광을 받던 분야가 사양길에 접어들고 새로운 분야가 각광을 받게 됩니다. 휴스턴 한인들이 많이 하는 사업은 안타깝게도 사양길에 접어든 것입니다. 그러므로 내일이나 다음달 또는 내년에 상황이 호전될 것이라는 기대를 버리는 것이 좋습니다. 대신 새로운 사업 분야를 개척하거나 현상 유지에 만족하며 사는 법을 배워야 합니다.

꿈을 꾸는 것은 권장할 만한 일이고 특히 젊은이들의 특권이기도 합니다. 그러나 꿈이 이루어질 가능성이 없다는 확실한 결론이 났을 때 허망한 꿈을 버리고 현실을 수용하는 것은 포기가 아니라 지혜입니다.

많은 부부가 결혼할 때 동화처럼 아름다운 가정을 꿈꿉니다. 그러나 얼마 지나지 않아 자신과 배우자가 그런 가정을 꾸밀 만한 자질이 없음을 깨닫습니다. 그 가운데 꿈을 버리고 불완전한 배우자를 있는 모습 그대로 사랑하며 살아 보겠다고 결심하는 것은 포기가 아니라 지혜입니다.

건강한 몸을 갖는 것은 모두의 소망입니다. 그러나 많은 질병에서 완전한 치유란 없습니다. 그냥 그 병을 안고 살아야 합니다. 나이가 들면 몸 구석구석이 아픕니다. 낡은 자동차는 한 곳을 수리하면 다른 곳이 고장납니다. 통증 없는 온전한 몸을 추구하는 대신에 통증을 품고 살겠다고 결심하는 것은 포기가 아니라 지혜입니다.

죄로 파괴된 이 세상에서 삶의 한계를 인정하는 것은 포기가 아니라 지혜입니다. 만족스럽지 못한 직장이지만 감사하고, 완전하지 못한 배우자지만 사랑하고, 온전하지 못한 신체지만 이웃과 하나님을 섬기며, 모든 것이 온전해지고 완전해지는 천국에 모든 소망을 두고 사는 것은 현실 도피도, 체념도, 포기도 아닙니다. 세상을 가장 지혜롭게 사는 것입니다.

부활이 증거한다

○○○

오늘날 우리는 다원주의 시대에 살고 있습니다. 다원주의 시대를 사는 사람들은 강요당하는 것을 싫어합니다. 너도 옳고 나도 옳으니, 자신의 신념을 갖고 사는 것은 좋지만 자신의 신념을 남에게 강요하면 안 된다고 생각하기 때문입니다.

이런 사고 뒤에는 절대 진리란 없다는 생각이 자리잡고 있습니다. 그러나 이 사고는 조금만 논리적으로 따져 봐도 금방 모순이 드러납니다. 예를 들어 절대적인 진리가 없다는 주장을 수용하면 '절대 진리는 없다'라는 주장 자체를 진지하게 받아들일 필요가 없습니다. 그것도 상대적이기 때문입니다.

논리적으로 말이 안 되는 것을 말이 되는 것처럼 생각하고 사는 것이 다원주의 사람들의 특징입니다. 머리에 떠오르는 생각을 여과 없이 글이나 말로 즉시 내뱉을 수 있는 인터넷이나 휴대폰이 논리적이기보다 감정적인 사고를 더 부추기는 것 같습니다.

이러한 다원주의 영향은 종교관에도 큰 영향을 미치고 있습니다. 모든 종교는 궁극적으로 똑같고 같은 목표에 도달하는 방법론의 차이라고 생각합니다. 그래서 예수를 믿어야만 구원받는다는 메시지에 강한 반감을 느끼고 다른 종교권에 가서 복음을 전하는 선교 활동에 강한 거부감을 느낍니다.

종교가 다 똑같고 예수님이 성인 중 하나에 불과하다면 이런 반감이나 거부감은 정당합니다. 그러나 예수님만 인류의 유일한 구세주라는 충분한 증거가 있다면 이야기는 달라집니다. 그리스도인들이 사실을 선포하는 것이기 때문입니다.

그러므로 예수를 믿는 사람들을 독선적이고 배타적이라고 비난하기 전에, 예수님이 인류의 유일한 구세주라는 주장에 과연 근거가 있는지를 점검해야 합니다. 그것을 위해서는 부활부터 살펴보아야 합니다.

모든 종교의 창시자들은 죽어서 무덤에 묻혔습니다. 무슬림의 지도자 마호메트도 죽어서 무덤에 묻혔고, 불교의 창시자인 석가모니는 죽은 후 화장되어 제자들에 의해 그것을 여덟 군데로 나누어 묻혔습니다. 유교를 시작한 공자도 죽어서 무덤에 묻혔습니다. 그러나 예수님의 무덤은 없습니다. 부활하셨기 때문입니다.

예수님이 부활하신 사건은 어느 법정에 놓아도 진실이라는 판정을 내릴 수밖에 없는 충분한 증거가 있습니다. 그래서 우리는 예수님을 성인 중 하나가 아니라 유일한 구세주라고 고백합니다.

열등감을 극복하는 법

○○○

열등감은 비교 의식에서 나옵니다. 따라서 열등감을 극복하기 위해서는 열등감 그 자체를 공격해서는 소용이 없습니다. 비교 의식이 사라지게 해야 합니다. 그것을 위해서는 하나님의 눈으로 자신과 이웃을 보는 습관을 가져야 합니다.

하나님은 우리 한 사람 한 사람을 온 우주에 하나밖에 없는 존재로 귀하게 여기십니다. 무슨 이유로든 이렇게 귀한 존재를 비하하는 것은 하나님을 슬프게 하는 것입니다. 이것을 깨달으면 하나님께 죄송해서 자신을 비하하지 못합니다. 하나님은 우리 자신뿐 아니라 우리 이웃도 귀하게 여기십니다. 그 이웃을 질투하는 것은 하나님의 마음을 아프게 하는 것입니다. 이것을 깨달으면 하나님께 죄송해서 질투를 못 하게 됩니다.

우리의 인생을 하나님의 손에 맡기면, 하나님은 우리를 세상에 보내신 목적에 맞게 살도록 인도해 주십니다. 그러나 그 삶은 사람마다 다릅니다. 그러므로 하나님이 남의 인생을 어떻게 빚어 가시는지는 내가 상관할 일이 아닙니다. 하나님을 의지하고 하나님께 순종하며 나 자신의 삶을 살아가면 됩니다.

누가 성공한 삶을 살고 아름다운 삶을 살았는지는 이 세상이 판단할 일이 아닙니다. 우리를 만드시고 세상에 보내신 하나님이 하실 일입니다. 세상이 성공했다고 칭찬하는 삶을 하나님은 실패한 삶으로 간주하실 수 있고, 세상이 복을 받았다고 부러워하는 삶을 하나님은 저주받은 삶으로 판단하실 수 있습니다. 그러므로 이 세상에 사는 동안 판단을 보류하고 하나님이 공정하게 심판하실 그 날을 바라며 살아야 합니다.

하나님의 시각으로 자신, 이웃, 세상을 보는 습관이 들이기까지 시간이 걸립니다. 하지만 조급해하지 말고 언젠가 열등감이 사라질 거라는 소망을 갖고 오직 하나님만 바라보며 성실하게 살아가기를 바랍니다.

나를 부러워하게 만들고 나에게 열등감을 심어 주는 사람을 의지적으로 칭찬하고 축하해 주십시오. 그렇게 하면 신기하게도 정말 그 사람이 잘되기를 바라는 마음이 생기고 열등감이 사라지는 것을 느끼게 될 것입니다.

성경은 믿을 만한 책인가

○○○

성경은 제 삶의 기초입니다. 제가 그리스도인이 된 것도 성경 때문입니다. 대학원에서 공부할 때 사람들이 거리에서 나누어 주는 성경을 받아 읽은 것이 예수님을 영접하는 계기가 되었습니다.

그러나 성경을 하나님의 말씀으로 받아들이는 과정이 결코 쉽지 않았습니다. 여러 가지 의문 때문이었습니다.

첫 번째 의문은 '병을 고치든지, 귀신을 쫓든지, 풍랑을 잔잔케 하는 성경의 기록이 과연 사실인가' 하는 것이었습니다. 그런 초자연적인 현상이 실제로 일어났다면 과학으로 측정할 수 없는 초자연적인 세계도 있을 수 있고, 그런 세계가 있다면 초자연적인 존재,

즉 하나님의 존재도 가능하다고 생각했습니다.

그래서 저는 무당과 점쟁이를 연구했습니다. 그들이 쓴 글도 읽고 직접 방문해 본 결과 그들이 어떤 영적인 존재와 접해 있다는 사실을 인정하지 않을 수 없었습니다. 그리고 잡신이 존재한다면 하나님도 당연히 존재할 수밖에 없다는 결론을 내렸습니다.

두 번째 의문은 '성경이 역사적인 문서로 얼마나 신빙성이 있는가' 하는 것이었습니다. 그런 의문이 든 것은 1970년대에는 '문서학'이라는 성서 비판 이론이 판을 쳤는데, 그것을 주창하는 사람들이 초자연적인 세계를 믿지 않고 성경에 기록된 기적이 후대 그리스도인들이 지어낸 것이라고 주장했기 때문입니다. 그러나 신약은 대부분 예수님이 돌아가시고 25-40년 후에 쓰였고, 예수님을 직접 보고 들었던 사람이 대다수 생존해 있을 때 기록된 것입니다. 그런 이유로 성경은 역사적인 문서로서 신빙성을 부인할 수 없다는 결론을 내렸습니다.

세 번째 의문은, '창세기에 기록된 내용이 과연 사실인가' 하는 것이었습니다. 에덴동산이든, 노아 홍수든, 인간이 수백 살까지 살았다는 기록이 사실인지 알고 싶었습니다. 그때 아더 쿠스탕스(Arthur Custance)가 쓴 《Doorway Papers》 시리즈가 큰 도움을 주었습니다. 저자는 캐나다 사람으로 인류학과 고고학 두 분야에서 박사 학위를 갖고 있는데, 창세기에 대한 책 열 권을 시리즈로 썼습니다. 성경 밖의 방대한 고대 기록을 연구하여 창세기에 기록된 사건이 실제로 일어났음을 증명하는데 그 사실 앞에서 손을 들고 말았습니다.

그런 과정을 거쳐 성경이 하나님의 말씀이라는 것을 확신하게 되었고, 성경대로 순종하며 살 때 하나님의 약속이 삶 속에서 이루어지는 것을 체험하면서 성경에 대한 신뢰가 점점 깊어졌습니다. 그리고 마침내 성경적인 교회를 꿈꾸게 되었습니다.

포기해서는 안 되는 죄와의 싸움
ooo

처음 예수를 믿고 나서 관심사는 죄와의 싸움이었습니다. 이 싸움에서 승리를 약속하는 책을 읽고 그런 책들을 통해 어느 정도 승리를 맛보기도 했습니다. 그러나 자신과의 싸움, 죄와의 싸움은 지금도 진행 중입니다.

죄와의 싸움에서 패배하면 자괴감이 생기는 동시에 하나님에 대한 원망도 생깁니다. 죄를 지을 생각이 아예 안 들게 하든지, 거뜬히 승리하게 하시면 좋을 텐데 왜 패배를 맛보도록 내버려두시는지에 대한 답은 아직도 못 얻었습니다. 그러나 부분적인 답은 얻었습니다. 교만을 방지하기 위해서입니다.

하나님은 죄와의 싸움에서 승리하여 교만해질 거라면, 차라리 죄와의 싸움에서 패배하여 겸손해지는 쪽을 선호하시는 것 같습니다. 그래서 남들에게 칭찬받을 만한 일을 하고 죄로 인한 패배를 맛보는 경우가 종종 있는 것입니다. 그러나 그 결과 겸손해집니다. 자신이 얼마나 부족한지, 얼마나 약한지, 얼마나 부패했는지를 깨닫고 다시 낮아지는 것입니다.

예수님을 주님으로 영접한 후 많은 변화를 맛보게 됩니다. 술과 담배를 끊고 거짓된 삶을 청산하고 용서하지 못할 사람을 용서하고 난폭한 성격이 순화되기도 합니다. 우리 안에 계신 성령님이 거룩한 삶을 살게 도와주시기 때문입니다.

그러나 사람들은 대부분 극복하지 못하는 죄가 있습니다. 그런 죄는 개인마다 다릅니다. 성품에 의한 것일 수도 있고 부모에게 물려받은 것일 수도 있고 어린 시절에 받은 상처로 인한 것일 수도 있습니다. 우리는 완전히 극복하지는 못할지라도 계속 죄와 싸워야 합니다. 그렇게 타고났다거나 자신을 바꿀 수 없다고 포기해서는 안 됩니다.

죄와의 싸움을 아예 포기한 사람들이 있습니다. 주중에 세상에 나가 죄를 짓고 주일에 교회에서 회개하고 다시 주중에 세상에 나가 죄를 짓고 주일에 교회에서 회개하고…. 이렇게 반복하는 것을 당연하게 여기는 것입니다. 그런 사람들 때문에 안 믿는 사람들이 그리스도인에 대해 부정적인 생각을 갖게 되고 복음 사역에도 지장을 받게 됩니다. 그리고 그렇게 살면 진심으로 회개도 안 하게 되고 죄책감에서 벗어나지도 못합니다. 신앙생활에서 즐거움이 사라지는 것입니다.

이기든 지든 죄와 싸워야 합니다. 싸움에서 승리하면 삶이 거룩해집니다. 싸움에서 패배하면 하나님의 은혜를 체험하게 됩니다. 죄와 싸울 때 하나님의 능력을 체험하고 용서해 주시는 은혜를 경험하는 것입니다. 그러나 죄와의 싸움을 포기하면 하나님의 능력도, 하나님의 은혜도 체험하지 못합니다.

순교할 수 있을까

◦◦◦

예수를 믿고 좋은 것 중 하나는 죽음에 대한 두려움이 사라졌다는 것입니다. 죽음은 인생의 종말이 아니라 새로운 인생의 시작이라는 것을 알게 되었습니다. 비행기를 타고 가다가 심한 기류 때문에 비행기가 흔들려도 추락해서 죽을까 봐 무서워지는 대신에 '드디어 천국에 가는 모양이다!' 하고 살짝 기대감이 스칩니다.

지난번 순교를 잠깐 언급했는데 요즘 제 입에서는 뜬금없이 이런 기도가 종종 나옵니다. "제가 주님을 위하여 죽기를 원합니다." 하나님의 사랑이 감동으로 다가올 때 이런 기도를 하는데, 하나님의 사랑에 감격해서 그런 것도 있지만 '어차피 암, 치매, 노환으로 시달리다가 죽을 거라면 차라리 주를 위해 순교하는 것이 더 값지지 않겠는가' 하는 생각 때문에 그런 것 같습니다.

순교가 절대 쉽지 않다는 것을 압니다. 죽음의 두려움 때문이 아니라 고통의 두려움 때문입니다. 연세가 많은 분들이 아파서 수술을 받겠다고 하면 '살 만큼 사셨는데 왜 수술을 받겠다고 하실까?'라고 생각하는 젊은이들이 있을지 모릅니다. 그것은 오래 살고 싶어서가 아니라 신체적인 고통에서 벗어나고 싶어서입니다.

영국의 헨리 8세 이후 구교와 신교 사이에 있었던 치열한 종교 전쟁을 주제로 하는 영화 한 편을 보았습니다. 구교도가 득세하면 신교도가 숙청을 당했고, 신교도가 득세하면 구교도가 숙청을 당했습니다. 한 차례의 전쟁이 끝난 후 승리한 쪽 사람이 패배한 쪽 사람에게 거짓 자백을 받으려고 고문하는 장면이 나왔습니다. 눈

두덩에 주먹만 한 자갈을 얹고 수건으로 눈가리개를 한 후 자백하지 않으면 수건을 당겨서 눈알이 튀어나오게 했습니다. 이 장면을 보면서 스스로 질문을 던져 보았습니다. '내가 저런 고통을 받더라도 순교를 감수할 수 있을까?' 결론은 '없다'였습니다.

그러나 스데반이 순교할 때 웃으면서 돌을 맞고 초대 그리스도인들이 화형을 당하면서 찬양했던 것을 보면, 순교의 순간에 하나님이 은총을 베푸셔서 고통을 못 느끼게 해주시지 않았나 싶습니다. 그래서 그런 하나님의 도움이 있다면 못할 것도 없다는 생각이듭니다.

하나님이 진정으로 필요하다고 하시면 순교를 거부하지는 못할 것 같습니다. 주님이 나를 한 번도 배신한 적이 없는데 내가 주님을 배신할 수는 없기 때문입니다. 두렵지만 순종함으로 순교의 자리에 임하면, 마지막 순간에 하나님이 두려움과 고통을 이길 수 있는 은혜를 베풀어 주실 거라고 믿습니다.

행복은 쟁취하는 것

○○○

우리 교회에도 저를 싫어하는 사람들이 있습니다. 그들은 기회만 있으면 주위 사람들에게 저에 대해 불평불만을 합니다. 그런 사람들은 부임할 때부터 항상 있었습니다. 처음에는 힘들었지만 시간이 지나면서 그들을 고마워하게 되었습니다. 트집잡히지 않기 위해 자기 관리를 철저히 하게 되었고 오해의 여지가 있을 만한 일을 피하게 되었기 때문입니다. 지난 20년간 큰 실수 없이 목회를 할 수 있었던 것은 그들 덕분입니다.

목회에 유익을 준 사람들이지만 그들을 생각하면 마음이 아픕니다. 담임 목사가 싫어서 주위 사람들에게 불평불만을 하는 교회 생활은 행복하지 않을 뿐 아니라 믿음도 자랄 수 없기 때문입니다.

불평을 쏟아 놓으면 속이 시원해질 것 같지만 그렇지 않습니다. 불평할수록 불만이 더 증폭됩니다. 1960년대에 'screaming therapy'가 유행한 적이 있습니다. 인형이나 베개를 자신이 미워하는 상대로 가정하고 거기에 분노를 표출하거나 주먹으로 그것을 때려서 분을 삭이는 것입니다. 그러나 분노를 표출할 때 분노가 사그라지기보다 더 커진다는 사실을 발견하면서 더는 사용하지 않게 되었습니다.

불행한 사람들은 자기 불행의 원인을 남에게 있다고 생각합니다. 그러나 어느 누구도 남을 행복하게 하거나 불행하게 하지 못합니다. 불행이나 행복은 남이 아니라 자신이 선택하는 것입니다. 행복할 수 있는 이유가 90%라도 흡족하지 못한 10%에 집중하면 불행해지고, 불행할 수밖에 없는 이유가 90%라도 10%의 감사할 조건을 찾으면 행복해집니다.

우리가 행복해지기 위해 사용할 수 있는 도구는 혀입니다. 혀는 영적 측정기이며 영적 조절기입니다. 성령 충만한지는 감사의 말을 하는지, 불평의 말을 하는지를 보면 알 수 있습니다. 감사의 말을 하면 행복해지고 불평의 말을 하면 불행해집니다.

사도 바울은 이렇게 권면합니다.

"마지막으로, 형제자매 여러분, 무엇이든지 참된 것과, 무엇이든지 경건한 것과, 무엇이든지 옳은 것과, 무엇이든 순결한 것과, 무엇이든 사랑스러운 것과, 무엇이든지 명예로운 것과, 또 덕이 되고 칭찬할 만한 것이면, 이 모든 것을 생각하십시오"(빌 4:8).

행복은 주어지는 것이 아니라 쟁취하는 것입니다. 행복한 교회 생활을 하고 행복한 삶을 살기 원한다면 의지적으로 행복한 생각을 하고 행복한 말을 하기를 바랍니다.